Charlotte Maria Mitsch

Das verlorene Ich

Charlotte Maria Mitsch

DAS VERLORENE ICH

SO GEWINNEN WIR UNSERE STÄRKE ZURÜCK

GOLDEGG VERLAG

Der Verlag und seine Autoren sind für Reaktionen, Hinweise oder Meinungen dankbar. Bitte wenden Sie sich diesbezüglich an verlag@goldegg-verlag.at.

ISBN Print: 978-3-902729-19-4

Mommsengasse 4/2 • A-1040 Wien
Telefon: +43 (0) 1 5054376-0
E-Mail: office@goldegg-verlag.com
http://www.goldegg-verlag.com
Herstellung: Goldegg Verlag GmbH, Wien
Druck: CPI Moravia Books

Meinen Eltern.

Meinem Mann
und unseren Kindern Stephan und Patricia
in Liebe gewidmet.

„Wer andere kennt, ist klug.
Wer sich selbst kennt, ist weise.“
(Lao-tse)

Ich möchte darauf hinweisen, dass der Einfachheit halber gegebenenfalls die männliche Schreibweise gewählt wurde, aber selbstverständlich beide Geschlechter gleichermaßen gemeint sind.

Ich hoffe in diesem Sinne auf Ihr Verständnis!

Beispiele aus der Praxis orientieren sich an häufigen Gegebenheiten, sind als allgemein gehaltene „Standardfälle“ zu verstehen und betreffen deshalb keine konkreten Einzelpersonen. Etwaige Ähnlichkeiten sind deshalb rein zufällig. Sollten Sie das Gefühl haben, sich in meinen Schilderungen wiederzuerkennen, dann nur deshalb, weil Sie Ihre Erfahrungen und Probleme mit vielen anderen teilen.

Gratulation statt Vorwort

Da Sie soeben dieses Buch zur Hand genommen und offensichtlich auch aufgeschlagen haben, sind Sie möglicherweise bis zu einem gewissen Grad dazu bereit, Bewegung in Ihr Leben zu bringen oder sind für jemand anderen auf der Suche.

Warum das Buch gerade für Sie passend sein soll? Gegenfrage: Warum sollte es das nicht sein? Obwohl kaum jemand offiziell hingehen würde, sind die Praxen der Psychiater, Psychologen und Psychotherapeuten überfüllt. Studien belegen, dass jeder Vierte im Laufe seines Lebens mindestens einmal psychische Probleme in einem Maß aufweist, das Hilfe im Rahmen einer psychologischen Beratung oder auch in Form einer längerfristigeren Psychotherapie erfordern würde. Dies würde bedeuten, dass auftretende Krisen und Probleme nachhaltiger bearbeitet, anstatt lediglich „überstanden“ werden könnten. Menschen, die zum Beispiel ins Burnout schlittern, laufen Gefahr, sich immer wieder in derselben Falle der Verausgabung zu verlieren, wenn Sie nicht nach den Ursachen und entsprechenden Alternativlösungen suchen. Ebenso gilt dies für andere Schwierigkeiten, wie Depressionen, Ängste oder psychosomatische Beschwerden und Erkrankungen, die durch gezieltes Erkennen von Ursachen und aufrechterhaltenden Bedingungen durch therapeutische Arbeit besser für Betroffene in den Griff zu bekommen sind, da sie lernen, damit besser umzugehen.

Wenn auch nicht alle Menschen in dem Ausmaß von seelischen Problemen betroffen sind, bei dem sich Psychotherapie als der entsprechende Weg anbietet, so bleiben uns allen wohl kaum Lebensphasen erspart, in denen uns Gefühle von Stillstand, innerer Leere, des Verlorenseins, es einfach satt zu haben oder Orientierungslosigkeit, um nur ein paar Beispiele zu nennen, über kürzere oder längere Zeit überkommen.

Keine Angst, dieses Buch stellt keinen Versuch dar, Sie mit allen Mitteln zu einer Psychotherapie zu bewegen, im Gegenteil: Dieses Buch zielt darauf ab, Entwicklung an sich, die menschliche Psyche mit ihrem Rüstzeug, ihrem Funktionieren, ihren Entwicklungsaufgaben während des gesamten Lebens und ihren Möglichkeiten besser kennenzulernen und Wege der Veränderung aufzuzeigen. Denn es scheint so, dass zwar auf der „Harddisk", also in unseren Genen, wesentliche Programme gespeichert sind und auch flexibel abänderbar wären, wir aber oft nicht imstande sind, darauf zuzugreifen.

Etwas mehr Wissen über uns selbst und in der Folge auch ein Stück mehr Weisheit uns selbst gegenüber kann dazu beitragen, so manche Krise, Blockade, Verlorenheit oder auch einen Leerlauf rascher zu erkennen und eigenständig Wege daraus zu finden oder noch besser, gar nicht so tief hineinzugeraten. Es würde auch dabei helfen, sich besser in die Lage anderer zu versetzen und diese bei Bedarf hilfreicher unterstützen zu können.

Nach jahrelanger Erfahrung als Klinische Psychologin und Psychotherapeutin (Verhaltenstherapie) kann ich nur bestätigen, dass wir uns unserer psychischen Potenziale, zu der auch Flexibilität gehört, zu wenig bewusst sind und dadurch eher versuchen, Blockaden mehr oder weniger beabsichtigt zu übersehen, anstatt sie zu überwinden, oder auch mögliche Ziele und Lösungen im „Irrgarten" des Alltags nicht ausreichend wahrnehmen. Manchmal gleichen wir Menschen einer Fliege, die unermüdlich mit dem Kopf gegen die Fensterscheibe surrt, anstatt auszuprobieren, ob der Spalt wenige Zentimeter daneben, der in die Freiheit führen könnte, ein brauchbares Schlupfloch ist. Oder wir laufen wie ein Hamster im Hamsterrad voller

Anstrengung dahin, ohne für uns einen Sinn darin gefunden zu haben. Wie kann das sein? Eine häufige Ursache dafür besteht darin, dass wir alte Denk- und Verhaltensmuster beibehalten, ohne sie auf ihre aktuelle Tauglichkeit zu prüfen, oder das Gefühl uns überkommt, nicht aus der eigenen Haut zu können. Oft handeln wir Menschen immer wieder auf dieselbe Weise, weil wir es gewohnt sind, so zu handeln, und hinterfragen nicht, ob dieser Weg überhaupt noch zu den aktuellen Lebensumständen passt. Dies kann in der Folge dazu führen, dass wir auf aktuelle Anforderungen in unserem Alltag nicht entsprechend reagieren können. So manche Probleme bleiben dadurch ungelöst, was Gefühle des inneren Stillstands und auch des Verlorenseins hervorrufen kann. Solche „Umstellungsschwierigkeiten" finden wir in nahezu jedem Lebensbereich: Beim Wechsel von einer kleinen, überschaubaren, familiär geführten Firma in ein Großunternehmen, bei Modernisierungsmaßnahmen am Arbeitsplatz, beim Eintritt in neue Lebensaufgaben wie Partnerschaft und Familie, Trennung, Scheidung, Freizeitverhalten in der Jugend im Vergleich zum Erwachsenenalter und vielem mehr. Das alles fordert von uns mehr oder weniger umfassende Anpassungsleistungen im Sinne von Umdenken und neuem Verhalten. Oft werden diese Anpassungen allerdings unzureichend vollzogen, weil wir deren Notwendigkeit gar nicht realisieren, keine Bereitschaft zeigen oder aber nicht wissen, wie wir mit der neuen Situation umgehen sollen.

Ein weiterer Beweis dafür, dass der Mensch sich selber in seinem psychischen Funktionieren offensichtlich sehr fremd ist, besteht in der Existenz der Psychologie, der Wissenschaft, die versucht, Verhalten und Erleben des Menschen zu erklären und womöglich vorherzusagen. Durch die Auseinandersetzung mit dieser Materie wird klar, wie viele Rätsel sich der Mensch quasi selbst aufgibt.

Das Ziel des Buchs besteht einerseits darin, eine Auswahl an Ursachen darzulegen, in denen wir Gefahr laufen, unser Ich zu verlieren, andererseits aber insbesondere darin, aufzuzeigen, welche Wege uns aus dem drückenden Gefühl des Verlorenseins herausführen können. Denn wir Menschen verfügen über einzigartige Fähigkeiten, über Werkzeug, das es uns ermöglicht, wieder Stärke zu erlangen, um unser Leben mit all seinen Anforderungen entsprechend zu meistern. Das Buch soll somit vor Augen führen, dass wir prinzipiell über die nötigen Mittel verfügen, den Lebensaufgaben gerecht zu werden, sofern wir dazu bereit sind, dieses psychische Werkzeug entsprechend zu entwickeln. Es soll Ihnen nahebringen, wie Sie Ihre wertvollen Kräfte und Werkzeuge besser nutzen, innere Kränkungen sowie Blockaden erkennen und überwinden können, indem Sie mehr Einblick in die menschliche Psyche mit ihren Möglichkeiten und somit in sich selbst bekommen können. Hürden zu bewältigen bedeutet Entwicklung und in der Folge mehr Sinnempfinden und Glück.

Deshalb lade ich Sie herzlich zu einem Spaziergang durch das weite Feld der Psyche und ihren Möglichkeiten ein, um es Ihnen zu erleichtern, Bewegung und Entwicklung in Ihr Leben zu bringen und ein vielleicht verloren geglaubtes Ich wiederzufinden und zu stärken.

Ich würde mich sehr über Ihre Begleitung freuen!

Inhaltsübersicht

KAPITEL 7
Auf der Suche nach dem verlorenen Ich

Kann ich mein verlorenes Ich wieder finden? | Lahmgelegtes Rüstzeug und Stärken wiederentdecken | Bewegung ins Leben bringen | Betriebsblindheit ausschalten | Flexibilität und Kreativität | Kränkungen überwinden | Lösung psychischer Blockaden | klare Zielsetzungen| Heilsame Seelengymnastik |, Top-Werkzeug Humor| Die Sparschwein-Methode | Steine im Schuh | Stärke aus der Gemeinschaft | Was ist Weisheit? | Kann man Weisheit lernen?

Inhaltsverzeichnis

UNSERE PERSÖNLICHE „WERKZEUGKISTE"

DIE ENTSCHEIDUNG, WELCHE ERFAHRUNGEN UNSER GEHIRN SPEICHERT

WENN DIE PSYCHE UNRUND LÄUFT – URSACHEN FÜR PSYCHISCHE PROBLEME

AUF DER SUCHE NACH DEM VERLORENEN ICH

ANHANG

Vielleicht haben Sie die eine oder andere der folgenden Gedankenstränge schon einmal gehört oder solche Gefühle sogar schon selbst empfunden? Es handelt sich um häufige Standardaussagen, die nicht an eine bestimmte Person gebunden sind, sondern die in verschiedenen Schattierungen in der Bevölkerung an allen Ecken und Enden vorkommen!

„Was ist nur los mit mir? Warum bin ich so durcheinander und depressiv, wo ich doch alles habe, was man zum Glücklichsein braucht? Die Kinder sind beinahe selbstständig, wir haben ein schönes Haus, die Schulden sind abbezahlt, wir führen eine gute Ehe ..."

„Ich habe mein Leben immer im Griff gehabt. Wenn mir jemand vor fünf Jahren gesagt hätte, dass ich eine Therapie brauchen werde, hätte ich ihn für verrückt erklärt und ausgelacht – nun bin ich hier."

„Eigentlich bin ich derjenige, der immer anderen zuhört, hilft und einen kühlen Kopf bewahrt. Jetzt kann ich vor Panik mein Haus kaum verlassen und auch keine öffentlichen Verkehrsmittel benutzen ..."

„Ich bin plötzlich so einsam, obwohl ich Freunde, einen guten Job und eine passable Wohnung habe ..."

„Ich habe meine Arbeit immer gut erledigt – jetzt kann ich nicht mehr. Stimmt es, dass ich im Burnout bin?"

„Ich habe keine Ahnung, woher diese physischen Probleme plötzlich herrühren. Immer dieser Schwindel, Herzklopfen, Bauchschmerzen, Rückenschmerzen, Hautausschläge, ... Die Ärzte sagen, ich sei an sich gesund, und haben mich zu Ihnen geschickt! Ich versteh' gar nichts!"

„Seit einiger Zeit streiten mein Mann und ich nur mehr! Er interessiert sich nicht mehr für mich! Ich verstehe das nicht, es hat doch immer alles gepasst!"

„Mein Mann hat gemeint, ich brauche eine Therapie, weil ich mich immer so aufrege! Im Job werde ich gemobbt und privat muss ich mich um die Kinder und den Haushalt kümmern – ich werde mit nichts mehr fertig und niemand hilft mir. Wie soll ich mich da entspannen? Nachts kann ich auch nicht mehr schlafen!"

„Ich möchte endlich eine glückliche, dauerhafte Beziehung haben! Wie komme ich überhaupt zu einer? Ich traue mich nirgends alleine hingehen, was denken da die anderen über mich?"

„Ich habe den Lebenssinn verloren, habe keine Ziele ... ist es nicht ohnehin schon zu spät? Ich habe auch überhaupt keine Lust, etwas zu unternehmen, was auch? Jetzt schaue ich fern, wenn ich nicht gerade über Gott und die Welt grüble. Eigentlich möchte ich nicht mehr leben ..."

„Ich esse den ganzen Tag nichts, weil ich Panik davor habe, unkontrolliert zuzunehmen. Wenn ich in Stress komme oder mich die Langeweile quält oder ich frustriert bin, esse ich den Kühlschrank leer. Danach muss ich kotzen. Ich weiß schon, wie ich das alles anstellen muss, damit es keiner merkt!"

„Ich brauche für alles so schrecklich lange, weil ich alles, was ich mache, so oft kontrollieren muss! Fast immer komme ich deshalb zu spät ...!"

„Wir haben einen Urlaub gebucht, eine Flugreise! Wir sollen in sechs Wochen fliegen! Seit ich an Panikattacken leide, traue ich mich nicht mehr und weiß nicht, wie ich dieses Problem lösen soll! Ich habe Angst, im Flugzeug durchzudrehen!"

„Ich habe einfach Pech mit meinen Partnern! Immer werde ich verlassen oder betrogen! Mache ich da etwas falsch oder ist das heutzutage ganz normal? Ich möchte aus diesem Teufelskreis endlich raus!"

Diese Beispiele ließen sich endlos fortsetzen.

Häufig werde ich bei privaten Unterhaltungen gefragt: „Sag, was sind das für Leute, die zu dir in die Praxis kommen und Therapie brauchen?“ Zweifelsohne ist die Palette der Problemstellungen, die so großen Leidensdruck verursachen, dass jemand tatsächlich professionelle Hilfe in Anspruch nimmt, sehr breit. Auch die Beeinträchtigung der Persönlichkeit und der Lebensqualität sind sehr unterschiedlich: Psychosen, Depressionen unterschiedlicher Art, bipolare Störungen (ein Wechsel zwischen Depression und Manie), psychosomatische Störungen oder Erkrankungen, Zwänge, Angststörungen (Panikattacken, Phobien, soziale Ängste), Essstörungen und aktuelle Lebenskrisen beeinträchtigen unterschiedlich stark und variieren ebenso von der Dauer her beträchtlich. Auch die Methoden der psychotherapeutischen Behandlung sind breit gefächert.

Die Betroffenheit ist aber meist groß, wenn ich versichere, dass es sich dabei oft um Menschen handelt, bei denen es kein Außenstehender für möglich gehalten hätte, dass sie unter Problemen leiden und nicht mehr weiter wissen. Starke, engagierte, intelligente Menschen, die sich für andere einsetzen, beliebte, fleißige, friedfertige Mitarbeiter, zuverlässige Freunde – Menschen wie du und ich!

Ein Bekannter, der anderswo Psychotherapie beansprucht, erzählte mir, dass er zum Stundenwechsel auf einen anderen Patienten traf, der ihm recht gut bekannt war, weshalb die beiden völlig überrascht voreinander zu stehen kamen und schließlich einer der beiden herausplatzte: „Was, DU bist auch hier? Wie lange schon? Na, so was! Da müssen wir jetzt einmal auf einen Kaffee gehen!“ Es folgte entspanntes Gelächter. Der Bekannte war wie aus allen Wolken: „Das hätte ich mir nie gedacht – ich war mir immer sicher, dass XY alles souverän meistert! Ich habe mich neben ihm immer klein gefühlt …!“

Menschen, die in Therapie kommen, unterscheiden sich von denen, die nicht kommen, oft nur durch eine aktuelle, schwerwiegende Belastung, also durch besonderen Leidensdruck oder auch dadurch, dass ihnen gute Freunde, ihr Arzt oder sonst eine Person Psychotherapie empfohlen haben und/oder auch darin, dass sie einfach den Mut besitzen, sich zum Psychotherapeuten zu trauen. Ich erlebe durchaus auch den Fall, dass – beispielsweise bezogen auf ein Familiensystem – derjenige eine Therapie beansprucht, der von seiner psychischen Ausstattung her am „gesündesten" ist. Manchmal fallen von solchen Patienten dann Aussagen, wie „Eigentlich müsste er statt mir hier sitzen, aber er ist sich seines problematischen Verhaltens nicht bewusst, er würde niemals herkommen! Ich aber ertrage die Situation daheim nicht mehr und will wissen, wie ich damit besser umgehen kann!" Genau dieser Fall hat auch seine Berechtigung, da es um den Leidensdruck geht, der gemildert, und die Lebensqualität, die verbessert werden soll. Wenn ein Familienmitglied in Therapie geht, so kann sich durchaus auch das übrige Familiensystem günstig verändern!

Mir ist bewusst, dass auch heute der Bedarf an Therapie leider mit „Schwäche" in Verbindung gebracht wird. Nehmen Patienten einen Anruf am Handy entgegen, so verleugnen sie in der Regel, beim Therapeuten zu sein: „Du, ich kann jetzt nicht, ich bin beim Arzt! Ich melde mich in einer Stunde ...!" Kein Wunder! Denn wer will schon, dass im Bekanntenkreis gemunkelt wird, dass „etwas mit einem nicht stimmt"? Weiters enthalten beispielsweise Aufnahmebögen von verschiedenen Ausbildungseinrichtungen und Versicherungen konkrete Fragen danach, ob der Bewerber bereits – im Sinne von „eh noch keine" – Psychotherapie in Anspruch genommen hat oder nicht! Wenn das keiner Stigmatisierung gleichkommt? Hier besteht enormer Klärungsbedarf!

Ich erlebe auch immer wieder, dass die Stimmung der Patienten in meinem Warteraum – es wartet zwar immer nur einer – sich vor einem Erstgespräch von der in einer Zahnarztpraxis kaum unterscheidet. Groß ist schließlich die Erleichterung der Betroffenen, wenn sie nach den ersten Minuten erleben, dass mit Ihnen nichts Schlimmes passiert und sie nun eh nicht zu „den Verrückten" gehören – im Gegenteil.

Betroffene kommen also in Therapie, weil sie nicht mehr weiterwissen, weil ihre Art, das Leben zu bestreiten, nicht mehr oder nur sehr schwer aufrechtzuerhalten ist und sie dadurch immer mehr Gefangene ihrer selbst werden und das auch zumindest bis zu einem gewissen Grad bemerken. Es gibt im Gegensatz dazu viele Menschen, die Gefahr laufen, in einer Sackgasse zu landen oder auch schon drin sind und das nicht merken oder alles tun, um diese Tatsache vor sich selbst zu leugnen. Viele greifen zu verschiedenen Formen von Selbstmedikation wie zu diversen Tropfen, die rasche und nachhaltige Hilfe versprechen, zur Volksdroge Alkohol oder aber auch zu illegalen Drogen. Selten allerdings kommen Menschen sogar präventiv, also deshalb, weil sie spüren, dass sie Gefahr laufen, in eine Sackgasse zu geraten. Meist ist der Weg zum Therapeuten aber lang und steinig. Schließlich wird aber eines klar: Es muss etwas geschehen, so kann es nicht mehr weitergehen! Veränderungen bzw. eine Entwicklung muss eingeleitet werden, wenn auch häufig erst nach jahrelangem Leidensweg, der von Erkrankungen mit offensichtlich psychischem Anteil, wie Gastritis, unklaren Darmbeschwerden, Hauterkrankungen, Problemen mit der Wirbelsäule, extremen Verspannungen, Kopfschmerzen etc., durchzogen ist. Betroffene wissen es bereits oder lernen es in der ersten Therapiephase: Nicht ich werde verändert, sondern ich lerne durch die Therapie, mich dahingehend zu verändern, dass ich meine Probleme meistern kann. Der Therapeut zeigt Ursachen für die Problematik auf, hilft bei der Vermittlung des Know-hows und begleitet Betroffene bei der Erarbeitung neuer Lebenserfahrungen. Dies bedeutet wiederum, dass uneffektiv gewordene Gewohnheiten wie Einstellungen, Denk- und Verhaltensmuster aufgestöbert, selektiert und ausgesondert oder aber auch geringfügig verändert werden, wenn man so will, vom Betroffenen selbst mithilfe des Therapeuten „repariert“ werden – eine anspruchsvolle Aufgabe für beide Seiten, deren Lösung sich aber lohnt!

Menschen, die in Therapie kommen, verfügen über den Mut, etwas zu verändern, Entscheidungen zu treffen – kurz: sich zu entwickeln.

Solche inneren Bewegungen und Entwicklungen werden oft an anderer, banalerer Stelle begleitend sichtbar: Betroffene beginnen sich häufig äußerlich zu verändern, wie beispielsweise durch eine andere Frisur, eine peppigere Haarfarbe und/oder einen anderen Kleidungsstil, der auch der Persönlichkeit der Betroffenen und ihrer Zielsetzung mehr entspricht – ohne dass dies je Thema der Sitzungen war! Selbstunsichere, die plötzlich nicht mehr „Unisex“-Mode tragen, Depressive, die sich wieder trauen, Farben zu tragen …! Dies erinnert mich an diverse Zeitschriften, in denen die Wirksamkeit eines Präparats, einer Intervention (Gewichtsreduktion, Veränderung von Frisur, Mode, Make-up etc.) mit Fotos über das Aussehen „vorher“ und „nachher“ an einem Modell präsentiert wird.

Ich beobachte auch immer wieder, dass Menschen, die in einem inneren Veränderungsprozess stehen, beginnen, „Ordnung zu machen“, auszusortieren, zu archivieren und zu entrümpeln. Auch Möbel werden umgestellt oder es wird überhaupt eine neue Einrichtung besorgt. Erst neulich, als ich von dieser häufigen Beobachtung erzählte, blickte mich mein Gegenüber betroffen an und meinte: „Stellen Sie sich das vor! Ich mache das auch gerade ...!" Es passiert auch, dass in diesem Zusammenhang Unzufriedenheit spürbar wird und sich Betroffene – dies müssen keine Therapiepatienten sein – auf diese Weise Luft machen: „So gerne würde ich die Möbel verschieben, weil ich neu beginnen will – kann es aber nicht! Es war Blödsinn, die Wohnung nur mit Einbaumöbeln einzurichten!"

Diese Begleiterscheinungen sind oft zu beobachten, ersetzen allerdings nicht die innere Veränderung, sondern helfen mit, sie für sich besser spürbar und sichtbar zu machen. Aber, kennen wir das alles nicht auch von uns selber?

Man kann demzufolge bei Menschen mit psychischen Problemen schwer von „den anderen" sprechen, mit denen wir nichts zu tun haben wollen oder um die man besser einen großen Bogen macht! Wir alle sind ein Leben lang gefordert, Probleme zu lösen und Entscheidungen zu treffen und diese auch zu (er)tragen. Die Garantie, immer für sich und andere alles richtig zu machen sowie immer weiterzuwissen, gibt es nicht.

Wir sind mehr Gestalter unseres Lebens, als wir uns das oft zu- oder eingestehen wollen. Ob wir an unseren Wegen zerbrechen, in uns selbst gefangen bleiben oder wir den Mut haben, uns weiterzuentwickeln und eingefahrene Wege zugunsten anderer Alternativen zu verlassen, liegt zum Großteil an uns selbst! Entwicklung „passiert" deshalb nicht einfach, sondern will aktiv vorangetrieben werden – und zwar von uns selbst!

Was alles dazu gehört, welche Hürden wir zu meistern haben und welche Entwicklungsblockaden entstehen können, in denen unser Ich Gefahr läuft, Schiffbruch zu erleiden und scheinbar verloren zu gehen, werden wir nach und nach unter die Lupe nehmen.

Wir wollen vorerst Entwicklung von einer eher unüblichen Seite, nämlich der des „Auswählens“ und „Weglassens“ aus betrachten und uns eingehender damit auseinandersetzen: Um nicht in eine Sackgasse zu geraten und in unserer Entwicklung zu stagnieren, also im Stillstand hängen zu bleiben, ist es unumgänglich, sich über solche Entscheidungen zu trauen. Wir treffen eine Auswahl dahingehend, was wir, bezogen auf verschiedenste Lebensbereiche, beibehalten oder weglassen sollten. Sonst laufen wir Gefahr, unsere Schätze und womöglich auch uns selbst nicht mehr zu finden. Dabei kann es sich unter Umständen um bislang unerkannte oder ungenutzte Fähigkeiten sowie eine bestimmte Form, mit Erfolg und Misserfolg umzugehen, handeln. Erweist es sich beispielsweise als passend, einem Erwachsenen für besondere Leistungen mit einem bunten Kaugummi zu belohnen, weil er ihn als Kind so gerne mochte? Ist es in der Regel passend, der Exfrau zu einem bestimmten Anlass ein Dessous zu schenken? Wie wohl würden Sie sich als Vierzigjähriger in einer Bar für Jugendliche fühlen? Dennoch tragen wir vieles mit uns herum, das einfach nicht mehr in unser Leben passt oder uns sogar in unserer Entwicklung blockiert. Die folgenden Alltagsbeispiele sollen dies gleichnishaft für die Tatsache darstellen, dass wir von Beginn unseres Lebens an mit Eindrücken und Erfahrungen überfüllt werden, die es auch zu ordnen oder zu erneuern gilt – eine schwierige, aber prinzipiell mögliche und notwendige Aufgabe! Das ist oft der Moment, in dem Patienten sich eindringlich an den Therapeuten wenden: „Ich weiß, dass sich alles ändern muss, aber ich weiß nicht, wie und ich weiß auch nicht, wo ich anfangen soll und ob ich überhaupt etwas beeinflussen kann!“

Ich lade Sie dazu ein, den Versuch zu starten, den Inhalt der folgenden Passagen gleichnishaft auf eigene seelische Prozesse und Erfahrungen mit etwas Humor zu übertragen. Trägt nicht jeder zumindest ein wenig „Sperrmüll“ in sich? Wissen Sie in der Fülle von Eindrücken wirklich immer, was für Sie wichtig ist, welche Stärken Sie haben, worunter Sie konkret leiden, was oder wie Sie etwas Bestimmtes erreichen können, oder haben Sie sich nicht doch schon manchmal im Gewühl von Alltags- und Lebensanforderungen beinahe selbst verloren?

Platz für neue oder verloren geglaubte Schätze

1. Die Kunst des Wegwerfens

Viele kennen dieses kleine oder auch größere Alltagsproblem: Schon wieder kein Platz! Wohin mit all den Sachen? Wohin mit der neuen Vase, dem netten Tischchen, das so günstig zu kriegen war? Komisch, der Sperrmüll war erst da, aber die diversen „Stauräume" sind immer noch nicht zufriedenstellend gelichtet.

Die neue Hose, das Kleid und der neue Wintermantel kämpfen mit den älteren Modellen um die Vorherrschaft im Kasten. Der letzte Entschluss, altes oder einfach nicht mehr passendes Outfit zur Altkleidersammlung zu geben, fiel zwar nicht so übel aus, aber der Kasten ist immer noch oder auch schon wieder voll. Vielleicht passt diese Hose doch noch nach einer entsprechenden Gewichtsreduktion, ja sie könnte sogar ein Ansporn sein, die Kilos purzeln zu lassen – auch wenn dies die letzten 5 Jahre einfach nicht umzusetzen war oder zumindest nicht dauerhaft gelungen ist. Aber dieses Kleid passt mir noch wie angegossen, nur bin ich dafür nicht vielleicht doch schon zu alt?

Rohre, Kabeln, einzelne oft für den Laien kaum zu identifizierende Teile, die im Keller ihr unbestimmtes Dasein fristen, die sich in guter oder vielleicht auch „schlechter" Gesellschaft mit Werkzeug oder anderen Utensilien für diverse Hobbys befinden. Die neu angeschaffte Maschine steht im wahrsten Sinne des Worts auf der Wartebank.

Um Platz zu schaffen hilft nur eins, werden Sie vermutlich sagen: wegwerfen, und zwar radikal. Das klingt einfach, ist es aber nicht oder zumindest sehr selten.

Auch ich kenne das Gefühl, am liebsten als erlösendes „Wegwerf-Engelchen" (oder „Teufelchen"?) in einem Keller-Stauraum meines Mannes zu wüten. Dieser zieht dann unverzüglich die Notbremse, indem er mir versichert, dass er all die Dinge doch einmal brauchen könnte. Der Schalk steht ihm ins Gesicht geschrieben, wenn er tatsächlich – und dies passiert im Rahmen von Haus- und Gartenarbeiten recht oft – mir genau solche „unnützen" Teile wie Trophäen präsentiert, sie tatsächlich kreativ verwertet und meinen skeptischen, wie auch erstaunten Blick mit den Worten „Habe ich gefunden ... ich wusste gar nicht, dass ich so etwas überhaupt habe" quittiert. 1:0 für meinen Mann, zumindest in dieser Runde.

Wir sehen also, dass Wegwerfen oder Weglassen immer in Verbindung damit steht, Entscheidungen zu treffen. Wegwerfen stellt eine unumgängliche Notwendigkeit dar, um für Neues Platz zu schaffen oder alte Schätze wieder zu entdecken, anstatt sie im Unbrauchbaren zu verlieren. Oft kann Neues auch erst dann zur Geltung kommen oder seine Wirkung zeigen. In einem überladenen Raum wird das neue Bild, das neue Tischchen etc. einfach überdeckt und kann seinen Charme nur begrenzt einbringen oder aber protzt und stellt alles andere unerfreulich in den Schatten. Eine Neuplanung drängt sich daher auf.

Wegwerfen entpuppt sich oft als langwieriger Prozess, da größere wie scheinbar kleine Entscheidungen gefällt werden müssen: Was wird sicher noch gebraucht, was wohl nicht mehr, was gefällt noch, was hat hingegen seinen Reiz verloren? Oder aber auch: Was ist (für mich) wesentlich, was unwesentlich?

Bei „normalem“ Müll wiederum geht es um die Frage, was ist recycelbar und was verschwindet tatsächlich als absoluter Abfall in der Mülltonne?

Einfach den Müllkübel zu bedienen, den Sperrmüll zu bestellen oder auch Säcke für die Altkleidersammlung zu organisieren, löst das Problem also doch nicht so einfach, denn es benötigt Zeit und Durchblick, Brauchbares und Unbrauchbares als solches tatsächlich zu identifizieren. Aber was bedeutet nun „brauchbar“ und vor allem wofür? Was ist mit dem alten Krug, in dem Oma immer ihren Enkel Limonade bereitgestellt hat? Oder der emaillierte Topf, in dem so häufig Grießkoch zubereitet wurde? Sie sind weder materiell kostbar noch ganz unversehrt, wenn auch noch brauchbar, aber sie erinnern an alte Zeiten ... Irgendwann fehlt dann tatsächlich der Überblick.

Oft ist es also unsere Gefühlswelt, die uns blockieren kann, Platz für Neues zu schaffen. Wem fällt es nicht schwer, nach dem Todesfall einer nahestehenden Person die Wohnung zu räumen, ihre Spuren zu verwischen und somit auch eigene?

Und doch gleitet der Blick schließlich nach vorne, auf das Neue, Unverbrauchte, das Eigene. Das wiederum bewegt uns dazu, uns auch von Dingen zu trennen, die noch funktionstüchtig, aber eben aus der „Mode“ gekommen oder eben nicht so effizient, sprich, nicht „zeitgemäß“ sind. Manchmal gleitet unsere Aufmerksamkeit aber auch zurück auf alte Schätze, die plötzlich wieder Nutzen für uns haben. Nicht selten bereuen radikale „Wegschmeißer“ ihren Schritt, so wirklich alles, teilweise eben auch unüberlegt, rausgeworfen zu haben.

Wegwerfen oder horten – wie immer scheint auch hier der goldene Mittelweg der beste zu sein – und genau das braucht Überlegung und Kraft, da eine Balance zwischen alt Bewährtem und Neugier von uns selbst hergestellt werden sollte.

Allzu bekannt sind derartige Gegebenheiten im Kampf der Generationen und darüber hinaus. Ältere – damit meine ich nicht ausschließlich Senioren – schütteln häufig verständnislos den Kopf über die „unzufriedenen" Jüngeren, die sich unbedingt das moderne Zeug einbilden. Sie selber hatten das ja auch nicht und waren mit viel weniger „zufrieden". Waren sie es? Jüngere wiederum können dem alten Kram und den Argumenten der Älteren wenig abgewinnen, die aber wohl auch innovativ waren – manche bleiben es sogar. Zum Glück!

Wir erkennen an dem bisher Gesagten, wie sehr uns Emotionen wie Unzufriedenheit steuern, ja voranzutreiben vermögen – oder doch nicht? Ist es die Unzufriedenheit, die alles noch verbessern, vergrößern, verkleinern oder verschönern oder einfach optimieren will? Oder gehört Unzufriedenheit einfach doch nur zu den menschlichen Lastern, die wir uns ein Leben lang abzugewöhnen versuchen? Handelt es sich tatsächlich um das Gefühl, unzufrieden zu sein?

Kleine Kinder zeigen Ungeduld und Unzufriedenheit, wenn sie zwar sehr genau wissen, dass sie einen begehrten Gegenstand haben wollen, aber beim besten Willen noch nicht hinlaufen können oder einfach zu klein sind, um sich ein Spielzeug vom Tisch zu holen. Kleine Kinder bewerkstelligen Erstaunliches, um das zu erreichen, was ihnen wichtig ist, und entwickeln aufgrund dessen ihre Motorik rascher und reichern ihren Erfahrungsschatz im Hinblick auf die Lösung von Problemen sowie im Umgang mit anderen Menschen an. Größere Kinder sind unzufrieden, wenn Kameraden schneller laufen können oder bessere Noten haben als sie selbst. Kinder tun beinahe alles, um diese Situationen zu verändern. Häufige Frustrationen führen allerdings dazu, dass sich diese zielgerichtete, förderliche Unzufriedenheit in eine blockierende Form verwandelt. Blockaden haben es an sich, dass sie Bewegung und in unserem Fall Entwicklung hemmen. Diese Unzufriedenheit, die uns vorantreibt, wird dann zu unserem Feind: zur Unzufriedenheit mit uns selbst und mit dem, was wir zu meistern imstande sind.

Es bedarf der Entscheidung, welche Erfahrungen aussortiert und „unschädlich" gemacht werden sollen – und welche nicht. Menschen, die Psychotherapie beanspruchen, arbeiten daran, blockierende Kränkungen zu bewältigen, um solchen Erfahrungen Platz zu machen, die ihnen die als verloren geglaubte Kraft und Lebensqualität zurückgeben.

Die Entstehung von psychischen Problemen ist somit untrennbar mit unserer Entwicklung verbunden, die an mancher Stelle durch verschiedenste Blockaden oder Kränkungen gehemmt wurde. Aus diesem Grund wollen wir uns mit dem Wesen von „Entwicklung" auch allgemein befassen, um den Menschen an sich und in der Folge uns selbst besser zu verstehen. Denn das Phänomen der Entscheidung, was ausgesondert wird oder bleiben und sich sogar verstärkt etablieren darf, finden wir nicht nur in unseren genannten Alltagsbeispielen, sondern es scheint auf der Welt weit verbreitet zu sein. Dieser dynamische Prozess gleicht einer immer währenden „nützlichen Unzufriedenheit", die als Motor dient, Dinge zu verändern und Entwicklung zu ermöglichen.

2. „Unzufriedenheit" und der Drang nach Neuem: Laster oder Notwendigkeit?

Ein kleines Gedankenexperiment: Wie würde wohl unsere Welt aussehen, gäbe es keine Unzufriedenheit? Wunderbar! Denn die Natur wäre nicht in dem besorgniserregenden Zustand, in dem sie sich heute befindet: Es gäbe keine Fabrikschlote, keine Ölteppiche, keinen Smogalarm, keine Müllberge, keinen „Plastic planet", keine Klimaerwärmung oder Ozonlöcher, die wir zähneknirschend auf unsere Fahnen heften müssten. Es gäbe keine Blechlawinen, keine stundenlangen Staus und Autounfälle, keine Skilifte, keine Banken, kein Finanzamt, dafür aber unberührte Wiesen, Wälder, Auen, Gletscher, gesunde Flüsse, Seen und Meere ... Ohne Unzufriedenheit würden wir Menschen mit den bloßen Händen nach Wurzeln graben, würden von wilden Tieren gejagt werden und an diversen Verletzungen und Krankheiten sterben, die zumindest in unseren Breitengraden heute routinemäßig bekämpft werden können. Wir würden – wenn überhaupt – Feuer nutzen, wenn es zufällig brennt, würden trinken, wenn wir auf Wasser stoßen und Unterschlupf finden, sofern eine Höhle in der Nähe ist. Ohne Unzufriedenheit wäre wohl nicht einmal die Motivation im Menschen erwacht, sich zumindest die einfachsten Steinwerkzeuge selbst herzustellen; er wäre mit seinen bloßen Händen „zufrieden" gewesen. Doch da drängt sich die Frage auf: Wie lange hätte ein so „zufriedener" Mensch überleben oder sich auch weiterentwickeln können? Nebenbei wissen wir heute, dass mehrere Menschenarten parallel gelebt haben. Die flexibelste und intelligenteste Art verdrängte die anderen, nämlich wir: der Homo Sapiens Sapiens, der „weise" oder „kluge" Mensch.

Natürlich ist dies – wie beinahe alles – eine Frage der Definition. An welche Person denken Sie als Erstes, wenn

Sie das Wort „Unzufriedenheit" hören? Etwa an den quengeligen „Grantscherm", dem wohl nie etwas gut genug ist? Natürlich auch. Aber gehören wir nicht alle zu den im Innersten Unzufriedenen, die sich aber hoffentlich auch über ihre Erfolge und Entwicklungen freuen und sie auch genießen können? Denn eines können wir von der Spezies Mensch sicher behaupten: Sie setzt sich ihr Leben lang Weiterentwicklung zum Ziel – für sich und ihre Nachkommen. Immerhin sollen es unsere Kinder in der Regel ja „besser haben als wir selber". Alles soll immer größer, schöner, teurer, anspruchsvoller, effizienter und/oder sicherer werden – heute ebenso wie in der Steinzeit. Unsere Weiterentwicklung scheint wohl als „Programm" in uns verankert zu sein – bei dem Einen sichtbarer und spürbarer, bei Anderen in einem weniger auffälligen Ausmaß.

Das ganze Leben ist Entwicklung und fordert von uns durch Veränderungen von Lebensumständen Anpassungsleistungen an verschiedenste Situationen. Dieses Prinzip betrifft nicht nur uns Menschen, sondern die Funktionsweise der Natur, der wir schließlich angehören und die ebenfalls immer in Bewegung bleibt. Das Naturgesetz entscheidet, stark vereinfacht ausgedrückt, welche Merkmale sich in der Umwelt optimal auswirken und welche nicht. Auf diese Weise gibt sie Wege vor, auf denen Entwicklung möglichst günstig verlaufen kann. Auch hier treffen wir auf den Motor dieser Art chronischen, „positiven Unzufriedenheit", die den Zweck der optimalen Anpassung an geänderte Umstände zum Ziel hat. Gerade die Natur stärkt Günstiges und lässt Ungünstiges weg, um quasi selbst nicht verloren zu gehen.

Dieses Thema wollen wir im folgenden Kapitel genauer unter die Lupe nehmen, um die Natur der menschlichen Seele in größerem Zusammenhang zu betrachten und besser zu verstehen. Ich möchte auf diese Weise auch zum

Ausdruck bringen, dass wir Menschen all die Mechanismen und Strategien, sozusagen Schätze, die zur Bewältigung verschiedenster Lebensaufgaben nötig sind, in uns tragen, sofern wir ihre Entwicklung fördern. Die Möglichkeit optimaler Entfaltung hat uns die Natur quasi als Mitgift bereitgestellt. Wir tragen den gefalteten Fallschirm bei uns. Doch er entfaltet sich nur dann optimal, wenn wir ihn entsprechend benutzen.

3. Die „Unzufriedenheit" der Natur: „survival of the fittest"

Wenn wir die Entwicklung, die Evolution der Arten auf unserem Planeten betrachten, so wird eindeutig klar, dass entsprechende Anpassung an Umweltbedingungen und somit Veränderungen der Lebewesen selbst für ein Überleben der Art unumgänglich sind. Die Natur scheint sozusagen eine radikale Geschäftsfrau zu sein: Wer es nicht bringt, wird „gekündigt" oder so lange „gemobbt", bis diese Pflanze, dieses Tier sich von „selber" zurückzieht. Je vielfältiger die Anpassungsleistungen in der Entwicklung oder, kurz gesagt, je flexibler eine Art ist, desto eher wird sie überleben. Als Musterbeispiel gilt die Insektenwelt, die sich zäh an die unterschiedlichsten Schikanen der Natur anpasst, diese „achselzuckend" zur Kenntnis nimmt und auf diese Weise verschiedenste Tierarten, wie auch die Dinosaurier, überlebt hat.

Ein kleines Beispiel aus dem Alltag: Bekannte berichteten mir neulich, dass in ihrem Pool ein Rückenschwimmer, ein durchaus wendiger Schwimmkäfer, durch das klare, gepflegte Wasser jagte. Solche Käfer sind aber sonst in Tümpeln zu finden. Als sie den Pool vorsorglich mit entsprechenden handelsüblichen Chemikalien, wie gewohnt, behandelten, trudelte der Käfer in seinem „Rausch“ etwas langsamer und unkoordinierter dahin, aber er schwamm. Es gipfelte darin, dass er sich von seinem „Kater“ nicht nur erholte, sondern einige Tage später topfit und offensichtlich immun gegen das Gift mit einem zweiten Käfer im Liebestaumel völlig unbeirrt den Pool durchkreuzte, sodass nur mehr der Kescher und eine rasche Exekution halfen – bis zur nächsten Landung eines etwaigen weiteren Rückenschwimmers.

Oder: Wer hat nicht schon den Kampf gegen die Massen von Ameisen im häuslichen Bereich aufgenommen und schlussendlich verloren?

Darwin erklärt in der Evolutionsbiologie, dass die Vielfalt der heutigen Arten durch einen Entwicklungsprozess, der im Kern auf der Veränderung der Erbanlagen und natürlicher Selektion, also auf Auswahl, beruht. Dieses Prinzip betrifft nicht nur die Entstehung der Arten, sondern ebenso die Entwicklung innerhalb einer Art. Was bedeutet das nun für uns? Es ist erwiesen, dass die Umwelt die Gene, also auch unsere inneren Baupläne beeinflusst. Jene Merkmale, die sich schließlich als günstig erweisen, werden beibehalten oder prägen sich stärker aus. Ungünstige Merkmale werden abgeschwächt oder auch selektiert und „weggeworfen“. Der Mensch passt sich also an seine biologische Umwelt an. Dafür gibt es eine Unzahl markanter Beispiele: die Hautfarbe, die sich an die Sonnenbestrahlung der jeweiligen Region anpasst, die Augenfarbe, die Ausprägung der Lidspalte, die Anzahl der roten Blutkörperchen, die bei Hochlandvölkern erhöht ist, um mit dem geringen Sauerstoffgehalt der Luft zurechtzukommen und vieles mehr.

Seit die Erde existiert, gab es krasse Veränderungen der Umweltbedingungen: Pflanzen und Tierarten entstanden, passten sich an, veränderten sich also oder verschwanden für immer. Auch heute leben wir inmitten einer relativ raschen Klimaerwärmung und Umweltverschmutzung, die wohl ihre „Kündigungen“ aussprechen, aber auch „Neueinstellungen“ ermöglichen wird.

Um nicht selbst auf die „Kündigungsliste“ gesetzt zu werden, steht auch der Mensch vor der Herausforderung, sich rasch weiterzuentwickeln. Was bedeutet das in diesem Fall? Zurücklassen alter und Entwicklung moderner Technologien, die mit „weniger“ auskommen. Weglassen oder Reduktion von Schadstoffen, Treibgasen u.s.w. sowie das Wiederentdecken von vergessenen „alten Schätzen“.

Im Kleinen erleben wir diesen Trend des Wiederentdeckens beispielsweise bei der neuerlichen Zucht alter Gemüse- und Getreidesorten (z.B. Dinkel), der gesteigerten Nachfrage nach dem guten alten Holzofen und der gesamten Biowelle.

Zusammenfassend wollen wir festhalten, dass eine bestimmte Form von positiver Unzufriedenheit, der Drang etwas zu optimieren, nicht von Grund auf ein Laster des Menschen darstellt, sondern die Natur selbst diesem Prinzip „gehorcht“ – und der Mensch als Teil der Natur damit ebenfalls. Stellt der Mensch sich über dieses Gesetz, so wird die Natur die Entscheidung dem Menschen gegenüber treffen und die Kündigung aussprechen, er wird verloren gehen. Fügt sich der Mensch in das System der Natur und schädigt sie nicht weiter, wird er nicht so rasch selektiert werden. Er selber wird sich körperlich und psychisch gegebenen Veränderungen so lange wie möglich anpassen. Sprich, der Mensch selber wird in seiner weiteren Entwicklung Merkmale dazugewinnen oder auch verlieren, um „dabeibleiben“ zu können. Dies gilt für die Menschheit in ihrer Gesamtheit wie auch für den einzelnen Menschen, also für uns selbst.

Übertragen auf die Entwicklung unserer Psyche bedeutet dies, dass wir während unserer gesamten Lebensspanne gefordert sind, uns an Begebenheiten verschiedenster Art anzupassen und auf die Erreichung von Zielen hinzuarbeiten, um uns nicht selbst auf die psychische „Kündigungsliste“ zu setzen, also nicht psychisch krank zu werden.

Um auf der psychischen Ebene in Bewegung zu bleiben, braucht es einen inneren Antrieb, der uns motiviert, etwas zu verändern. Ein Ziel besteht darin, dass wir etwas erreichen wollen oder müssen, was wir offensichtlich noch nicht haben. Diese Diskrepanz zwischen „Ist-“ und „Soll-Zustand“ ruft innere Zustände hervor, zu denen eine Form von „nützlicher Unzufriedenheit“ zählt, da sie dazu verhilft, Visionen zu haben und in der Folge auch entsprechende Ziele.

Wenn der Mensch ohne Perspektive durch das Leben irrt und keine Ziele für sich festlegt oder diese nicht erreichen kann, verkümmert er oder verfällt zumindest für eine Zeit in eine Krise. Denken Sie dabei an Menschen, die hoffnungslos in die Zukunft blicken, weil sie in der Jugend nicht wissen, welchen Beruf sie wählen oder was sie nach einer Kündigung mit fünfzig Jahren nun angehen können, um ihre wirtschaftliche Existenz zu sichern.

Menschen, die keine erfüllende Beziehung erleben können, weil sie einfach immer „Pech“ haben, oder solche, die trotz sehnlichsten Wunsches und verschiedenster Versuche kinderlos bleiben, und viele mehr.

Welche Fülle von Hürden der Mensch zu bewältigen hat und welche Ziele er auch anstrebt, alles steht in Zusammenhang mit seiner Entwicklung, die in ihrem Verlauf entscheidet, ob es zu Stillständen kommt oder nicht und ob er sich selbst verliert oder nicht.

Inwieweit sitzt der Mensch am Steuer seiner eigenen Entwicklung?

Körper und Psyche – sie bilden eine sich ergänzende Einheit – bekommen von Beginn an eine genetische Basis mitgeliefert, also gewisse Veranlagungen. Im Bereich der Psyche sprechen wir in diesem Zusammenhang von Temperamenten.

Bedeutet dies, dass unsere Gene unveränderbar und schicksalhaft unser Leben steuern? Können wir tatsächlich nicht aus unserer Haut? Den bisherigen Abhandlungen zufolge ist dies wohl nicht generell der Fall, auch wenn es für manche Merkmale stimmen mag. Der Spielraum ist jedoch ein wesentlich größerer, als wir meist denken: sicher, braune Augen bleiben braun, blaue blau. Auch die Körpergröße ist genetisch „festgelegt", aber in ihrer Ausprägung von Ernährung und Wohlstand abhängig. So wird die Körpergröße bei guter Ernährung ihren Maximalwert der genetischen Möglichkeiten annehmen, bei Mangelernährung eher dem Minimalwert entsprechen. Wir wissen auch, dass Rauchen in der Schwangerschaft mit einem geringeren Geburtsgewicht einhergeht, oder wie sehr die liebevolle Beschäftigung mit dem Kind bereits ab dem Säuglingsalter die körperliche und psychische Entwicklung fördert. Dafür ließen sich noch unendlich viele Beispiele aufzählen.

Selbstverständlich sind uns, was die Entwicklung anbelangt, gewisse Grenzen gesetzt, nicht jeder, der gern und oft singt, wird bekanntlich zum Star. Von Anfang an wirkt jedoch die Umwelt auf die genetische Anlage ein, auch in dem Sinne, dass sie mitbestimmt, wann welches genetische Merkmal aktiviert wird.

Die Gärtner unter Ihnen wissen, dass der „grüne Daumen", also das Wissen darüber, was eine Pflanze braucht und was sie quält, über ihre Größe und Üppigkeit oder auch über Leben und Tod entscheidet. Wie mühsam nährt sich in unseren Gefilden der beliebte und immer wieder zu schenkende, weil wiederholt zugrunde gegangene „Weihnachtsstern“. In seinen heimatlichen, tropischen Regionen sprießt er wie Unkraut bis zu Baumhöhe.

Menschliche Neigungen und Merkmale stehen also nun von Beginn an in einer Wechselwirkung mit der Umwelt. Dies bedeutet, dass ein bestimmtes Merkmal auch wieder bestimmte Reaktionen aus der Umwelt provoziert, was wiederum auf die gegebene psychische Struktur einwirkt.

Inwieweit sitzen wir also am Steuer unserer Entwicklung? Die Wissenschaft beantwortet diese Frage folgendermaßen: Selbstgestaltungstheorien betrachten den Menschen als Mit-Gestalter seiner Entwicklung. Als handelndes Wesen verfolgt er Ziele und nimmt dabei Einfluss auf seine soziale und physische Umwelt, als erkennendes Wesen macht er sich ein Bild von sich und seiner Umwelt auf der Basis von Erfahrungen. Der Mensch reagiert nicht passiv auf Gegebenheiten und Einwirkungen von außen, sondern handelt ziel- und zukunftsorientiert und gestaltet damit seine eigene Entwicklung mit.

Interaktionistische Theorien gehen weiter und postulieren, dass wir unsere Umwelt und diese wiederum uns und somit unser Werden beeinflusst. Was also tragen wir selber dazu bei, dass unsere Entwicklung entsprechend fortschreitet? Beispiele, die zur Beantwortung dieser Frage passen, erleben wir nur zu oft im Alltag: Treten wir zur Prüfung an oder nicht? Lernen wir dafür oder nicht? Dies wiederum ist mit mehr oder weniger ausgeprägter Zufriedenheit oder aber auch Stirnrunzeln unserer Mitmenschen und damit einhergehenden Konsequenzen in unserem Leben verbunden. „Entwickelt“ sich der Schüler so weit, dass er in die nächste Klasse aufsteigen darf oder nicht, wie reagieren Lehrer und Eltern darauf und auf welche Weise wiederum der Schüler? Welche weitere Ausbildung wird dadurch möglich, welche nicht?

Auch das Temperament eines Kindes wirkt auf seine Eltern, die sich in Folge auch dementsprechend dem Kind gegenüber verhalten, was wiederum eine Auswirkung auf das Kind hat: Ein eher „reizbares“ Kind wirkt auf seine Eltern anders als ein „ruhiges“. Trotz aller Bemühungen, zwei im Temperament unterschiedliche Kinder „völlig gleich“ zu behandeln, wird das wohl praktisch kaum umsetzbar sein, denn das Kind reagiert ja wiederum auf das Verhalten der Eltern u.s.w.

Babys, die lärmempfindlich und ängstlich reagieren, werden anders behandelt als weniger ängstliche – aber auch das von unterschiedlichen Menschen in unterschiedlicher Weise. Dies bedeutet, dass ein angelegtes Merkmal wie „Neigung zu Ängstlichkeit“ durch das Verhalten anderer Menschen gesteigert oder auch abgeschwächt werden kann. Dazu ein Beispiel: Ängstliche Eltern werden ihr ängstliches Baby möglicherweise eher schonen und ihm wenig stressige Erlebnisse zumuten. Da die Dosis bestimmt, was Gift ist und was nicht, kann einerseits das zu schonende elterliche Verhalten zu Überbehütung führen, das die Ängstlichkeit des Kindes in Zukunft noch verstärkt oder zumindest aufrechterhält. Andererseits kann einfühlsames, aber dosiert forderndes Verhalten der Eltern, indem sie das Kind vorsichtig an entsprechende Situationen gewöhnen, seiner Ängstlichkeit entgegenwirken. Dies könnte zum Beispiel so aussehen, dass ein Kind, das auf Alltagssituationen, wie den Besuch von Einkaufszentren, die mit großen Menschenansammlungen und damit verbundenen Lärmpegel einhergehen können, überempfindlich reagiert, sehr wohl unter der Bedingung liebevoller Unterstützung immer wieder mitgenommen wird, anstatt es permanent bei der Oma zu lassen und die Auseinandersetzung mit der Situation zu vermeiden.

Es gibt auch wissenschaftliche Hinweise darauf, dass Menschen mit genetisch höherer „Verletzlichkeit", bezogen auf bestimmte psychische Merkmale, im Erwachsenenalter in dem Fall seelisch stabiler sein können, wenn sie in ihrer Kindheit entsprechend gefördert wurden, als Kinder mit niedrigerer „Verletzlichkeit", die eben nicht weiter gefördert wurden. Das Kind lernt somit von Anfang an, mit seiner Anlage möglichst produktiv umzugehen und Strategien zu entwickeln, die bei guter Förderung sogar besonders reichhaltig sein können. Diese Tatsache erlebe ich häufig in Therapien, in denen Betroffene im Laufe ihrer Biografie eine Unmenge an oft sehr wirksamen Gegenstrategien entwickelt haben, um beispielsweise bestimmten Ängsten zu entgehen. So kann es durchaus sein, dass Betroffene, die unter der Angst leiden, sie oder ihre Familie könnten erkranken, plötzlich mittellos dastehen oder sonst einer Widrigkeit zum Opfer fallen, ein beinahe perfektes, unvergleichliches Netz an persönlichen Kontakten und Freundschaften als Sicherheitsnetz aufgebaut haben. Sie werden vermutlich fragen, weshalb jemand, der sich so absichern kann, Therapie braucht? Diese Netze sollen für den Betroffenen hundertprozentigen Schutz vor den ängstigenden Eventualitäten gewährleisten. Da sie diesem Anspruch trotz größter Bemühungen niemals gerecht werden, kommt es zum Verlust psychischer Stärke, zur Krise und somit in solchen Fällen zu einer Explosion der Ängste.

Ein anderer Bereich: Unser Aussehen trägt einiges dazu bei, ob unsere Entwicklungsbedingungen günstiger sind oder nicht. „Schöne" Menschen werden bereits als Kinder häufiger bevorzugt und als umgänglicher und intelligenter eingestuft! Letzteres wird auch Brillenträgern eher zugesprochen. Nicht immer muss also, nebenbei bemerkt, die Notwendigkeit einer Brille als Nachteil gesehen werden.

Aber was den Bereich solcher Äußerlichkeiten anbelangt, sollte uns – sofern wir nicht ohnehin über derartige, ausreichend günstige Merkmale verfügen – keineswegs entmutigen. Wir sind imstande, vieles auf unserem Lebensweg selbst in die Hand zu nehmen, „Mängel" gefinkelt auszugleichen und zu gestalten, uns somit selber zu fördern oder auch in unseren Entwicklungsmöglichkeiten zu schmälern. Die Schönheitsoperation ersetzt sicher nicht die Selbstverantwortung, unseren Lebensweg glücklich zu gehen. Es wäre wohl kein empfehlenswerter Weg, sein eigenes Verhalten lediglich an Resultate verschiedenster Studien zu hängen. Für den genannten Fall ist es auch für „Schöne" nicht günstig, sich auf den „Lorbeeren" ihres Äußeren ausruhen, da auch von ihnen mehr gefordert wird, als gut auszusehen. So bedeutsam wissenschaftliche Untersuchungen sind, so sagt die Statistik nichts über den Einzelfall aus. Außerdem: Wie viele erfolgreiche, geschätzte und beliebte Menschen entsprechen bei Gott nicht dem Schönheitsideal? Im Endeffekt liegt es also doch in hohem Maße an uns selbst, was wir aus allem machen und wie wir mit den Karten spielen, die wir nun einmal haben.

Auch die Verhaltenstherapie, eine moderne, wissenschaftsbezogene Psychotherapieform, die auch ich ausübe, stellt den Menschen als planendes Wesen in ihren Mittelpunkt. Er trachtet danach, sein Leben selbstständig und positiv zu gestalten. Sie setzt somit unsere Fähigkeit zur Veränderung als Basis therapeutischer Interventionen voraus.

So, wie Anlage und Umwelt in Wechselwirkung miteinander stehen, so läuft es also auch auf der psychischen Ebene. Die Kommunikation unserer Psyche mit der Umwelt läuft fortwährend, indem wir laufend Informationen von der Umwelt aufnehmen, interpretieren und darauf reagieren. Eine Aussage von Paul Watzlawick soll dies in anderem Zusammenhang verdeutlichen: Wir können nicht nicht miteinander kommunizieren. Stellen Sie sich vor, Sie betreten ein Zugabteil, in dem eine Person sitzt, die gerade in ihre Zeitung vertieft ist. Sie fragen danach, ob Sie Platz nehmen dürfen. Die Person bejaht, indem sie kurz aufblickt, um sofort wieder in der Zeitung zu versinken. Was hat Ihnen diese Person mitgeteilt? Immerhin wissen Sie, dass sie nicht zu viel dagegen hat, dass Sie mit ihr das Abteil teilen. Jedoch hat sie Ihnen unmissverständlich mitgeteilt, dass sie lesen möchte und, aus welchen Gründen auch immer, nicht vor hat, sich mit Ihnen im Moment zu unterhalten. Auch Schweigen teilt also unserem Gegenüber eine Menge mit. Auch wenn wir sozusagen „nichts" tun, teilen wir uns dem anderen mit und beeinflussen so seine Wahrnehmung, Interpretation und daher sein Verhalten uns gegenüber. In diesem Fall könnte es sein, dass Sie beispielsweise diesem Appell Folge leisten und sich ruhig verhalten, ja sogar selber Lesestoff zur Hand nehmen oder aber auch auf verschieden direkte Art und Weise versuchen, den Mitreisenden doch noch davon zu überzeugen, dass eine Unterhaltung mit Ihnen der Zeitung vorzuziehen ist. Vielleicht fühlen Sie sich abgelehnt, wenn der andere nicht daran denkt, die Zeitung wegzulegen, was Gefühle von Gekränktheit, Zorn oder anderes auslösen könnte, was wieder auf den Zeitungsleser wirken kann, wenn er sich für Ihre Körpersprache interessieren sollte. Vielleicht aber wollen Sie ohnehin Ihre Ruhe haben, was sich auf die Zeit nach der Zugfahrt positiv auswirken kann, wenn Ihr Bedürfnis erfüllt wurde, da Sie erholter sind. Dies ließe sich endlos fortführen, ebenso endlos wie die Wechselwirkung zwischen Anlage und Umwelt.

Wieder zurück zur Kommunikation zwischen genetischer Anlage und Umweltfaktoren, die ähnlich verläuft. Wir kennen die Aussage vieler Eltern, dass jedes Kind von Geburt an sozusagen aufgrund seiner Anlage „anders“ sei. Aber von Beginn des Lebens an, also ab der Verschmelzung der Ei- mit der Samenzelle, „weht“ sozusagen der Wind der Umwelt, die jede Anlage formt: Die Ernährung der Mutter, Krankheiten, Stimmungen, die von biochemischen Prozessen begleitet sind, und vieles mehr gestalten von Anfang an das „Muster“, nach dem Körper und Psyche „gestrickt“ sind, mit. Als ich mein erstes Kind in meinen Armen hielt, erlebte ich auch hautnah als Betroffene, wie sehr dieser „Wind“ der sozialen Umwelt vom ersten Moment an spürbar weht. Ein Kind erblickt das Licht der Welt und wird von der Umgebung bereits eingestuft: Es sieht genauso aus wie der oder die, schreit es nicht, so ist es ein ruhiges Kind, das immer so sein wird und jemand Bestimmtem nachgerät, schreit es, ist es temperamentvoll, ... Sofort besteht die potenzielle Gefahr oder auch das Glück für das Kind, in einer Schublade zu landen, meist aufgrund geringster Banalitäten, auch wenn dies vonseiten der Umgebung ganz unbedacht passiert.

Wären unsere Erbanlagen unbeeinflussbar, so wäre wohl jede Form der Pädagogik und auch der Selbstfindung und Therapie ohne Sinn. Die Erkenntnisse der Hirnforschung bezeugen weiters, dass unser Gehirn sich so entwickelt, wie wir es mit Begeisterung benutzen. Genau diese Erkenntnis stellt eine wesentliche Basis für unsere weitere Entwicklung und die Art, wie wir sie künftig vorantreiben, dar und wird uns immer wieder begegnen!

Entwicklung ist also unsere ständige Begleiterin. Sie dauert ein Leben lang an und steht in jeder Phase mit „Gewinn“ und „Verlust“ in Verbindung. Wir haben uns bereits damit beschäftigt, dass wir auch in unserer eigenen

Entwicklung „Entscheidungen" treffen, welche Elemente beibehalten werden sollen und welche nicht. Auch in der körperlichen Entwicklung treffen wir auf Beispiele, die uns von Anfang an das Prinzip des „Auswählens" und des „Wegwerfens" zeigen.

Verluste beim Säugling – Gewinne im Alter?

Was bedeutet das? Wir wissen heute, dass Entwicklung keineswegs mit dem frühen Erwachsenenalter endet, sondern über die gesamte Lebensspanne hinweg andauert und gleichzeitig die Aspekte Wachstum oder Gewinn wie auch Abbau oder Verlust enthält. Sie werden sich vielleicht ein wenig wundern, dass im Abbau oder Verlust Gewinn liegen kann. Eher wird Letzteres von uns mit Trennung, Alter, Sterben und Tod und dadurch fast zwingend mit Leid in Verbindung gebracht. Doch wenn wir das bisher Gesagte bedenken, so sieht die Natur vor, dass Merkmale nur so lange bleiben, wie sie für das Lebewesen von Nutzen sind. Das wiederum bedeutet, dass wir selber Entwicklungsmerkmale mit „Ablaufdatum" in uns tragen, und zwar von Anfang an. In Jeder Lebensphase verlieren und gewinnen wir, häufig verlieren wir sogar, um gewinnen zu können, und das auf unterschiedlichen Ebenen! Wir alle kennen den „Smalltalk" im Umgang mit Kindern: „Ja, du bist aber groß geworden, also was du schon alles kannst!" Kaum jemand würde schnell gefragt bei einem sich gut entwickelnden Kind an Verlust und Abbau denken, sondern eben ausschließlich an das Wachsen und die neuen Fertigkeiten. Ebenso wenig werden alte, gesunde Menschen mit Gewinn und Aufbau in Verbindung gebracht, sondern wohl eher damit, was sie nicht mehr können. Zugegeben: Der Gewinn im Alter muss oft hart erkämpft werden und findet in anderen Bereichen statt.

Kindern wird Entwicklung im Sinne von körperlicher Reifung (Aufbau und Verlust) quasi in die Wiege gelegt, wie beispielsweise der Auf- und Wiederabbau von bestimmten Reflexen oder auch der Gewinn grundlegender Fertigkeiten.

Betrachten wir doch einmal ein Neugeborenes und beobachten, was es so alles kann: Neben dem Strampeln, das auf die meisten Menschen einen niedlichen Eindruck macht, wobei dies ein Zeichen für Unreife des Nervensystems ist, das noch keine zielgerichteten Bewegungen zulässt, werden Sie möglicherweise an den „Klammerreflex" denken. Bekanntlich klammert das Neugeborene mit seinen Händchen alles, was seine Handflächen berührt. Nach einigen Wochen „verliert" das Baby diesen Reflex, was als Zeichen seiner Reifung zu verstehen ist. Verliert es diesen Reflex nicht entsprechend, wie es bei manchen behinderten Kindern der Fall ist, so kann es ergriffene Gegenstände nicht loslassen, was wiederum Spielen und somit das „Begreifen" seiner Umwelt stark erschwert oder gar unmöglich macht. Dies wiederum begünstigt in der Folge Defizite in der intellektuellen Entwicklung.

Ein weiteres eindrucksvolles Beispiel finden wir im „Moro Reflex": Neigt man ein Neugeborenes etwas rascher (aber natürlich vorsichtig!) nach hinten, so schlägt es die Ärmchen vorerst auseinander, um sie danach erst wieder nach vorne zu bringen. Nun stellen Sie sich ein laufendes Kind mit diesem Reflex vor! Nur wenn das Kind diesen Reflex verliert und entsprechend ersetzt, kann es seine Gehversuche mit nur selten angeschlagener Nase genießen: Es fällt schließlich auf die Hände und nicht so sehr auf die Nase – was zweifelsfrei passieren würde, wenn es beim Fall die Arme nach oben reißt.

Auch das „Gehen lernen" beinhaltet Verluste auf verschiedenen Ebenen: Zielgerichtete Bewegungen wie Greifen, Krabbeln und in der Folge auch das Gehen sind erst möglich, wenn das Nervensystem genug gereift ist. Können Sie sich vorstellen, wie ein strampelndes Kind diese Anforderungen erfüllen soll? Es verliert also das Strampeln, weil die Nerven ausreifen, die Muskeln genug Spannung haben etc.

Auch auf anderer Ebene stehen Verlust und Gewinn nebeneinander oder auch hintereinander: Da sich das Kleinkind nunmehr selbstständig und aktiv fortbewegt, verliert es den permanenten Schutz der Mutter: Von den aufmerksamsten Eltern kann nicht gänzlich verhindert werden, dass sich das Kind dann und wann an der Tischkante das Köpfchen anschlägt oder hinfällt. Doch das Kind gewinnt mehr Raum für Eigenaktivität, entwickelt so seine motorische Geschicklichkeit und ist auch besser imstande, zwischenmenschliche Kontakte auszuweiten. Der Raum, seine Neugier auszuleben, vergrößert sich in der Folge mit jedem Fortschritt, den Kinder meist mit großer Freude präsentieren.

Der gezielte Verlust kann in vielen Situationen als Einsatz für mehr Gewinn und somit Entwicklung verstanden werden und das eben in jeder Lebensphase in unterschiedlichsten Bereichen. Auch im Kleinen, Unauffälligen, Alltäglichen begleitet uns dieses Prinzip: Verbrauchte Zellen sterben ab, neue bilden sich – ständig. Unser gesamter Körper ist im Laufe von etwa sieben Jahren vollständig erneuert, da alle Körperzellen durch neue ersetzt worden sind. Auf diese Weise können Haare wachsen, Wunden heilen und vieles mehr.

Von Anfang an verlieren wir also, um zu gewinnen, und das nicht nur im körperlichen Bereich! Beim Altern liegt der Gewinn in dem Sinn auf einer anderen Ebene, Eigeninitiative scheint dabei unumgänglich zu sein. Einerseits baut der Mensch körperlich im Laufe seines Lebens fortlaufend in seiner Funktionstüchtigkeit ab. So verläuft der Lernprozess allgemein langsamer und ungenauer. Andererseits kann er diesen Vorgang bremsen, indem er Verluste kompensiert. Denn was das Gehirn anbelangt, so scheint ein Abbau der „grauen Masse“ mit zunehmendem Alter nicht notgedrungen der Fall zu sein. Von einem Abbau der Intelligenz im Alter kann also keine Rede sein. Es ist bekannt, dass ein älterer Mensch nicht zwingend schlechtere Lernleistung erzielen muss, wenn er im Training bleibt – im Gegenteil. Wer längere Zeit auf dieser Welt verbringt, hat die Chance, sich einen Schatz anzueignen: Erfahrung. Im Laufe des Lebens erkennen wir, auf welche Weise wir uns etwas besser merken und somit Lernstoff rascher und sicherer beherrschen. Wir entwickeln effektivere Strategien. Man denke dabei an Schauspieler, die auch im nahezu biblischen Alter beim Lernen von Texten fit bleiben und so manchen Jungen schlagen würden; oder auch Wissenschaftler, die niemals aufhören, als solche oder auch in anderen Bereichen aktiv zu bleiben.

Die geistige Entwicklung folgt also nicht zwingend einem „Defizit-Modell“. Leistungsunterschiede zwischen jüngeren und älteren Personen können nicht ursächlich auf den Prozess des Alterns zurückgeführt werden, sondern auf unterschiedliche Bildungsbiografien und lebenslange Anregungen und Förderungsbedingungen. Leistungspotenziale sind also bis ins hohe Alter vorhanden und können unter günstigen Bedingungen aktiviert werden. Wesentlich erscheint dabei auch der Zusammenhang zwischen geistiger Leistungsfähigkeit und der Fähigkeit zur Bewältigung von Alltagsanforderungen, die durch Erfahrung und folglich durch Flexibilität gespeist wird. Deshalb gilt es, ein möglichst vielseitiges und selbstständiges Leben zu führen, um auch im Alter davon zu profitieren.

Wir wissen heute auch, dass Nervenzellen bis ins Alter

Verbindungen zueinander herstellen und sich auch entwickeln können. Ein faszinierender und tröstlicher Beweis für die unglaubliche Flexibilität unseres Gehirns. „Gehirn-Jogging“ für jedermann wird als notwendige Strategie, mental fit zu bleiben, stark propagiert. Erkenntnisse der Hirnforschung relativieren den Profit solcher Trainings insofern, als das Gehirn sich auf die Weise entwickelt, wofür wir es mit Begeisterung nutzen. Dies bedeutet, dass ein Training dann erfolgreich sein wird, wenn wir es gerne und mit Überzeugung vollziehen. Wesentlich erscheint es zudem, mit Begeisterung vielseitig zu bleiben und in Beziehung zu anderen Menschen zu stehen. Der Mensch ist von Grund auf kein strikter, ausschließlicher Einzelgänger, sondern braucht andere. Umso schlimmer, wenn aufgrund innerer oder äußerer Hindernisse in Sozialkontakten keine Freude und Zufriedenheit gefunden werden kann!

Erfahrung kann, bei günstiger Entwicklung und entsprechendem Einsatz, auch mehr Gelassenheit den Lebensanforderungen gegenüber ermöglichen. Weisheit ergibt sich allerdings ebenso wenig einfach aufgrund der Tatsache des Alterns, sondern will erarbeitet werden. Studien belegen, dass Alter und Weisheit nicht automatisch in Verbindung miteinander gebracht werden können und der Zusammenhang erstaunlich gering ausfällt!

Was verstehen wir überhaupt unter Weisheit? Der 2006 verstorbene Psychologe Paul Baltes betrachtete Weisheit, vereinfacht gesagt, als „Experten-Know-how“ für komplizierte Lebenslagen. Weise können ihr Wissen und ihre Erfahrung in klugen Rat für sich und andere ummünzen. Sie bleiben besonnen, auch wenn es brennt und kennen ihre Fähigkeiten und Grenzen. Sie strahlen heitere Zuversicht aus, ohne die Konflikte und Abgründe des Lebens zu übersehen. Strebt auch nicht jeder Mensch nach Weisheit, so sind wir aber doch alle dazu aufgerufen, unseren persönlichen Weg zu finden.

Das Prinzip des „Wegwerfens", um für Neues Platz zu schaffen, finden wir auch beim Vergessen. Oftmals erleben wir diesen Prozess als Last. Dennoch wäre unser Leben stark beeinträchtigt, wenn wir uns alles merken könnten oder müssten. Menschen, die tatsächlich alles, was sie je wahrgenommen haben, behalten, sind über das übliche Ausmaß hinaus nur schwer imstande, Entscheidungen zu treffen, da das Gehirn nicht zwischen Wesentlichem und Unwesentlichem unterscheiden kann.

In welchem Alter wir uns auch befinden, wir entscheiden, selektieren und bauen aus. Welche Ziele wir dabei auch immer verfolgen, wir brauchen ein „Transportmittel" und den Treibstoff dazu. Was ist aber der tatsächliche Motor des Menschen, sich auf jeder Ebene weiterzuentwickeln?

Haben wir weiter oben „Unzufriedenheit" als eine wesentliche Triebfeder unter die Lupe genommen, so gehen wir jetzt noch weiter: Der Mensch braucht einen sehr starken Motor, damit er auch dazu bereit ist, den „unbequemeren" Weg zu nehmen, um sein Ziel zu erreichen. Dass der Mensch bis heute überlebt hat und auch imstande ist, sein Leben zu optimieren, lässt sich mit einer äußerst mächtigen Emotion erklären, ohne die nur wenig möglich wäre: Sie überkommt uns auch, wenn wir beispielsweise in einem Zustand der Orientierungslosigkeit oder dem Gefühl des Verlorenseins zu versinken drohen, ist aber gleichzeitig der Treibstoff, der es uns ermöglicht, aus eben solchen Zuständen wieder herauszukommen: Angst!

Die „Grundausstattung" des Menschen

4. Angst als ultimativer Motor unserer Entwicklung

Solange alles in gewohntem Rahmen läuft, setzen wir unsere Erfahrungen und Routinehandlungen ein, um möglichst erfolgreich durch den Alltag zu kommen.

Alles das steht plötzlich infrage, sobald sich gröbere Veränderungen anbahnen. Wenn wir vor einer „Hürde" stehen, so wird sie erst zur Aufgabe und somit zu einem Problem, wenn sie uns in irgendeiner Form den Weg erschwert oder versperrt und einen bestimmten Grad an Wichtigkeit für uns hat. Berührt uns diese Hürde nicht ausreichend, werden wir kaum motiviert genug sein, uns anzustrengen, um dieses „Hindernis" zu überwinden. Wir werden es, solange es nur irgendwie möglich ist, auf die Seite schieben und wegschauen.

Bewegt sie uns aber, so berührt sie uns innerlich und lässt uns keine Ruhe mehr. Sie „beunruhigt" uns, ja ängstigt uns, wenn auch in unterschiedlichem Maß. Diese Angst wird in unserem Körper mobilisiert und löst ein überlebensnotwendiges Programm aus, das die Voraussetzung für rasches Wahrnehmen und Anpassen an veränderte Situationen bildet. Wir nennen diesen Zustand auch „Kampf-Flucht"-Reaktion des Körpers.

Stünde plötzlich ein Bär zwischen uns und unserem Auto, so würde uns dies wahrscheinlich ziemlich beunruhigen, da die Vorteile und Gewinnchancen auf den ersten Blick aufgrund der ungleichen Verteilung von Kraft und Schnelligkeit eindeutig bei unserem Konkurrenten, dem Bären, liegen würden. Neben der Angst, als nette Beute im Magen des Bären zu landen, gesellt sich auch noch eine Sorge um das Auto dazu, das einerseits nicht erschwinglich war und andererseits unser Fluchtfahrzeug sein und auch bleiben sollte. Unser Körper wird in solch einem Fall mit Stresshormonen überschwemmt, die uns auf Knopfdruck hellwach stimmen. Das Herz schlägt rascher, die Atmung verschnellt sich, der Blutzuckerspiegel steigt, die Muskeln sind angespannt, ... mit einem Wort: Der Körper wird auf eine der Situation „Gefahr“ entsprechende Reaktion vorbereitet: Kampf oder Flucht. Da Kampf gegen einen Bären mit bloßen Händen wohl wenig Sinn macht, bleibt wohl nur noch die Flucht über, was den Bären aber erst recht auf die Idee bringen könnte, uns nachzulaufen. Wir sind ernsthaft gefordert, entsprechende Lösungsstrategien zu finden. Diese Stressreaktion hat also den Status einer Schutzvorrichtung, ohne die der Mensch niemals überleben hätte können.

Wir versuchen und verwerfen Ideen, bis wir eine oder mehrere Lösungen gefunden haben. Sind wir häufig mit derartigen Problemen konfrontiert, so entwickelt sich Erfahrung im Umgang mit ihnen. Wir erleben uns als jemand, der Lösungen finden kann, und erwirtschaften uns dadurch ein anderes Selbstbewusstsein. In diesem Fall regiert in den „geübten“ Situationen nicht mehr die nackte Angst und innere Hilflosigkeit, sondern das Bewusstsein, mit solchen Hürden umgehen und sie „kontrollieren“ zu können. Somit verwandeln wir Angst in Neugier. Wir treffen immer wieder auf uns fordernde Situationen, suchen sie sogar immer wieder auf, experimentieren mit ihnen und in der Folge mit uns selber, loten unsere Grenzen aus, prüfen, welche Strategie sich als effektiv erweist und welche nicht – sofern wir die Möglichkeit einer Wiederholung haben. Falls nicht, hilft uns eine Fertigkeit des Menschen: Er kann am Modell lernen, also durch bloßes Zuschauen. Dies setzt voraus, dass er sich in die Lage eines anderen Lebewesens hineinversetzen und sozusagen „mental" experimentieren und üben kann. Wahrscheinlich waren Sie schon in der Situation, dass Sie eine Geschicklichkeitsaufgabe versucht haben. Hatten Sie die Möglichkeit, erst andere dabei zu beobachten, wird die Aufgabe Ihnen leichter gelungen sein: Torläufe, Computerspiele, Kletterparcours, Palatschinken backen, Töpfern und vieles mehr.

Irgendwann wird eine Form der Herausforderung schließlich langweilig: Und was nun? Was pflegt der Mensch zu tun, wenn er etwas gut gelernt hat? Er konfrontiert sich aufgrund seiner Erfahrungen mit höheren „Schwierigkeitsgraden": Er sucht die Herausforderung, Angst wird zu Lust.

Nun treffen wir heutzutage nicht ständig auf wilde Tiere – das hat der Mensch zumindest in unseren Breitengraden bereits „abgestellt". Angst konnte er jedoch nicht abschaffen. Im Gegenteil: Er ist gefordert, sie in den unterschiedlichsten Alltagssituationen zu bewältigen und sie, wenn möglich, auch in ein positives Gefühl des „Gefordert Seins" mittels erworbener Strategien zu „verwandeln". Dabei erweist sich der Mensch prinzipiell als äußerst hartnäckig und zäh, was die folgenden Beispiele verdeutlichen sollen: Die Wohnumgebung ist für Kleinkinder gespickt mit „Problemstellungen", die häufig angeschlagene Köpfchen, Näschen und eingezwickte Fingerchen zur Folge haben. Die Welt ist „zu groß", zu neu für sie und dementsprechend fordernd. Das Kleinkind, das lernt, Stiegen hinunterzugehen, hat zweifellos Angst, hinzufallen. Passiert dies auch, entwickelt es keineswegs eine

„Stiegen-Phobie", sondern versucht, es nach lautstarkem Kundtun seines Schmerzes und seiner Empörung auf verschiedene Art und Weise immer und immer wieder, bis es routiniert genug ist und die nächste Steigerungsstufe, z.B. die Stiegen hinunterzuspringen, angebracht erscheint. Stolz werden alle Fortschritte präsentiert und gespeichert und sogar durch das „Belohnungszentrum" im Gehirn verstärkt. Ebenso lernt es, sich rasch und wendig durch die Wohnung zu bewegen, ohne sich das Köpfchen an der Tischkante anzuschlagen. Dieses Muster finden wir in jedem Lebensalter und in vielen Bereichen: Schule, Sport, Spiel, Beruf und Hobby etc.

Halten wir fest: Die unangenehme Grundemotion „Angst" mobilisiert uns, das anstehende Problem zu lösen. Schaffen wir es, bauen wir ein positives Selbstbild auf, in der Form, dass wir von uns wissen, dass wir solche Probleme lösen können – wir erleben „Selbstwirksamkeit". Dies treibt uns im Idealfall dazu, uns mit dem Problem mehr auseinanderzusetzen – wir werden „neugierig". Aus Angst wird also Neugier, aus der sich sogar ein Lustgefühl, Neues bewältigen zu können, entwickeln kann. Auf diese Weise verliert die primär unangenehme Emotion Angst ihren Stachel und weicht einer meist angenehmer erlebten, „prickelnden" Emotion, der Lust nach „Herausforderung". Die Konfrontation, die erfolgreiche Auseinandersetzung mit Problemen, ist das „Kraut", das gegen Gefühle der Hilflosigkeit gewachsen ist. Diese Abfolge liegt dem Menschen im Blut, solange er sich nicht selber blockiert.

Dies hält uns wiederum vor Augen, wie sehr der Mensch „Probleme" in Form verschiedenster Aufgaben braucht, um in Bewegung und somit psychisch fit zu bleiben.

Der Mensch ist also ein „Wanderwesen", das nicht auf

einer Position verharren sollte, wenn es erfolgreich, also glücklich werden möchte. Bedeutet Entwicklung ein gewisses „Nomadentum“, so bedarf das individuelle Leben auch einer Stabilisierung: Wanderschaft und „Sesshaft sein“ sollten in einem entsprechenden Verhältnis zueinander stehen können.

Worin aber besteht die Basis, die es dem Menschen ermöglicht, Hindernisse verschiedenster Art zu überwinden? Doch welches Grundrüstzeug braucht der Mensch, um den Treibstoff Angst optimal zu nutzen, um nicht verloren zu gehen? Was ermöglicht ihm, verschiedene Wege zur Problemlösung zu finden?

5. Das spezielle Rüstzeug des Menschen

Die menschliche Entwicklung wird – wie weiter oben bereits angeführt – durch äußere Bedingungen angetrieben, andererseits liegt sie in jedem Menschen im Innersten als eigene Triebfeder wie ein „Lebensnerv“. Im Gegensatz zu anderen Lebewesen verfügt er über keine äußerlich sichtbare Spezialisierung. Zwar ist er zu vielem imstande, aber eben nur so ein bisschen: Er schafft es, sich beispielsweise auf verschiedenste Art und Weise fortzubewegen, kann laufen, kriechen, springen, klettern und Lasten tragen, würde aber beim Wettkampf mit dafür eigens angepassten Tieren wohl kläglich scheitern. Die Spezialisierung liegt beim Menschen wohl in seinem Wunderorgan Gehirn, das ihn zum Homo sapiens sapiens, dem weisen, klugen Mensch, macht oder zumindest dazu machen könnte, wenn er das Gehirn nur ließe oder es schaffte, dieses entsprechend zu „bedienen“. Wenn auch manche Gegebenheiten uns an dieser Großartigkeit der menschlichen Spezies zweifeln lassen, so kann die Tatsache nicht geleugnet werden, dass der Mensch über hervorragende Fähigkeiten verfügt. Eine dieser einzigartigen Fähigkeiten besteht in seiner Sprachkompetenz. Sie zeichnet den Menschen aus und ermöglicht ihm eine enorm differenzierte Kommunikation. Wir werden die Bedeutung der Sprache später noch genauer unter die Lupe nehmen.

Eine weitere bedeutsame „Waffe“ besteht in seiner lebenslangen Lernfähigkeit. Weiter oben habe ich bereits erwähnt, dass das Gehirn auch im Alter dazu imstande ist, Nervenverbindungen im Gehirn herzustellen, ja sogar neue Nervenzellen aufzubauen. Der Mensch ist dazu imstande, beinahe unbegrenzt Information aufzunehmen, und gestaltet sich so seine persönliche Erfahrung, auf die er im Falle des Falles wiederum zurückgreifen kann. Da wir auch durch Beobachtung lernen können, ist es uns möglich, stellvertretend Erfahrung zu nutzen. Wären wir nicht dazu imstande, voneinander „abzuschauen“, hätten wir uns wohl kaum aus unserem Steinzeit-Dasein herausentwickelt.

Die Fähigkeit, über sich selbst und sein Handeln nachzudenken (Introspektion) und sich in andere hineinzuversetzen (Empathie), erhöhen die Wirksamkeit der lebenslangen Lernfähigkeit. Auf diese Weise werden Beobachtungen geprüft, das eigene Verhalten bewertet und Entscheidungsalternativen durchdacht. Wenn wir das erste Mal Palatschinken zubereiten, ist es in der Regel hilfreich, anderen dabei zuzusehen, wie sie die Palatschinken wenden. Wir leiten davon ab, wie es funktioniert oder wie es auf keinen Fall gelingt. Auf diese stellvertretenden Erfahrungen aufgebaut, entwickeln wir möglicherweise unseren eigenen Stil. Das Denken darüber, was sein könnte, wenn …, also das Bilden von Hypothesen, wird durch die höchste Entwicklungsstufe der Intelligenz, dem „formallogischen Denken" (Piaget), zu dem der Mensch ab der Pubertät imstande ist, erst möglich.

Daraus lassen sich weitere spezielle Fertigkeiten des Menschen ableiten: Flexibilität und Kreativität. Dies bedeutet, dass der Mensch beobachtete Problemlösungen und somit Erfahrungen für die Überwindung eigener Hürden anzupassen und somit abgewandelt oder sogar verbessert anzuwenden vermag. Wie wäre sonst Entwicklung von der Steinzeit bis zu unserem heutigen Lebensstandard möglich gewesen?

Die fehlende motorische Spezialisierung und das äußerst flexible, lernfähige Gehirn befreien uns prinzipiell von der Einschränkung, bloß auf eine Art und Weise zu reagieren. Bleibt für ein Tier eine Situation stressig, so obliegt es der menschlichen Fähigkeit, einer Situation nach Möglichkeit durch Einsatz verschiedener Strategien den Schrecken zu nehmen oder zumindest zu lindern: Im Gegensatz zum Tier ist der Mensch imstande, „umzudenken" und etwas auch von einer „anderen Seite" zu betrachten. Ob wir ein Glas als halb leer oder halb voll wahrnehmen, liegt in unserer Gewohnheit, etwas zu interpretieren oder auch die Situation selbst zu seinem Vorteil umzugestalten.

Denken wir an die Verwandlung von „Angst" zum Gefühl der „Neugier" und der „Suche nach Herausforderung". Angst bewirkt in der Tierwelt Flucht oder Kampf. Auch wir Menschen tragen dieses Programm sinnvollerweise in uns. Jedoch unterstützen uns unsere Fähigkeiten bei der Unterscheidung, wann Flucht angebracht ist und wann sie umgangen werden kann, indem wir Gefahrenquellen ausschalten, verändern oder zumindest kurzfristig reduzieren.

So baut der Mensch feste Häuser gegen Wind und Wetter, schützt sich vor Kälte durch „Feuermachen" und Heizsysteme, vor wilden Tieren durch Zäune, Zucht oder schreckt auch vor deren Ausrottung nicht zurück. Der Angst vor Ungewissem, vor Unheil und dem Bösen steht die Entwicklung eines positiven Gottesbildes und auch der Wissenschaft gegenüber.

Im Laufe unseres Lebens sammeln wir demzufolge verschiedenste Bewältigungsstrategien (auch Coping genannt, das bedeutet, mit einer Sache umgehen zu können), um Probleme im weitesten Sinne zu lösen. Je „reichhaltiger“ diese „Werkzeugkiste“ und je effektiver die Mechanismen, desto flexibler und erfolgreicher sind wir imstande zu reagieren. Gute Bewältigungsmechanismen helfen uns, ein Problem klar zu sehen und nach wirksamen Lösungsmöglichkeiten zu suchen, anstatt es zu übersehen, kurzfristig zu umgehen oder herunterzuspielen.

Diese dadurch entstandene Freiheit stärkt uns Menschen, macht uns als Art zäh und schwer besiegbar. Es existiert wohl kaum ein Fleckchen auf dieser Erde, auf das der Mensch nicht bereits seinen Fuß gesetzt hätte.

Diese hervorragenden Fähigkeiten fordern uns allerdings auch sehr viel ab – und meist liegt es an uns selbst, ob wir sie nützen können oder aber an der Möglichkeit zu wählen, zerbrechen. Freiheit bedeutet, generell Entscheidungen treffen zu können, um sich zurechtzufinden und mit ihren Folgen auch zu leben. Somit bedeutet Freiheit auch die Möglichkeit von Irrtum und Fehlentscheidungen – im Großen wie im alltäglich Banalen. Eine häufige Fehlentscheidung aber kann darin liegen, sich selbst die Freiheit zu nehmen, verschiedene Problemlösungsstrategien auszubilden, um somit zu erstarren. Dies wiederum hat zur Folge, dass der Mensch auch in sich Hürden aufbaut und sich für sich selbst zum Problem entwickeln kann. Häufig sind es Kränkungen, die das menschliche Rüstzeug lahmlegen können. Ein Mensch, der sich nicht stark genug fühlt, die Aufgaben, die ihm das Leben auftischt, zu erfüllen oder sich selber Ziele zu stecken, weil er schon als Kind vielleicht zu wenig bedingungslose Liebe, dafür aber im Übermaß Kritik erfahren hat, ist tief verletzt und traut sich zu wenig zu, seinen Weg zu verlassen.

Er braucht den Mut und die Neugier, aber auch viel Durchhaltevermögen und Kraft, um alte, selbstschädigende Denk- und Verhaltensmuster zu hinterfragen, sie zu verändern oder auch „wegzuwerfen".

Zusammenfassend wollen wir festhalten, dass der Mensch durch seine geistigen Fähigkeiten darauf spezialisiert ist, auf möglichst reichhaltige und effektive Art und Weise Probleme bzw. Aufgaben zu lösen und diese dadurch entstandene Erfahrung für seine Weiterentwicklung zu nutzen. Lebenslanges Lernen beinhaltet dadurch auch die Möglichkeit, uneffektiv gewordene Strategien und Verhaltensmuster zu verändern und an die neuen Anforderungen anzupassen.

Welchen Aufgaben oder Hürden begegnet nun der Mensch im Laufe seines Lebens? Was hat er zu lösen?

„Entwicklungsaufgaben": die Möglichkeit zu gewinnen oder sich zu verlieren

6. Was ist eine „Entwicklungsaufgabe"?

Verschiedenste Philosophen, Psychologen, Theologen und andere Forscher haben sich mit der Frage, wohin uns das Leben führt, was ihm Sinn gibt und was es mit Lebenszielen auf sich hat, eindringlich auseinandergesetzt. Natürlich handelt es sich dabei eher um Orientierungshilfen als um ein allgemeingültiges Rezept. Die Richtlinie für den Mann, der in seinem Leben ein Haus bauen, einen Baum pflanzen und einen Sohn zeugen soll, ist wohl im übertragenen Sinne zu verstehen und zeigt lediglich den Prozess des persönlichen Aufbaus und der Fortpflanzung, der wohl auch nicht mehr ganz zeitgemäß erscheint.

Nun gleicht ein Menschenleben nicht zwangsläufig dem anderen. Entwicklungsabschnitte, die Herausforderungen, die uns das Leben oder auch wir uns im Leben stellen, können sich mehr oder weniger überlappen, sich zeitlich aufschieben oder vollständig ausfallen. Demgegenüber stellen sich für jeden einzelnen Menschen individuelle Hürden und Entwicklungsaufgaben, die zu bewältigen und zu lösen sind. Sie geben dem Leben eine gewisse

Struktur, wirken wie „Sprossen auf der Lebensleiter" und geben zumindest einen losen Plan vor.

Mehrere Wissenschaftler haben versucht, entsprechende Entwicklungsphasen und -aufgaben, die im Laufe der menschlichen Lebensspanne auftreten, darzustellen. Gemeinhin werden die „Entwicklungsaufgaben nach Havighurst" als Beispiel dazu vorgestellt. Eine Besonderheit bei Havighurst besteht darin, dass er Entwicklung nicht nur als Resultat vergangener Ereignisse, sondern aus vorweggenommenen zukünftigen Geschehnissen erklärt. Entwicklung wird als Diskrepanz zwischen jetzigem Entwicklungsstand und erwünschtem aktiv vorweggenommenen Status gesehen. Dabei ergeben sich Entwicklungsaufgaben aus der Sicht der „Ökologischen Entwicklungspsychologie" aus der körperlichen Reife, aus dem, was die Gesellschaft von uns erwartet und aus unseren individuellen Zielsetzungen.

Havighurst definiert nun folgendermaßen: „Eine Entwicklungsaufgabe ist eine Aufgabe, die sich in einer bestimmten Lebensperiode des Individuums stellt. Ihre erfolgreiche Bewältigung führt zu Glück und Erfolg, während Versagen das Individuum unglücklich macht, auf Ablehnung durch die Gesellschaft stößt und zu Schwierigkeiten bei der Bewältigung späterer Aufgaben führt."

Auf einen Nenner gebracht bedeutet Entwicklung lebenslanges Überwinden von Problemen.

Ich höre schon so manchen Seufzer, doch: Kopf hoch! Wer ist schon imstande, ohne Probleme ein glückliches Leben zu führen? Im Gegenteil: Der Mensch braucht „Probleme", also Aufgaben, die durch entsprechende Entwicklung lösbar werden, da er sonst verkümmert und vergeblich nach dem Lebenssinn sucht.

7. Die Entwicklungsaufgaben: Jobs, die uns das Leben bringt

Wenn wir eine menschliche Lebensspanne betrachten, so kann sie etwa in folgende Lebensphasen unterteilt werden: frühe Kindheit, Kindheit, Schulübergang sowie frühes und mittleres Schulalter, Adoleszenz und Jugend, frühes, mittleres und spätes Erwachsenenalter. Jede Lebensphase birgt in sich ihre Besonderheiten, Highlights und Stolpersteine, die bewältigt werden sollten.

Für die erste Betrachtung könnte die Lebensspanne, vereinfacht gesehen, mit einem Treppenhaus verglichen werden: Die Bewältigung früherer Hürden setzt nach Erikson bis zu einem gewissen Grad das Erreichen der nächsten Entwicklungsstufe voraus. Jedoch hinkt dieser Vergleich insofern, da der Mensch ja über das Rüstzeug der Flexibilität verfügt und auch durch lebenslanges Lernen das eine oder andere „nachholen" kann. Ein Teenager, der Mutter oder Vater wird, ist meist gezwungen, so manche Entwicklungsaufgabe vorzuziehen, unter anderem da die wirtschaftliche Unabhängigkeit meist noch nicht gegeben ist, die ansonsten jedoch eine Voraussetzung für Elternschaft darstellt. Dieser Ablauf ist auch nicht so zu verstehen, dass Fähigkeiten und Erfahrungen, die in einer bestimmten Phase erworben werden, ebenso da zum Abschluss kommen, sondern zumindest bis zu einem gewissen Grad fortgeführt werden.

Manche Hürden sind höher als andere und wenn die erste Entwicklungsaufgabe nicht entsprechend erfüllt werden konnte, fehlt die feste Basis. Auf einem wenig tragfähigen Untergrund lässt sich schwer ein stabiles Haus bauen. Natürlich ist es möglich, auch im Nachhinein ein Haus zu unterkellern, aber der Aufwand ist beträchtlich. Ähnlich verhält es sich bei der menschlichen Psyche.

Welche Entwicklungsaufgaben, welche „Jobs" hält

nun das Leben für uns bereit? Jeder dieser Lebensphasen schreibt Havighurst bestimmte Entwicklungsaufgaben zu.

Ich möchte nun in der Folge eine Auswahl von bestimmten Hürden, also Entwicklungsaufgaben, treffen und ihre Bedeutung hervorstreichen. Zum besseren Verständnis habe ich teilweise den Wortlaut der Bezeichnung verändert oder erweitert.

Als Voraussetzung für die Bewältigung der verschiedensten Aufgaben gilt immer eines: Der Mensch braucht liebevolle Zuwendung, um sich optimal entwickeln zu können!

Frühe Kindheit (0–2 Jahre)

Beginnen wir beim „Kellergeschoss" der menschlichen Psyche und gehen dabei in die frühe Kindheit, die Zeit von der Geburt bis etwa zwei Jahre. Was geschieht in dieser Phase? Welche Bedürfnisse sollten erfüllt werden?

Ein Entwicklungsziel besteht darin, dass das Kind im Laufe der Zeit lernt, dass ein Gegenstand oder eben auch eine Person weiter existiert, auch wenn sie gerade nicht zu sehen ist. Sucht ein Säugling vorerst den unter der Decke versteckten Baustein nicht mehr weiter, weil er „weg" und somit für ihn nicht mehr vorhanden ist, so sucht das ältere Kind den Baustein sehr wohl weiter. Kleine Kinder reagieren erst im Laufe ihrer Entwicklung angstfrei darauf, wenn die Mutter zu Hause den Raum verlässt, da sie gelernt haben, dass sie wiederkommt und sich nicht in Luft auflöst, bloß weil sie gerade nicht zu sehen ist.

Weitere Aufgaben bestehen in der Entwicklung der Motorik, wie Greifen, Gehen, Werfen, Kritzeln, Bauen etc. und dem Begreifen einfacher Wenn-dann-Beziehungen. Es beginnt, nach und nach zu verstehen, wie die Welt „funktioniert".

Die absolute Basis besteht aber in der Ausbildung einer stabilen, vertrauensvollen Bindung an die nahestehende Person (ich nenne sie der Einfachheit halber Mutter – aber es kann natürlich auch der Vater oder eine andere Bezugsperson sein) von Geburt an.

In dieser Lebensphase entwickelt sich somit die qualitativ unterschiedliche Fähigkeit, sich an Bezugspersonen zu binden und eine mehr oder weniger ausgeprägte Vertrauensbasis herzustellen. Der Säugling, der in seiner absoluten Abhängigkeit zwischen dem Gefühl der Zufriedenheit (satt, warm, geborgen, Bedürfnislosigkeit) und Todesangst (Hunger, Kälte, Verlassenheit) pendelt, entwickelt je nachdem, wie seine Bedürfnisse entsprechend befriedigt werden, laut Erikson „Urvertrauen“ oder „Urmisstrauen“. Urvertrauen beschreibt das innere, tiefe Gefühl dahingehend, selber vertrauenswürdig zu sein, also versorgt zu werden, und dass es sich auch lohnt, anderen zu vertrauen. Dies wiederum bewirkt in der Folge das Gefühl, im sozialen Umfeld gut eingebettet zu sein und sich auf andere verlassen zu können. Diese Basis gehört zu den stärkenden Bedingungen, die einem dabei helfen, mit späteren Belastungen aller Art gelassener umzugehen.

Wer bevorzugt für diverse schwierige oder auch ängstigende Situationen nicht die Begleitung einer vertrauten Person? Aber schon das Wissen alleine, dass wir uns in unserer Familie, dem Bekannten- oder Freundeskreis im Falle des Falles Unterstützung holen können, reduziert den Stresspegel und somit das Gefühl der Ohnmacht. Diese Angst mildernde Wirkung durch Begleitung konnte sogar bei Menschenaffen nachgewiesen werden. Einem Affen, der allein in einem Käfig saß, wurde ein bellender Hund vorgeführt, auf den der Affe verständlicherweise mit großer Angst reagierte. Nun setzte man einen zweiten Affen in den Käfig – und siehe da, der Hund konnte bellen, so viel er wollte, es ließ die Affen kalt. Da wir, ob wir wollen oder nicht, den Menschenaffen mehr ähneln, als uns von ihnen zu unterscheiden, können wir die Erkenntnis aus diesem Experiment vermutlich auf uns übertragen.

Was aber, wenn wir anderen Menschen prinzipiell nicht vertrauen können, weil wir von Anfang an erlebt haben, dass wir uns auf unsere Bezugsperson nicht verlassen konnten?

Die Erkenntnisse dieser Entwicklungsaufgabe gehen auf Bowlby zurück, der das Phänomen der menschlichen Bindung ausgiebig erforscht hat. Er unterscheidet zwischen drei verschiedenen Bindungstypen, die bereits im Alter von 12 bis 18 Monaten erkennbar werden: sichere Bindung, unsicher-vermeidende Bindung und unsicher-ambivalente Bindung.

Die Bindungsqualität kann auf relativ einfache Weise beobachtet werden: Die Mutter oder eine andere Bezugsperson, betritt einen fremden Raum mit Spielzeug. Hier zeigt sich bereits recht bald, ob das Kind seinem Explorationsdrang nachgibt und sich intensiv dem Spielzeug widmet oder nicht. Nach einiger Zeit betritt eine fremde Person den Raum und befasst sich mit dem Kind. Die Mutter verlässt schließlich den Raum.

Wie verhält sich nun das Kind? Verlässt die Mutter den Raum, bedeutet dies für jedes Kind Stress. Das sicher gebundene Kind äußert dieses Unbehagen mit Weinen, lässt sich aber schließlich beruhigen. Die Mutter wird bei ihrer Rückkehr wieder freudig in Empfang genommen.

Das Kind erlebt seine Mutter als Sicherheit spendende Person. Trennung tut weh und darf geäußert werden; gleichzeitig verfügt das Kind über die Erfahrung, dass es sich auf die Mutter verlassen kann: Sie überlässt das Kind keiner schlechten Situation und kommt außerdem ganz sicher wieder, um es freundlich aufzunehmen oder gegebenenfalls auch zu trösten. Das Kind hat gelernt, dass es sich auf seine Mutter verlassen kann: Sie stützt das Kind, ist also gefühlsmäßig erreichbar und stabil. In der Folge erlebt sich der heranwachsende Mensch als jemand, der beschützt und geborgen ist und es auch wert ist, Schutz und bedingungslose Liebe zu bekommen. Die Basis für ein gutes Vertrauen, auch in sich selbst, wurde auf diese Weise gelegt, ein Fundament für die weitere Entwicklung.

Anders verhält es sich bei der unsicher-vermeidenden Bindung: Beim Verlassen des Raums durch die Mutter verhält sich das Kind unbeeindruckt, steht allerdings ebenso unter Stress. Dies zeigen die Konzentration von Kortisol, einem Stresshormon, im Speichel, sowie die Erhöhung der Herzfrequenz. Es weint bei der Trennung nicht und reagiert kaum auf die Rückkehr der Mutter. Beim Spiel ist es sehr in sich versunken, die Spielqualität nimmt ab.

Offensichtlich unterdrückt das Kind in dem Fall die Äußerung seines Unbehagens, was für sein Alter unangemessen ist. Die Mutter scheint ansonsten das Bedürfnis nach Nähe eher zurückzuweisen und die Gefühle des Kindes nicht entsprechend aufzugreifen.

Es handelt sich um einen klaren Irrglauben, dass Kinder, die unter Belastung ruhig in ihr Spiel vertieft sind, kein Problem mit der Situation haben. Kinder verarbeiten im Spiel, holen sich aus der belastenden Situation heraus, was nicht mit Gleichgültigkeit, „Coolness" oder tatsächlicher Bewältigung gleichzusetzen ist. Dies ist auch bei jeder Form der Trennung von Bezugspersonen oder auch bei der Möglichkeit von Missbrauch verschiedenster Art zu bedenken.

Die unsicher-ambivalente Bindung äußert sich meist folgendermaßen: Das Kind löst sich schwer von der Mutter, beruhigt sich auch beim Spiel kaum und reagiert zwiespältig auf ihre Rückkehr, indem es auch dann wieder zu weinen beginnt oder die Mutter sogar attackiert.

In diesem Fall kann davon ausgegangen werden, dass die Mutter prinzipiell unterschiedlich auf Gefühlsregungen des Kindes reagiert. Da die Mutter selbst einem Wechselbad ihrer Gefühlswelt ausgesetzt ist, überträgt sich dies auch auf das Kind, und zwar in folgendem Sinne: Die Mutter greift manchmal die Gefühle des Kindes auf, kann einerseits kontrollierend und überfürsorglich, andererseits aber auch emotional unerreichbar sein. Bei heftigen Gefühlen des Kindes reagiert sie möglicherweise überfordert und irritiert, weshalb das Kind mit seinen Gefühlen und deren Bewältigung alleine bleibt, was wiederum das Kind überfordert. Die Stärke und Stabilität der Mutter sind unumgänglich für das Kind. Denken Sie an so manche Trotzanfälle von Kindern! Die Eltern sind gefordert, ruhig mit dieser Situation umzugehen, anstatt aus allen Fugen zu geraten. Nur dann findet das Kind, das hilflos von seinen eigenen Impulsen überrollt wird, Halt. Denken Sie an eine Situation, in der Sie sehr verärgert oder verzweifelt waren. Wie gut täte es Ihnen, wenn ein Helfer verzweifelt neben Ihnen zusammenbricht, anstatt Sie zu stützen? Wie fühlen Sie sich andernfalls, wenn Sie nie recht wissen, wie Sie bei einem Menschen „dran“ sind, da er wie das Aprilwetter einmal einfühlsam, das andere Mal ohne für Sie ersichtlichen Grund kalt und abweisend reagiert?

Umso wichtiger ist es für das Kind, dass es sich gerade in seiner Abhängigkeit emotional auf die Stütze der Mutter verlassen kann. Sie können sich wahrscheinlich vorstellen, dass dies bei dieser Form der Bindung nicht gegeben sein kann. Solche Erfahrungen übertragen sich schließlich auf andere zwischenmenschliche Beziehungen, wenn nicht ausreichend positive Gegenbeweise durch andere Erfahrungen mit Menschen zustande gekommen sind. Die Beziehung zu anderen Menschen zieht sich wie ein roter Faden durch unser Leben und ist für uns aus diesem Grund von enormer Wichtigkeit.

Die Fähigkeit, sicher zu binden, stellt somit eine wesentliche Mitgift für unser Leben mit seinen Anforderungen dar. Haben sich allerdings ungünstige Bindungsmuster einmal etabliert, so graben sich diese so sehr in die Persönlichkeit ein, dass sie ein Leben lang zum Tragen kommen, wenn der Betroffene nicht gezielt gegen deren Folgen ankämpft. Es konnte sogar gezeigt werden, dass Bindungsstile über Generationen hinweg mittels Denk- und Verhaltensmustern weitergegeben werden können.

Widerspricht dies nicht der vorhin gepriesenen lebenslangen Lernfähigkeit und Flexibilität des menschlichen Gehirns? In der Tat ist der Mensch im Falle ungünstiger psychischer Entwicklungsbedingungen mehr als gefordert, Defizite zu kompensieren, wenngleich er auch nicht imstande ist, diese ungeschehen zu machen. Allerdings müsste der Mensch auch seine Schwachstellen erkennen und verstehen können, wofür er prinzipiell ausgerüstet ist. Die innere Zähigkeit des Menschen zeigt sich in der Tatsache, dass Menschen auch immer wieder trotz offensichtlich ungünstiger Entwicklungsbedingungen auf einem erstaunlich guten Kurs manövrieren können. Ich bin häufig erstaunt, wie gesund sich Menschen entwickeln können, obwohl sie über äußerst schlechte Karten verfügen. Ich kenne Menschen, die schwerste Vernachlässigung und Misshandlung erdulden mussten, aber schließlich dennoch die Kraft aufbrachten, bald ein selbstständiges Leben aufzubauen und sogar in einem helfenden Beruf Fuß fassen konnten, um andere zu unterstützen, die massive Hilfe brauchen. Eine gute Bewältigunsstrategie!

Wäre dies nicht prinzipiell möglich, so wären wir alle heute wahrscheinlich nicht lebensfähig. Zu viele negative

Prägungen hätten sich seit „Adam und Eva“ bis zu unserer eigenen Generation, ja zu uns selbst, angesammelt. Offensichtlich ist der Mensch an sich imstande, Blockaden, die ihn krank machen könnten, auch „wegzuwerfen“, wenngleich Narben bleiben werden.

Umso wesentlicher erscheint es, gezielt auf die Tatsache zu reagieren, dass jedes fünfte Kind im Alter von zwei Jahren bereits Defizite im emotionalen Bereich aufweist!

Kindheit (2–4 Jahre)

Welche „Jobs“, also Entwicklungsaufgaben hat das Kind in dieser Altersstufe zu lösen? Im Vordergrund stehen die Entwicklung und Verfeinerung motorischer Funktionen in Form von Selbstkontrolle, wozu auch das Sauber-Werden gehört. Das Kind übt sich im Benutzen von Stiften, Pinseln und dem Schneiden mit der Schere. Dem Kindergarten fällt damit eine besondere Bedeutung in der Vorbereitung auf die Schule zu. Auch im Bereich der Sozialkontakte ist diese Zeit prägend und wichtig für das Kind. Weiters soll es die Möglichkeit zu genügend spontanem Spiel haben und seine Fantasie ausleben können. Fantasie und Spiel gehören ganz wesentlich zum Werkzeugkoffer des Kindes, um sich in dieser Welt zu entwickeln. Es spielt Situationen nach, bewältigt auf diese Weise verschiedenste Eindrücke und lernt mehr und mehr auf diesem Wege, seine Umwelt zu begreifen. Hat das Kind zu wenig Möglichkeit, seinem Spieldrang entsprechend nachzukommen, so wird ihm folglich die Benutzung seines grundsätzlichen Werkzeugs vorenthalten. Eine ganz wesentliche Rolle spielt aber auch die Entwicklung der Sprache, der wir uns nun eingehender zuwenden wollen.

Weshalb? Sicher, jedes Kind beginnt früher oder später zu sprechen. Wo liegt aber die besondere Bedeutung einer möglichst früh und differenziert entwickelten Sprache? Wie kann Sprachentwicklung gefördert werden?

Die verbale Sprache ist ein Phänomen, das den Menschen vom Tier unterscheidet, und durchzieht in seiner Bedeutsamkeit als einzigartiges Werkzeug die gesamte Lebensspanne. Zwar verfügen wir im Gehirn über ein eigenes Sprachzentrum, das jedoch von der Umwelt einen Anreiz braucht, um sich zu entfalten. Von Beginn an tragen wir als Bezugspersonen durch liebevolle Zuwendung und eben unseren verbalen Ausdruck zur Anregung der kindlichen Sprachentwicklung maßgeblich bei. Welche Vorteile bietet nun eine gute, differenzierte Sprachentwicklung konkret?

Gutes Sprachniveau fördert die Entwicklung sozialer Fertigkeiten. Diese stellen eines der wesentlichsten Werkzeuge zur Bewältigung des Lebens mit all seinen Aufgaben und Hürden dar. Je früher bzw. auch je differenzierter ein Kind lernt, sich sprachlich auszudrücken, umso eher ist es imstande, seine Bedürfnisse unmissverständlich mitzuteilen. Denn es besteht zweifellos ein prägender Unterschied, ob das Kind mitteilen kann, dass es lieber den roten Filzstift statt dem blauen Buntstift haben will, was es spielen will und was nicht, wer ihm wann wo was weggenommen oder wehgetan hat, mit welchen Erwachsenen oder Kindern es besonders gerne zusammen ist und mit welchen nicht. Wird das Kind mit seinen Anliegen ernst genommen, wird es sich als selbstwirksam erleben, was bedeutet, dass es mit seinem Verhalten in einem gewissen Rahmen Ziele erreichen kann. Wenn das Kind erlebt, dass ihm die Mutter, die Oma, die Kindergärtnerin oder sonst eine Person aufgrund seiner Bitte das heiß ersehnte Spielzeug aus dem oberen Kasten holt, dann macht das Kind die Erfahrung, dass sein Verhalten die erwünschte Wirkung auf die Umgebung ausübt, da es ja nur so zu diesem Spiel kommt.

Das Erleben von Selbstwirksamkeit beeinflusst wiederum das Bild bzw. die Vorstellung, die wir von uns selbst haben, auf positive Weise, was wiederum Angst eher zu Neugier und Entschlossenheit werden lässt. Weiters wirkt sich dieses Erleben positiv auf die Sprachentwicklung aus, da das Kind das Sprechen als wirksame Möglichkeit erlebt, auf die Umwelt Einfluss auszuüben. Es wird in der Regel weniger Angst vor neuen Problemen und Aufgabenstellungen aufbauen. Dies wiederum ermöglicht eine offenere, realitätsangepasste Form der Auseinandersetzung mit den Lebensanforderungen. Es gibt also auch eine Spirale nach oben oder – wenn man so will – einen positiven Lawineneffekt in Richtung Selbstbewusstsein.

Wer früh etwas zu sagen hat, wird auch früh gehört und ist früh imstande, sich in seiner Umwelt erfolgreich einzugliedern. Dies stellt eine solide Basis für die weitere soziale und somit auch psychische Entwicklung dar: Jemand, der sich in der Gruppe gut eingebettet fühlt, hat einen einfacheren Start ins Leben.

Bei guter Sprachentwicklung laufen wir als Erwachsene auch weniger Gefahr, eine Negativäußerung des Kindes als Laune oder Phase abzutun, sondern ihm sorgfältig zuzuhören. Wir können mit dem Kind gemeinsam gezielter und aktiver Lösungen für ein anstehendes Problem besprechen, ausprobieren und die Folgen seines Verhaltens beleuchten.

Ein weiterer Vorteil besteht in der differenzierteren Wahrnehmung und im Benennen von Emotionen. Wer seine Gefühle körperlich wahrnehmen und ihnen einen „Namen“ geben kann, verfügt über bessere Voraussetzungen, seine eigene Gefühlswelt zu verstehen und zu regulieren. Dies wiederum bestimmt mit, auf welche Weise wir unsere Konflikte im Gespräch lösen. Wenn Sie zum Beispiel spüren, dass Sie unruhig sind, und zudem auch wissen, dass Sie sich ärgern, werden Sie eher ausmachen können, warum dies so ist und besser überlegen können, was Sie mit Ihrem Ärger nun anfangen und wie Sie gegebenenfalls die auslösende Situation entsprechend bewältigen können.

Halten wir fest: Je früher und differenzierter ein Mensch in seinem Leben Sprache erwirbt, desto günstiger kann seine Entwicklung insgesamt beeinflusst werden. Der Umgang mit der eigenen Gefühlswelt sowie die zwischenmenschliche Kommunikation machen Fortschritte. Auf diese Weise ist der Mensch von Kindesbeinen an als Lebensgestalter aktiv, was die Wahrscheinlichkeit psychischer Gesundheit erhöht. Dies soll jedoch nicht bedeuten, das Kind mit sprachlicher Förderung zu überfahren – sie werden wahrscheinlich Widerstand ernten und möglicherweise das Gegenteil erreichen. Das gefühlvolle und liebevolle Eingehen auf das Kind, es dort abzuholen, wo es in seiner Entwicklung steht, muss auch hier als Voraussetzung gelten!

Ein Kind, das diese Lebensphase gemeistert hat, verfügt also über eine altersgemäße, gute Sprachentwicklung und teilt sich dementsprechend mit. Es kann sich differenziert genug ausdrücken, um seine Wünsche zu formulieren. Es hat auch gelernt, sich dementsprechend in andere Menschen einzufühlen und Kompromisse einzugehen.

Es spielt ausgiebig und freut sich über sein wachsendes Geschick und seine Werke im Zeichnen und Basteln, die altersgemäß immer detailreicher und anspruchsvoller werden.

Schulübergang und erstes Schulalter (5–7 Jahre)

In dieser Phase unterliegt der Körper einem beträchtlichen, sichtbaren Wandel: Der Zahnwechsel setzt ein und die Gestalt des Kleinkinds weicht zunehmend der des Schulkinds. In diesem „primären Wachstumsschub" zeichnet sich das Kind durch längere Extremitäten aus, weshalb der Kopf im Vergleich zur kleinkindlichen Proportion kleiner wirkt.

Aber auch in anderen Bereichen tut sich einiges: Kinder in diesem Alter beginnen, sich immer mehr mit der eigenen Geschlechtsrolle zu identifizieren. Trägt das Mädchen vorerst noch ohne Probleme Pullis des größeren Bruders und verfällt der Bub vielleicht auch in das „Rosa-Fieber", lässt eine dahingehende Toleranz der Kinder plötzlich zu wünschen übrig. Das ist auch gut so, denn irgendwann wird es klar: Ich bin ein Mädchen und werde eine Frau wie Mama und deshalb tue ich auch die Dinge, die Mama tut. Ebenso verhält es sich natürlich mit dem Herrn Sohn, der bei Papa beobachtet, was einen richtigen Mann ausmacht. Die Eltern stellen Identifikationsfiguren bzw. Repräsentanten für die Geschlechterrolle dar. Die Intelligenz entwickelt sich von der Qualität her weiter und das Spiel in Gruppen gewinnt an Bedeutung.

Hier wird bereits deutlich, welche Rolle der Sprache zukommt. Soziale Fertigkeiten, die es ermöglichen, sich in eine Gruppe einzufügen, Kompromisse zu schließen oder eigene Wünsche durchzusetzen, entwickeln sich bei guter Sprachentwicklung einfacher. Schon im Kindergarten, verstärkt aber in der Schule, kommen soziale Erfahrungen zum Tragen: Wie werde ich im Spiel aufgenommen? Werde ich ausgegrenzt oder gar gehänselt? Bin ich bei Geburtstagspartys eingeladen oder werde gerade ich als Gast niemals gern gesehen? Probleme wie Schüchternheit bahnen die Entwicklung von sozialen Ängsten an und leisten einer ausgeprägten Sozialphobie, die das weitere Verhalten und Erleben prägt, Vorschub. Im Gegensatz dazu tragen Erlebnisse des Dazugehörens und Angenommenseins zu einem

Gefühl des Eingebettetseins in die Gesellschaft bei, was wiederum das Selbstbewusstsein, das Bild, das man von sich selbst hat, stärkt. Das Vorhandensein von Kontakten zu anderen Kindern allein bewirkt noch kein gutes Selbstbewusstsein und Fertigkeiten im Umgang mit anderen Menschen, da es auf die Qualität der Erfahrungen ankommt, die ein Kind wiederholt macht.

In diesem Alter beginnt sich aber im Rahmen einer Entwicklungsaufgabe eine weitere wesentliche Basis einzuprägen: das Wertsystem, also unsere persönliche Haltung, was gut, schlecht, richtig oder falsch ist, beginnt einfache Formen anzunehmen, orientiert sich aber noch maßgeblich an unseren Bezugspersonen. Dies bedeutet, dass wir bereits sehr früh mit einem inneren „Ordnungssystem“ versehen sind, um uns zu orientieren, was wir dürfen und was nicht. Wir nehmen unsere Umwelt durch einen Raster wahr, der uns dabei helfen soll, im weiteren Sinne Gefährliches von Ungefährlichem zu unterscheiden und dementsprechend rasch und gezielt zu reagieren.

Nun beginnt auch das Spiel in Gruppen Gestalt anzunehmen. Im Gegensatz dazu spielen jüngere Kinder oft eher nebeneinander als miteinander. Kinder in diesem Alter entwickeln die Fähigkeit, sich aufeinander einzustellen und gemeinsame Ziele im Spiel zu verfolgen. Hier liegt der Beginn der Fähigkeit zur Zusammenarbeit, sofern sie entsprechend gestützt und gefördert wird.

Kindheit und mittleres Schulalter (6–12 Jahre)

Welche Hürden stehen in dieser Altersstufe an? Wie Sie sehen werden, finden wir hier eine Überlappung mit der vorherigen Phase, was das Alter und auch die Weiterentwicklung von Fertigkeiten anbelangt. Es besteht ein maßgebliches Ziel darin, Kulturtechniken, also Lesen, Schreiben und Rechnen, zu erwerben und zu festigen. In dieser Lebensphase werden Fertigkeiten verfeinert und Erfahrungen vertieft.

Das Erlebnis der Leistungsfähigkeit spielt in dieser Phase ebenfalls eine wesentliche Rolle. Die Aufgabe besteht darin, zu erkennen, wo Stärken und Schwächen vorzufinden sind: Was kann ich, was kann ich nicht oder worin bin ich eben nicht so gut? Dies bedeutet in der Folge, auch mit Schwächen und Fehlern umgehen zu lernen. Wie wesentlich der liebevolle und sensible Umgang mit dem Kind auch in diesem Bereich ist, bleibt wohl außer Zweifel. Sind Leistungen niemals gut genug oder selbstverständlich, Fehler aber beschämend, wie soll sich das Kind und in der Folge der Erwachsene schließlich über Erfolge freuen? Viel eher greift die Angst vor Misserfolgen um sich, die wiederum Weiterentwicklung blockieren kann. Oder aber das Kind fühlt sich nur dann wertvoll, wenn es gute Leistungen bringt, was die Gefahr in sich birgt, sich nicht um seiner selbst willen geliebt zu fühlen. Es gelangt so zum inneren Empfinden, seine Liebe erarbeiten zu müssen.

Reagieren die Bezugspersonen weder auf gute noch auf schlechte Leistungen, so fehlt überhaupt der Bezug zur eigenen Leistungsfähigkeit, weshalb diese Stärke nicht als solche erlebt wird. Lob für gute Leistungen, Förderung und angemessenes Fordern von Mühe bei bedingungsloser Liebe im Falle von Misserfolgen würde wohl den entsprechenden elterlichen Weg vorzeichnen!

Ein wesentliches Entwicklungsziel besteht auch darin, die eigene Leistung in die Gemeinschaft einzubringen und in der Folge die Fähigkeit zur Zusammenarbeit in der Gruppe zu erwerben. Lernt das Kind, entsprechend sozial zu kooperieren, so wird bereits spätere Teamfähigkeit in ihrer Entwicklung angelegt und in der Folge zumindest begünstigt. Sich einbringen zu können, Verantwortung zu übernehmen, sich aber auch zurücknehmen und sich unterordnen können, stellen wichtige Voraussetzungen für das berufliche Arbeiten in Gruppen dar. Die besten Noten helfen nicht, gut entwickelte Intelligenz kann unzureichend genützt werden, wenn die entsprechenden sozialen Fertigkeiten, die für Teamarbeit vonnöten sind, fehlen. Immer wieder hören wir von Menschen, die angeblich so fähig wären, sich aber einfach nicht einfügen können, weshalb gute Stellenangebote schließlich nicht angenommen werden.

Adoleszenz und Jugend (13–22 Jahre)

Diese auch für die Eltern oft nicht ganz einfache Lebensphase ist geprägt von einem regelrechten Schwall an Veränderungen und somit auch an Entwicklungsaufgaben. Kein Stein bleibt auf dem anderen. Das Kind entwickelt sich rasend schnell körperlich zu einem Erwachsenen. Der sekundäre Wachstumsschub bringt so manche Mutter zur Verzweiflung, denn plötzlich passt nichts mehr, egal wie oft nachgekauft wird! Der junge Mensch hat nun die Aufgabe, mit neuen Körperproportionen klarzukommen – ebenso die elterliche Brieftasche. Das Einsetzen der Geschlechtsreife muss auch in das neue Selbstbild integriert werden. Die Heranwachsenden haben nun alles voll entwickelt, was die Frau zur Frau und den Mann zum Mann macht. So nach und nach lässt der „Beinahe-Erwachsene" seine Kindheit hinter sich, auch wenn er den Teddybären trotz Stimmbruchs noch manchmal in sein Bett schmuggelt.

Kleidung und Aussehen werden nun besonders wichtig. Der Wettkampf darum, wer der oder die Begehrteste ist, hat begonnen. Bin ich schön und schlank genug? Kann man mich lieben, auch wenn ich Pickel habe? Bin ich liebenswert genug, auch wenn ich noch keinen Freund habe?

Der Bezug zum eigenen Körper ist ein besonders sensibles Thema. Dazu kommt noch, dass durch all diese Veränderungen im Jugendlichen und um ihn herum seine Gefühlswelt einer Hochschaubahn gleicht. Wie wichtig gerade auch in dieser Zeit die elterliche Verlässlichkeit und Stütze ist, wird nachvollziehbar, auch wenn das anders aussehen wird als während der Kindheit.

Das Denken wird komplexer, die Entwicklung der letzten Intelligenzstufe, das „formal-logische Denken" nach Piaget, hält Einzug. Der junge Mensch ist ab nun imstande, über sich selbst nachzudenken (Introspektion) und auch Hypothesen über sich und die Welt zu formulieren: „Was wäre wenn ...?" Die Fähigkeit zu philosophieren ist somit geboren. Ab diesem Alter ist der Mensch von seinen geistigen Möglichkeiten her mit einem persönlichen Rüstzeug, das ihm Stärke verleiht, ausgestattet. Er kann hinterfragen, Inhalte von einer anderen Perspektive aus betrachten und nützt diese neue Fertigkeit gerne, um Bestehendes mit Begeisterung zu kritisieren.

Eltern sind stark gefordert, auch ihre Ansichten auf deren Tauglichkeit zu überprüfen, denn die „Tests" der Sprösslinge können schon in jüngeren Jahren wortlos machen, nun aber echten Erklärungsnotstand verursachen. Warum essen Sie Fleisch, obwohl Sie wissen, dass Tiere grausam gehalten und geschlachtet werden? Weshalb kaufen Sie Kleidung, die wegen Kinderarbeit „so günstig" zu erwerben ist? Warum reden Sie nicht mit dem Nachbarn, obwohl Sie von Ihren Kindern verlangt haben, zu allen Leuten nett zu sein?

Dieser Prozess wird zudem verstärkt, da die Peer Group, die Gruppe der Gleichaltrigen, im Vergleich zum Elternhaus in seiner Bedeutsamkeit in den Vordergrund rückt. Auf diese Weise wird der Jugendliche mit unterschiedlichen Einstellungen und Lebenssituationen der Gleichaltrigen konfrontiert. Freizeit wird also eher mit der Clique, innerhalb der tiefe Freundschaften entstehen können, verbracht. Hier entstehen meist auch die ersten sexuellen Kontakte, wobei der Erfahrungsaustausch auch in der Gruppe geschieht und seltener die Eltern als Ansprechpartner gebraucht werden. Schließlich finden auch die ersten Partnerschaften meist hier ihren Anfang.

Die Gleichaltrigengruppe stellt eine wesentliche Funktion dar, da wir zur Entwicklung vieler, äußerst wesentlicher Fertigkeiten schlichtweg andere Menschen benötigen. In der Peer Group steht dem jungen Menschen ein Übungsfeld zur Verfügung, aus dem ihm auch Rückmeldung über sein Verhalten zukommt. Um soziale Fertigkeiten zu entwickeln, also sich einzufügen, ohne sich zu unterwerfen, sich durchzusetzen, ohne anderen zu schaden, zu unterstützen, vertrauenswürdig zu sein, sich auf andere einzulassen, Kritik auszusprechen und zu ertragen, Konflikte produktiv zu bewältigen und anderes, brauchen wir nun einmal andere. Wir brauchen auch andere als Spiegel für uns selbst und um abzuklären, welche Position wir in der Gruppe einnehmen. Dies bedeutet jedoch keineswegs, dass die Eltern unwichtig oder gar unnötig geworden sind, im Gegenteil: Eltern sind gefordert, ihren Kindern liebevollen Rückhalt und Sicherheit zu vermitteln. Dies bedeutet einerseits, dass entsprechender Freiraum gewährt wird, der aber andererseits auch durch klare Grenzen für den jungen Menschen überschaubar bleibt. Eltern sollen dabei Eltern bleiben und nicht die Rolle eines „Freundes“ oder einer „Freundin“ einnehmen oder sich darauf einlassen. Dies vermindert den Halt, da Jugendliche trotz der häufigen Kritik an ihren Eltern eben Mutter und Vater als Rückhalt brauchen, auch wenn oder gerade weil sie „altmodisch“ und „urpeinlich“ und somit einfach anders genug sind.

Das Experimentieren gilt als Vorrecht der Jugend und stellt ein wesentliches Werkzeug dar, in der Fülle von Wegen den eigenen zu finden, um so zu lernen, Entscheidungen zu treffen. Gerade die Jugendzeit ist gespickt mit vielen weitreichenden Entscheidungen. Um dieser Anforderung gerecht zu werden, gilt es die Entwicklungsaufgabe des persönlichen, internalisierten Wertsystems und des moralischen Bewusstseins zu bewältigen. Übernimmt das Kind sein Wertsystem kritiklos von außen, so verfügt der Jugendliche nicht über die Möglichkeit, sich ein „eigenes Bild“ von Werten und Moral zu schmieden. Natürlich übernimmt und internalisiert er Werte seiner Umgebung, die er für richtig hält und wandelt anderes entsprechend seiner Erfahrungen ab. Damit besteht ein mehr oder weniger subjektives Ordnungssystem, das in der Situationen- und Personenbewertung sowie in der Lebensplanung Verwendung findet.

Die große Entwicklungsaufgabe besteht nun in einer weiteren Durchtrennung der „Nabelschnur“: die Berufswahl und in der Folge die dadurch erst mögliche Autonomie von den Eltern. Die finanzielle Unabhängigkeit betrifft aber nur einen Aspekt der Autonomie, die sich auch nicht von alleine ergibt, sondern erarbeitet werden muss. Sich von den Eltern zu lösen ist nicht gleichzusetzen mit finanzieller Unabhängigkeit, wenngleich diese in ihrer Notwendigkeit als Entwicklungsaufgabe nicht anzuzweifeln ist.

Es trifft gar nicht so wenige Menschen, die Zeit ihres Lebens über diese Schwelle der Abnabelung nicht hinüberkommen, da sie niemals eigene Entscheidungen treffen und beeinflussbar bleiben. Fragt man sie nach ihrem gefühlsmäßigen Alter, so geben sie tatsächlich an, sich im

Kontakt mit ihren Eltern immer noch wie höchstens vierzehn zu fühlen, obwohl sie vielleicht sogar selber Mutter oder Vater sind. Diese gar nicht so seltene Schwierigkeit und Entwicklungsblockade wird sicher auch dadurch begünstigt, dass einerseits die Adoleszenz und Jugend gar nicht so „golden“ ist, wie sie gerne als Ideal dargestellt wird, sondern durch die massiven Entwicklungsaufgaben ebenso störungsanfällig ist wie frühere Phasen. Andererseits haben auch die Eltern eine oder mehrere Entwicklungsaufgaben zu bewältigen.

Eine davon besteht in der Fähigkeit, ihr heranwachsendes Kind loslassen zu können und ihm die Verantwortung für sein Leben zu übergeben. Der Jugendliche sollte in seiner Selbstständigkeit und Eigenverantwortlichkeit fortlaufend, dem Alter entsprechend liebevoll gefördert und unterstützt werden. Es ist Gift für den jungen Menschen, nichts entscheiden zu dürfen und immer unter Kontrolle zu sein, da er Gefahr läuft, sich nichts zuzutrauen und in der Folge als Erwachsener dieses Verhalten beibehält. Es ist durchaus förderlich, dem Jugendlichen Amtswege anzuvertrauen, kleine Bankgeschäfte abwickeln, ihn Einkäufe tätigen zu lassen, ihm konsequent vereinbarte Aufgaben im Haushalt zu übertragen, ihn das eigene Zimmer instand halten zu lassen, das Haustier füttern zu lassen, etc. – kurz: Dem Jugendlichen kann, darf und soll Verantwortung übertragen werden.

Der gesunde, junge Erwachsene sollte also eine Menge an Hürden bewältigt und im Laufe der Pubertät eine feste Identität, eine eigene Persönlichkeit mit seinen Werten, Kontakten, Vorlieben, Tätigkeiten und Lebenszielen erworben haben. Dies setzt aber auch voraus, dass sich der junge Mensch das weitere Leben mit seinen Anforderungen zutraut und auch Sinn darin findet. Zukunftsangst kann bewirken, dass er in seiner Entwicklung stagniert und den Schritt hinaus nicht oder nur wenig wagt und zum Beispiel dem Elternhaus verhaftet bleibt. War und ist der Betroffene überbehütet, verlässt er die elterliche Burg nicht, da er Angst vor Zurückweisung und Enttäuschung hat. Oder aber der Jugendliche lehnt sich auf und stellt sich gegen die Gesellschaft insgesamt. Dadurch entwickelt er eine negative Identität, die alles Bestehende infrage stellt. Hier finden wir auch Jugendliche, die dem Satanismus oder anderen Richtungen verfallen.

Die Entwicklungsaufgaben des Erwachsenenalters

Havighurst unterteilt das Erwachsenenalter in drei Hauptteile: Das frühe Erwachsenenalter lokalisiert er in die Zeit von 23 bis 30 Jahren. In diese Lebensphase fallen folgende Entwicklungsaufgaben: Heirat, die Geburt von Kindern, Berufstätigkeit und das Finden eines eigenen Lebensstils.

Das mittlere Erwachsenenalter beginnt somit ab 31 Jahren und endet mit 50 Jahren. Die dazugehörigen Entwicklungsaufgaben betreffen das Führen eines Haushalts, Kindererziehung und Familienleben sowie das Verfolgen einer beruflichen Karriere.

Das späte Erwachsenenalter beginnt demnach mit dem 51. Lebensjahr und umfasst Entwicklungsaufgaben wie das Lenken der Energien auf neue Rollen, das eigene Leben zu akzeptieren und eine Haltung zum Tod zu entwickeln.

Bevor wir uns den eben genannten Entwicklungsaufgaben zuwenden, noch ein kleiner Einschub: Erschrecken Sie bitte nicht, wenn Sie sich nicht exakt einer genannten Phase zuordnen können oder die eine oder andere Entwicklungsaufgabe bei Ihnen „ausgefallen“ oder auf später verschoben ist. Wundern Sie sich auch nicht, wenn Sie für sich zusätzliche Aufgaben „erfunden“ oder diese sich einfach ergeben haben!

Weiters können wir in der heutigen Zeit nicht mehr wirklich an dieser Zeitstruktur festhalten. Um nur ein Beispiel zu nennen: Kinder werden heute im Schnitt eindeutig später geboren, als es hier angeführt ist. Deshalb kann man auch nicht sagen, dass die Entwicklungsaufgaben des früheren und mittleren Erwachsenenalters eine strikten Reihenfolge unterliegen.

So hilfreich derartige Konzepte sind, die Lebensspanne ein Stück weit überschaubarer und somit verständlicher zu gestalten, so sehr ist ein flexibles Denken im Hintergrund angebracht. Wenn Sie z.B. ein Single-Leben führen, so werden Ihre Lebensaufgaben darauf abgestimmt sein oder sein müssen. Allerdings kann auch die Tatsache nicht geleugnet werden, dass Abweichungen von den Entwicklungsaufgaben häufiger psychische Probleme provozieren. Leben beispielsweise Menschen als „überzeugte“ Singles, so ist es für viele nicht die freiwillig gewählte Lebensform. Andererseits aber ist auch ein Familienleben kein Garant für Glück.

Somit wird erkennbar, wie sehr einerseits der „rote Faden“ dieses Konzeptes, ähnlich eines Halteseils am gesicherten Bergsteig, lediglich eine Orientierung darstellt, uns aber vom richtigen, trittsicheren Klettern und Gehen nicht befreit. Andererseits sind wir als individuelle Einzelpersonen gefordert, diese Entwicklungsaufgaben auf unser Leben zu übertragen, sie anzupassen und auch zu ergänzen. Jede Aufgabe besteht außerdem wiederum aus vielen kleineren Einzelaufgaben oder Teilzielen, die sich in unseren Alltag hineinweben.

Wenn wir die Lebensabschnitte des Erwachsenenalters mit ihren Entwicklungsaufgaben betrachten, so wirken sie auf den ersten Blick wenig spannend und scheinen so „dahinzuplätschern". In Wirklichkeit haben es aber all diese Lebensjahrzehnte in sich. Auch viele Psychotherapien finden mit Menschen in den Zwanzigern und Dreißigern statt. Zahlreiche Betroffene verstehen oft nicht, warum es ihnen gerade jetzt, wo das Leben eigentlich gut funktioniert, das Haus gebaut ist, die Kinder in der Schule brav oder gar schon aus dem Haus sind und die Geldfrage geklärt ist, schlecht geht. Sie fragen sich dann auch, weshalb sich eigenartige Symptome entwickeln, für deren Diagnose keine organische Ursache festgestellt werden kann.

Anscheinend schleichen sich gerade dann alte Muster und Prägungen ein, langsam und vorerst kaum spürbar, weil wir ja so beschäftigt sind mit den mehr oder weniger vorgegebenen oder den sich ergebenden größeren oder kleineren Lebensaufgaben. Inwieweit habe ich den etwaigen Entscheidungsfreiraum in meiner Jugend genutzt? Die Konsequenzen früherer Entscheidungen oder auch fehlenden Entscheidungsmöglichkeiten werden spürbar, die Wege aus etwaigen Fehlentscheidungen komplizierter. Habe ich den richtigen Beruf gewählt, in dem ich auch erfolgreich sein kann? Durfte ich frei wählen? Wie sehr möchte ich mich berufsmäßig weiterentwickeln und inwieweit lässt es sich mit meinem übrigen Leben vereinbaren? Hätte ich doch die Matura machen sollen? Wie beglückend ist meine Beziehung? War es gut, mit diesem Menschen eine Ehe einzugehen und auch Kinder zu bekommen?

Beispielsweise klingt die Entwicklungsaufgabe „seinen Lebensstil finden" klar und einfach, fordert aber mehr, als man vorerst meinen würde. Denn immerhin geht es ja darum, nicht einfach nur seinen Alltag runterzuspulen und zu funktionieren, sondern auch so etwas wie Sinn, Erfüllung und Glücksfähigkeit darin zu integrieren. Nicht selten leben Menschen aber gegen ihre inneren Bedürfnisse und Neigungen, zum Beispiel weil „es sich halt damals so günstig ergeben hat“ Vielleicht hat es sich angeboten, eine kaufmännische Lehre, eine Handelsakademie, eine Hotel fachschule etc. abzuschließen. „Es war vernünftig, doch ich habe es nie wirklich gewollt.“ Oder aber es war finanziell günstig, am Grund der Schwiegereltern zu bauen – aber dafür um den Preis persönlicher Freiheit. „Die Firma wurde von meinem Mann übernommen, als sein Vater in Pension ging, aber er durfte nie etwas entscheiden. Ich half natürlich im Büro mit; meinen ursprünglichen Beruf konnte ich dann nicht mehr ausüben!“ „Ich habe meinen Partner damals geheiratet, weil er eben da war und auch genügend finanzielle Sicherheit geboten hat. Genau genommen hatten wir nie Gemeinsamkeiten, aber das fiel zuerst nicht so ins Gewicht. Denn es kam das Kind und Haus bauen mussten wir auch. Heute sieht das allerdings anders aus …“ Aussagen wie „Ich muss doch froh sein, dass ich alles habe, was ich brauche – anderen geht es viel schlechter“ überzeugen erfahrungsgemäß nicht wirklich und keineswegs nachhaltig.

Manches läuft also vielleicht langfristig nicht so komplikationslos wie geplant und steht weiteren Zielen im Weg oder benötigt zu viel Kraft. Eine Schwierigkeit besteht oft darin, dass das Erwachsenenalter relativ unreflektiert gelebt wird. Das heißt, dass so manches einfach angestrebt wird, weil „man es normalerweise eben tut“. Man baut ein Haus, man bekommt Kinder, man setzt in den Garten genau die Pflanzen, die man heute eben so setzt, und vieles mehr.

In der Therapie erlebe ich deshalb häufig, dass Menschen psychische Probleme ausbilden, weil sie permanent gegen ihren eigenen Willen leben. Sie können das auch lange durchhalten, aber irgendwann ist das sprichwörtliche Maß voll.

Andere wiederum bedingen sich schon länger im Kampf um den Sinn ihres Lebens allgemein, um die Zufriedenheit in Beruf und Partnerschaft oder können das Glück einer längeren Beziehung nicht erreichen. Sich zu etablieren, Zufriedenheit zu erleben und Verantwortung zu tragen – das alles klingt beinahe langweilig, birgt in sich aber Lebensziele schlechthin.

Ein Wort noch zur Übernahme von Verantwortung: Wird die Entwicklungsaufgabe der „Geburt von Kindern" aus welchen Gründen auch immer nicht erfüllt, so gibt es bis zu einem gewissen Grad Ersatz. Prinzipiell geht es ja um das Bedürfnis, für die Gesellschaft Nützliches zu vollbringen und Verantwortung zu übernehmen. Kinderlose Paare, die nicht adoptieren wollen oder können, sowie auch Singles können auf anderem Weg zur Übernahme von Verantwortung für andere oder auch die nächste Generation gelangen. Hier ein paar Beispiele dazu: Übernahme einer Patenschaft, soziales Engagement, Unterstützung von Projekten (die einen möglicherweise selbst betreffen), vielleicht deckt aber auch die Ausübung des Berufs bereits vieles ab.

Den Beginn des späten Erwachsenenalters legt Havighurst mit dem 51. Lebensjahr fest. Die „Jobs" der späteren Jahre sind folgendermaßen umschrieben: Energien auf neue Rollen lenken, akzeptieren des eigenen Lebens und eine Haltung zum Tod entwickeln.

Auch in dieser Lebensphase überlappen sich Entwicklungsaufgaben oder sind heutzutage auch auf später verschoben. Fünfzigjährige sind beispielsweise durchaus häufig mit Aufgaben des mittleren Erwachsenenalters beschäftigt. Die spätere Geburt von Kindern und die längere Berufstätigkeit von beiden Partnern haben andere Lebensinhalte zur Folge. Frauen, die um die vierzig oder auch erst später Mütter werden, sind mit fünfzig mit den

Erziehungsaufgaben schulpflichtiger Kinder konfrontiert. Von „Oma-Freuden" wird da also noch länger keine Rede sein, sofern es nicht zu einer Mischung der Rollen aufgrund viel früher geborener Kinder kommt. Späte Eltern erfüllen also auch die Entwicklungsaufgaben des frühen und mittleren Erwachsenenalters zum Teil Zeit verschoben, da möglicherweise zeitraubende Ausbildung, berufliche Etablierung und Karriere oder auch die Pflege von den eigenen Eltern in früheren Jahren im Vordergrund standen. Nur im Bereich der beruflichen Vermittelbarkeit werden Menschen in unserer Kultur heute ab vierzig als „alt" bezeichnet. Dazu kommt noch, dass durch die geringe Geburtenrate unsere Gesellschaft von der Altersaufteilung her nach oben rutscht.

Das späte Erwachsenenalter hat für viele etwas an sich Unsympathisches an sich, weshalb es eher verleugnet und geistig und auch körperlich „hinausgezögert" wird – zumindest bemüht sich der Mensch aus Leibeskräften darum, wobei die steigende Bedeutung von Kosmetik nur eine Form darstellt.

Ich stoße immer wieder darauf, dass diese Lebensphase, allerdings eher etwas später (Pension), von vielen als „luftleerer Raum" gesehen wird. Nach der dichten Planung im frühen und mittleren Erwachsenenalter klingen diese hier angeführten Entwicklungsaufgaben auch eher dürftig und nicht gerade motivierend. Doch auch diese Lebensphase hat es in sich und sollte in ihrer Planung und dem Versuch, sie erfolgreich zu bewältigen, nicht vernachlässigt werden. Jeder ist früher oder später gefordert, sich mit den Tabus, die mit dem Älterwerden einhergehen, auseinanderzusetzen.

Energien auf neue Rollen zu lenken, ist eine komplexe und auch weitläufige Entwicklungsaufgabe. Sie beinhaltet Veränderungen durch die „Empty-Nest-Situation", die sich durch den Auszug der Kinder aus dem Elternhaus ergibt, und die Wandlung von Eltern zu Großeltern sowie die dadurch entstehende Neuorientierung, was sinnvolle Tätigkeiten anbelangt. Von der Übernahme eventuell ehrenamtlicher Aufgaben, die Intensivierung von Hobbys bis hin zu der unerfreulichen Veränderung zum Pflegebedürftigen und Alleinstehenden. Prinzipiell ist das Umlenken auf neue Rollen eine Anforderung, die sich durch die gesamte Lebensspanne zieht. Immer wieder ändern sich unsere Rollen oder sie werden verändert: vom Single zum Partner, von Partnerschaft zur Elternschaft und auch berufliche Veränderungen zählen hierzu. Je vielfältiger nun das Leben verläuft, je flexibler Sie Ihr Leben in dem Sinn gestalten, dass es außer dem alltäglichen Einerlei auch kleine oder größere Abwechslungen als auffrischende Farbspritzer gibt, desto leichter können auch im späten Erwachsenenalter Veränderungen bewältigt werden.

Eine wesentliche Hürde besteht darin, das eigene Leben mit all seinen Höhen, Tiefen, schönen und hässlichen Erlebnissen, mit seinen Erfolgen und Fehlentscheidungen, Freuden und Enttäuschungen anzunehmen. Dies stellt eine oft sehr schwere Entwicklungsaufgabe dar, die zudem Weisheit erfordert. Wird diese Aufgabe nicht gelöst, besteht die Gefahr der Verbitterung.

Ein Stück Weisheit zu leben bedeutet unter anderem, Geschehnisse auch von einer anderen Perspektive betrachten und mit sich und der Umwelt in dem Wissen Frieden schließen zu können, dass die Welt und alle Menschen unvollkommen und fehlerbehaftet sind. Ein Patient, Anfang fünfzig, der lange Zeit in Verbitterung lebte, da sein Vater als Alkoholiker die Familie belastete, die Mutter ihm in der Kindheit zuwenig Schutz bieten konnte und er selbst die Folgen in seinem Leben zu tragen hatte, konnte für sich schließlich einen Weg in ein zufriedeneres Dasein finden. Mit dem Ziel vor Augen, nun endlich ein besseres und innerlich unabhängigeres Leben zu führen, schaffte es der Betroffene, seine Eltern auch von einer anderen Perspektive aus zu betrachten: Er entschuldigte seinem Vater zwar nicht dessen Fehlverhalten, betrachtete ihn aber nun als alkoholkrank und als nicht in der Lage, seinen Pflichten als Vater nachzukommen. Ebenso wurden ihm die Überforderung und Hilflosigkeit seiner Mutter bewusst, die nicht die Kraft hatte, ihm das zu geben, was er gebraucht hätte. Dies war ein langer, steiniger Weg, den der Betroffene aber gemeistert hat und nun befreit sein eigenes Leben nach eigenen Wünschen und Bedürfnissen führen kann, ohne sich durch frühere Blockaden weiterhin selbst zu beschränken.

Von diesem Beispiel können wir aber auch ableiten, dass die Gefahr von Verbitterung in jeder Lebensphase auftreten und ein Stück Weisheit, die durch unser psychisches Rüstzeug überhaupt erst möglich ist, immer wieder hilfreich sein kann.

Eine weitere Entwicklungsaufgabe besteht darin, dem Tod gegenüber eine hilfreiche, angstmindernde oder zumindest klare Haltung zu entwickeln. Spätestens jetzt wird es hilfreich sein, sich eine Philosophie gegenüber diesem Tabuthema anzueignen, mit der Sie gut leben können. Werden diese und auch die anderen Entwicklungsaufgaben dieser Lebensphase entsprechend bewältigt, so sind ältere Menschen bei entsprechender Gesundheit – was mit Selbstständigkeit gleichzusetzen ist – keineswegs unglücklicher als junge! Das Alter allein stellt keinen Grund dar, an Depression zu erkranken.

Meine Sichtweise besteht allerdings darin, derartige Überlegungen nicht auf das Alter zu verschieben, da es einer Verleugnung unserer Vergänglichkeit gleichkommt. Überhaupt möchte ich die Entwicklungsaufgaben des späten Erwachsenenalters ausweiten und mit den bisherigen Ausführungen in Beziehung bringen: Solange ein alter Mensch gesundheitlich dazu imstande ist, sollte er am Leben so aktiv teilnehmen wie nur möglich. Neues ausprobieren, Aufgaben übernehmen, die den altersmäßigen Möglichkeiten entsprechen, neugierig und interessiert bleiben, diskutieren, körperliche Ertüchtigung beibehalten, bisherige Interessen pflegen und vieles mehr. Der Mensch ist flexibel und ein Leben lang lernfähig. Sein Gehirn entwickelt sich so, wie er es mit Begeisterung benutzt. Dies bedeutet im weiteren Sinne auch, dass wir, solange wir leben, auch nach unseren Möglichkeiten imstande, ja sogar verpflichtet sind, Verantwortung füreinander zu übernehmen und unser Umfeld mitzugestalten.

Zusammengefasst formuliere ich diese Entwicklungsaufgabe als Anforderung, trotz verschiedener Einschränkungen körperlicher Natur und sonstiger Veränderungen, aktiv am Leben teilzunehmen.

8. Wenn kein Stein über dem anderen bleibt: Krasse Veränderungen in der Lebensspanne

Während der gesamten Lebensspanne stehen Ereignisse, die mit größeren Veränderungen einhergehen, mehr oder weniger oft und intensiv auf dem Plan. Hier ein paar Beispiele: Einschulung, Geburt eines oder mehrerer Geschwister, Schulwechsel, Einstieg ins Berufsleben, Auszug aus dem Elternhaus, Ehe bzw. Partnerschaft, Geburt des ersten Kindes oder auch das Ablegen des „Ewigen Gelübdes“ von Priestern, Trennung/Scheidung, Auszug der Kinder,

Verlust des Ehepartners, Erkrankung, Behinderung und anderes mehr.

Im Rahmen der Life-Event-Forschung entdeckte man, dass an der Schwelle derartiger Veränderungen in der menschlichen Biografie gehäuft Depressionen auftreten – und das, obwohl es sich nicht allgemein um negativ gefärbte Ereignisse handeln muss.

Folgende für uns wesentliche Erkenntnisse können zusammengefasst werden: Veränderungen bedeuten immer die Notwendigkeit einer Anpassungsleistung des Betroffenen an die neuen Gegebenheiten. Ungewohntes, wenn auch grundsätzlich Positives, geht häufiger mit einem Unsicherheitsgefühl einher. Veränderung heißt Entwicklung und bedeutet somit psychischen Aufwand. Zum Beispiel kann der Taschentuchverbrauch bei Hochzeiten enorm sein, wenn das „Ja, ich will!" der Brautleute endlich zu hören ist! Nun ist es besiegelt, der neue Weg beschritten ... wird es gut gehen? „Nun ist der Sohn oder die Tochter wirklich erwachsen! Es ist doch noch gar nicht so lange her, als ich ihn/sie als Baby in Händen hielt!"

Unglaublich groß kann auch die Freude auf die Geburt des ersten Kindes sein! Jedoch ist auch die Verunsicherung spürbar: Wie wird es werden? Kann ich die neuen Anforderungen erfüllen?

Ich erinnere mich auch noch sehr gut an die Überreichung meines heiß ersehnten Diploms. Endlich war es so weit und ich stand mit all den anderen im Festsaal der Universität. Wie würde mein Berufsleben nun verlaufen? Hatte ich wirklich den richtigen Weg gewählt?

Es ist tatsächlich eine Herausforderung, seinen bisher gewohnten und somit vertrauten Lebensweg zu verlassen und eine neue, nur aus der Theorie oder aus Erzählungen und Erfahrungen anderer bekannte Richtung einzuschlagen. Es wird sich erst weisen, ob das Eis, das wir zu betreten wagen, uns auch tatsächlich trägt. Umso krasser, wenn wir uns womöglich gar nicht freiwillig für diesen neuen Lebensweg entschieden haben, sondern uns das Leben einfach so mit einschneidenden Neuerungen konfrontiert! Oder konnten Sie sich – um nur ein Beispiel zu nennen – aussuchen, ob Sie tatsächlich in die Schule wollten oder nicht? Manche Dinge müssen einfach sein oder passieren eben. Oft wissen wir nicht einmal, warum, und sind auch gefordert, mit offenen Fragen zu leben, weil sie niemals beantwortet werden können. Gerade bei „Schicksalsschlägen" wie Unfall, Krankheit, Behinderung und Naturkatastrophen stellen sich Betroffene oder auch Mitfühlende die Frage nach dem „warum gerade ich?" oder „warum gerade die, die ohnehin nichts haben?". Ungewissheit stellt einen immerwährenden „roten Faden" in unserem Leben dar – trotz aller Wissenschaft, Religion und Philosophie.

Die Anhäufung von Life-Events löst nicht automatisch Depressionen oder auch andere psychische Störungen aus. Die Statistik zeigt zwar generell eine Häufung von psychischen Störungen in Verbindung mit Life-Events, aber es gibt hier große Unterschiede zwischen den Menschen. So gibt es solche, bei denen trotz mehrerer, auch negativer, Life-Events beispielsweise eine Depression ausbleibt, und wiederum andere, die vergleichsweise wenige Veränderungen zu bewerkstelligen haben, aber sehr wohl psychische Probleme ausbilden.

Daraus können wir wiederum schließen, dass die Tatsache, was belastet und was nicht, einem subjektiven Erleben und Bewerten unterliegt. Menschen fühlen sich durch unterschiedliche Dinge auch unterschiedlich belastet. Es bedeutet weiters, dass nicht das Fehlen von Life-Events, also kritischen Lebensereignissen, und somit die Abwesenheit von Problemen selbst glücklich macht! Was aber dann?

Welche Kriterien gibt es nun dafür, ob Menschen an Problemen zerbrechen oder nicht?

Der „Stehaufmännchen-Effekt": Gibt es ein psychisches Immunsystem?

Wie wohl allgemein bekannt ist, verfügt der Mensch über ein Immunsystem, das ihn vor Infektionen verschiedenster Art schützt oder Erkrankungen entsprechend bekämpft. Unsere Ernährung wie auch unser Lebensstil insgesamt beeinflusst dabei die Qualität der körperlichen „Festung". Es gilt auch als gesichert, dass zu viel negativer Stress – man packt beispielsweise zu viele Arbeiten in zu wenig Zeit oder versucht unlösbare Aufgaben zu lösen oder auch unabänderliche Tatsachen zu verändern – sich negativ auf das Immunsystem auswirkt.

Wir kommen im Laufe unserer Entwicklung mit schützenden, aber auch gefährdenden Faktoren, zu denen auch Kränkungen im weitesten Sinne zählen, in Berührung. Aber auch die Psyche verfügt – ähnlich dem Körper – über ein Immunsystem, das uns vor negativen Einflüssen schützen soll. Risiko- und Schutzfaktoren wirken mit der aktuellen Belastungssituation zusammen und bestimmen die individuelle Neigung, psychische Störungen auszubilden. Der Mensch in seiner Zähigkeit verfügt über selbstorganisierende Mechanismen und ist offensichtlich dafür ausgelegt, trotz widrigster Umstände mittels unterschiedlichster Strategien ein Überleben zu ermöglichen. Nicht jeder Mensch erkrankt also mit denselben Lebenshürden an einer „psychischen Grippe". Manche „erkälten" sich lediglich und wieder andere entwickeln eine regelrechte „psychische Allergie" gegen manche Problemstellungen. Denken wir beispielsweise an die wiederholte Konfrontation mit für uns unangenehmen Mitmenschen oder auch an Mobbing. Wieder andere bleiben überhaupt gesund – trotz objektiv gleich vorhandener Belastungen. Die Unempfindlichkeit gegenüber Risikofaktoren, das Immunsystem der Psyche, wird „Resilienz" genannt. Dieser Begriff leitet sich vom lateinischen „reslilere" ab und bedeutet „zurückspringen" – er wird auch in der Physik für die Beschreibung von Materialien verwendet, die trotz extremer Belastungen immer wieder in ihren ursprünglichen Zustand zurückkehren (zum Beispiel diverse biegsame Kunststoffe).

Übertragen auf den Menschen spielt das Ausmaß von Resilienz eine wesentliche Rolle hinsichtlich unserer psychischen Gesundheit. Aaron Antonovsky, ein Pionier der Resilienzforschung, untersuchte in den 1960er-Jahren Frauen, die im Zweiten Weltkrieg in Konzentrationslagern untergebracht waren. Es erstaunt wohl, dass sich ein Drittel der Opfer in psychisch gutem Zustand befand.

Die Wissenschaft beschäftigt sich intensiv mit Kriterien, die mehr oder weniger ausgeprägte Resilienz begründen. Wir wollen hier auf einige wesentliche Basisfaktoren zurückgreifen, die uns stark machen, die uns helfen, nicht verloren zu gehen: Bei einem gut ausgeprägten psychischen Immunsystem verfügen wir über ein stabiles, überdauerndes Gefühl der Zuversicht, dass sich alles in realistischem Rahmen so gut wie möglich entwickeln kann. Dieses Gefühl innerer Stärke und Zuversicht wird wiederum genährt von dem Gefühl, die Welt zu begreifen, sie als in sich stimmig zu erleben, auf innere und äußere Hilfsquellen zurückgreifen zu können und dadurch das Leben nicht als Last, sondern als Herausforderung zu empfinden. Dies ist wiederum dann eher möglich, wenn wir über eine positive Selbsteinschätzung verfügen, wir uns also entsprechend wertvoll und kompetent sehen und uns dadurch auch zutrauen, selber etwas zu bewirken (Selbstwirksamkeit), anstatt uns als wertlos und den Geschehnissen der Welt prinzipiell hilflos ausgeliefert zu fühlen.

Wie aber kommen wir nun zu derartigen persönlichen inneren Lebensberatern? Lassen wir das bisher Gesagte im Zeitraffer auszugsweise nochmals vorbeiziehen: Wir verfügen über Erbanlagen, die verschiedenste Merkmale, wohl auch das Temperament, als Ausgangsbasis liefern, die aber von Anfang an in Wechselwirkung mit der Umwelt stehen. Das bedeutet, dass auch ungünstige Gene durch stärkende Umweltbedingungen ausgeglichen und Krisen überwunden werden können. Erst durch die Kombination mit schwächenden Entwicklungsbedingungen kommen ungünstige Erbfaktoren zum Tragen. Die Entwicklungsaufgaben, die Hürden, die uns weiterbringen können, sodass wir auch an ihnen wachsen können, stärken den Menschen von Anfang an, indem er ein solides Kellergeschoss als Basis für das Leben mit seinen Anforderungen erhält. Die Qualität der Bindung und Beziehung zur Mutter oder anderen Bezugspersonen stellt diese Voraussetzung dar. Eine sichere Bindung und das Erleben, dass Probleme lösbar sind, sowie die Förderung der Problemlösekompetenz, Wertschätzung der kindlichen Leistungen bei gleichzeitig bedingungsloser Liebe stellen die wesentlichste Mitgift dar. Auf diese Weise finden Menschen den Mut, sich mit dem Leben auseinanderzusetzen und Gestalter der eigenen Entwicklung zu sein. Dadurch entstehen Zuversicht und das Gefühl, etwas bewirken zu können sowie Lösungswege zu finden. Das Leben wird zur Herausforderung. Wie fatal es sich auswirken kann, wenn ein Mensch in seiner Entwicklung geschwächt und gehemmt wird, werden wir in späteren Kapiteln näher betrachten.

In der Folge wollen wir einen weiteren Blick durch die Lupe werfen. Wie sieht nun das Werkzeug aus, das uns helfen kann, Probleme möglichst effektiv zu lösen, anstatt an ihnen zu scheitern und verloren zu gehen? Auf welche Weise ist es günstig, Schwierigkeiten und Herausforderungen zu begegnen?

Unsere persönliche „Werkzeugkiste“

9. „Abwehr“ und „Coping“: Welcher Bewältigungsstil macht das Rennen?

Was hilft uns, die Entwicklungsaufgaben, die Jobs, die das Leben uns eine ganze Lebensspanne hindurch überträgt, zu bewältigen, ohne uns selbst zu verlieren? Stellen wir folgenden Vergleich an: Wenn wir daran gehen, in Eigenregie Wohnung oder Haus und Hof anzulegen oder in Schuss zu halten, so werden wir danach trachten, eine angemessene Vielfalt an geeignetem Werkzeug zu erstehen, da wir dieser immerwährenden Aufgabe – Häuser sind ja bekanntlich niemals „fertig“ – möglichst erfolgreich begegnen wollen. Der Gang ins nächste Bau- und Gartencenter kann dabei sogar häufig als äußerst lustbetont erlebt werden, wobei es darum geht, neben den „Basics“ möglichst kostengünstig Geräte zu erwerben, die viel können.

Wenn wir in unserer „Werkzeugkiste“ lediglich Hammer und Nagel unser eigen nennen, wird es uns nicht möglich sein, einen Baum zu fällen oder gar ein Haus zu bauen. Renovierungsarbeiten wie Ausmalen wären schon gar nicht möglich und der Pinsel aus dem Schulmalkasten würde uns bald ans Aufgeben denken lassen.

Wie so vieles, das wir aus dem Alltag kennen und wo wir uns ganz selbstverständlich gewissen Notwendigkeiten fügen, funktioniert in anderen Bereichen und auf komplexeren Ebenen ganz ähnlich. Erinnern wir uns: Entwicklung bedeutet lebenslanges Überwinden von Problemen. Die Jobs, die uns das Leben vorsetzt oder die wir zu einem großen Teil auch selber wählen, unterliegen dabei einem nicht zu unterschätzenden Wandel. So wird die effektive Problemlösung bei einem Kleinkind eindeutig anders aussehen als die von einem Erwachsenen – zumindest erwarten wir das von einem psychisch entsprechend entwickelten Menschen. Aber wer ist schon so perfekt? Leider können wir kindliche Bewältigungsstrategien auch in jeder Phase des Erwachsenenalters vorfinden – zumindest ansatzweise. Das Kleinkind beginnt zu quengeln oder gar zu weinen, wenn es das wunderschöne Spielzeug oder die kunstvoll verzierte Süßigkeit nicht erreichen kann. Solch ein Verhalten passt zu diesem Alter und ist auch extrem effektiv. Irgendwann werden wohl die meisten Eltern weich – geben Sie es ruhig zu! Außerdem darf, ja soll das Kind neben aller Konsequenz in der Erziehung ruhig in entsprechendem Rahmen bei vereinbarten Gegebenheiten immer wieder gewinnen! Auf diese Art und Weise erkennt es eine Möglichkeit, seine Ziele zu erreichen. Es erlebt sich als selbstwirksam und wird dadurch ermuntert, die Welt in verschiedenen Bereichen nicht einfach nur passiv zu ertragen, sondern auch zu verändern. Es lernt im Umgang mit seiner Umwelt im Wechselspiel von Freiheit und klaren Grenzen auch den Unterschied zwischen Veränderbarem und Unveränderbarem: Das Kind erlebt beispielsweise, dass es die Mutter dazu bewegen kann, mit ihm ein anderes Spiel zu spielen, als es die Mutter vorgeschlagen hat – hier gibt es also Handlungsspielraum. Andererseits ist die Nacht zum Schlafen da: Das Kind muss akzeptieren lernen, dass es das Spiel oder sonstige Betätigungen beenden muss, weil die Zeit der Nachtruhe angebrochen ist. Ebenso ist klar, dass das Kind – wenn es körperlich dafür ausgereift ist – das WC statt der Windel oder einem Blumentopf verwendet; so viel ist nun mal sicher.

Umgelegt auf den Erwachsenen sollte dieser wohl nicht zu weinen beginnen, wenn er einen begehrten Gegenstand nicht einfach so bekommt oder man ihm ein Computerspiel oder anderes wegnimmt – davon gehen wir zumindest einmal aus – sondern wird möglicherweise versuchen, zu verhandeln oder sein Bedürfnis unterdrücken oder auch den Aufschub „… ich kann ja dann ein anderes Mal weitermachen …" ertragen. Was bei Kleinkindern also als normale Bewältigung, die höchstens als nervig, vielleicht aber sogar als drollig erlebt wird, würde bei einem Erwachsenen wohl großes Erstaunen, begleitet von eher abwertender Mimik und Gestik zur Folge haben. Offensichtlich ist es also keine so gute Idee, diese Strategie beizubehalten! Genau diese Notwendigkeit, Bestehendes an unsere Lebensphase und Problemstellung anzupassen, also zu aktualisieren, werden wir im Laufe dieses Buchs immer wieder antreffen!

Wie wir an diesen Beispielen erkennen können, sind es wieder unsere individuellen Erfahrungen, die uns in unserem immerwährenden Überlebenstraining mit dem Thema „Wie gehe ich am besten mit Problemen aller Art um?" in eine bestimmte Richtung verweisen. Es ist nun einmal nicht gleichgültig, auf welche Weise in der Ursprungsfamilie und im späteren sozialen Umfeld, wie Kindergarten, Schule und Jugendgruppen, verschiedenste Probleme angegangen werden: Wie reagiert die Umwelt auf Kummer, Unsicherheit und Angst des Kindes? Wie einfühlsam reagieren andere? Werden Gefühle angesprochen oder darf es sie nicht geben? Erschreckend oft höre ich von meinen Patienten, dass in ihrer Ursprungsfamilie die Frage „Wie geht es dir denn?" fehlt oder nicht wirklich so gemeint ist und ausschließlich zu einer Smalltalk-Floskel degradiert wird.

Es ist nun einmal nicht egal, ob Schwierigkeiten als Katastrophe beurteilt werden, die man besser übersieht, oder als Gegebenheit, für die man gemeinsam nach Lösungen sucht. Es ist auch nicht egal, ob die Leistung eines Kindes oder Jugendlichen gewürdigt wird und „gut genug" sein kann oder nicht! Dürfen unangenehme Gefühle empfunden werden oder werden sie sofort wegdiskutiert oder bagatellisiert? Wie werden Konflikte gelöst? Welche Worte verwenden wir im Umgang miteinander – vermitteln sie Wertschätzung oder Abwertung? Inwieweit sind wir bereit, Empfindungen oder auch Ansichten anderer gelten zu lassen?

Vielleicht wird nach diesen Beispielen auch schon klar, wie wichtig es ist, seine Empfindungen ohne Angst zu fühlen und sie auch benennen zu können, um auf diese Weise die Gefühlswelt auf gesunde Art und Weise ausbalancieren zu können. Dies bedeutet tatsächlich auch, keine Angst vor dem Gefühl Angst zu haben! Es ist häufig zu beobachten, wie groß die Angst der Menschen vor ihren eigenen Gefühlen ist, dass sie sich diese Empfindungen auch nicht zugestehen wollen, ja nicht einmal einen Namen für diverse Missempfindungen oder auch Empfindungen angenehmer Natur haben. Sie fühlen nur, wie das Herz klopft oder der Bauch ein mulmiges Gefühl vermittelt, und die Unterscheidung, ist dies nun Angst, Ärger oder Freude, kann in krassen Fällen gar nicht oder nur unsicher oder sehr allgemein getroffen werden! Kinder sind vorerst nicht imstande, Gefühle entsprechend auszudrücken. Das bekannte „Bauchweh" auf dem Weg zum Kindergarten, zur Schule, vor einer Feier oder im Spiel mit Freunden kann vieles bedeuten. Umso wichtiger erscheint die zunehmende Entwicklungsförderung im Benennen und Umgehen mit der eigenen Gefühlswelt.

Können wir mit unseren Gefühlen nicht produktiv umgehen, so wächst in uns etwas „Fremdes“ heran, wobei die Angst, dass wir es nicht kontrollieren können, unangenehme Ausmaße annehmen kann – wie beispielsweise bei Panikattacken, aber nicht nur dort. Schließlich startet der Mensch Versuche, seine Gefühle in irgendeiner Form zu zähmen – die Palette für ungünstige „Coping-Strategien“, also Bewältigungsstrategien und Abwehrmechanismen, ist sehr breit: Selbstmedikation durch Alkohol, Notfallstropfen, verstärktes Essen, Flucht in eine Cyberwelt und vieles mehr. Auch hier spreche ich nicht ausschließlich von „den Süchtigen“, mit denen wir „nichts zu tun haben“ – es geht auch um mildere Angewohnheiten, einen Bewältigungsstil, der sich, wenn man ehrlich zu sich selbst ist, zu viel Platz verschafft hat! Um Missverständnisse zu vermeiden: Es geht nicht darum, ein freudloses Leben gänzlich ohne fettes, süßes Essen, ohne Alkohol und Computerspiel zu führen. Es geht immer darum, inwieweit neben ungünstigem Verhalten auch effektives Verhalten existiert. Alkoholgenuss wird beispielsweise dann zum Problem, wenn dies die einzige Möglichkeit darstellt, Freude und Entspannung herbeizuführen.

Wir benützen also günstigere oder ungünstigere Abwehr- und Coping-Strategien. Wir verfügen demnach über eine „Werkzeugkiste“ mit einer entsprechenden Menge „passender Utensilien“ für bestimmte Situationen oder eben auch nicht. Wenden wir uns nochmals unserem Anfangsbeispiel des Hausbaus als bildhaftem Vergleich zu: Der Bohrhammer leistet Unglaubliches und ist bei groben Arbeiten ein Segen! Das Herz schlägt höher, wenn die Mauer durch die Power dieser Maschine nachgibt und in sich zusammenkracht. Toll! Aber für die Montage einer Steckdose ist dieses Gerät schlichtweg ungeeignet. Wenn wir dies nun beispielsweise darauf anwenden, dass Sie

Ihren Chef zu einer Gehaltserhöhung bewegen wollen, so wäre die Bohr- oder Vorschlaghammer-Methode wohl kaum anzuraten, sondern eine taktisch klügere, feinere, wenn auch bestimmte Form, die ihr Vorgesetzter nicht zwingend als Unverschämtheit aufnimmt und ihre Argumente daher auch eher nachvollziehen kann. Sie brauchen dafür soziale Fertigkeiten, ein vielfältiges Sortiment für den Umgang mit Menschen!

Passen die Werkzeuge zu den aktuellen Anforderungen, so bedeutet dies nicht, dass wir uns auf unseren Lorbeeren ausruhen können. Wir haben zu Beginn dieses Kapitels am Beispiel des quengelnden Kindes ja erkannt, dass Problemlösungsstrategien ihre Berechtigung oder auch Wirksamkeit verlieren können und eben weiterentwickelt werden sollten. Um dazu auch imstande zu sein, ist es unumgänglich, selber am Ball zu bleiben und vor der eigenen Haustüre zu kehren. Coping-Strategien können lange Zeit wirksam bleiben, obwohl sie von der Qualität her fehleranfällig sind. Spätestens bei der Häufung von Anforderungen, wie umfassenderen Lebensveränderungen, die nach außen gar nicht so dramatisch sichtbar sein müssen, kann es sein, dass die Form der Problembewältigung nicht mehr greift, da sich die Voraussetzungen verändert haben. Wenn beispielsweise jemand – außerhalb des Berufs, der ja einen Kompetenzbereich darstellt und somit Sicherheit und Mut zu Selbstständigkeit beinhaltet – nie etwas alleine durchführen musste, so fehlt die Routine im Umgang damit. So kann es durchaus passieren, dass jemand hinter mehr oder weniger vorgehaltener Hand zugibt: „Stellen Sie sich vor! Ich habe schon seit vielen Jahren den Führerschein und ein Auto und bin gestern das erste Mal alleine mit dem Auto weiter als zwanzig Kilometer gefahren." Oder: „Jetzt, wo ich Zeit habe, bin ich völlig leer und weiß mir nichts anzufangen! Alle anderen beneiden mich darum, und ich traue mich gar nicht erzählen, wie unglücklich ich bin. Es würde sicher niemand verstehen; auch ich bin enttäuscht von mir!" Dieses tabuisierte Problem ist sehr weit verbreitet und ist noch am ehesten als „Pensionsschock" bekannt, kann aber in früheren Lebensphasen, in denen Menschen plötzlich mit einem „Leerlauf" konfrontiert sind, genauso auftreten. In solchen Fällen sollten wir uns fragen, wann wir in unserem Leben zuletzt wirklich viel freie Zeit hatten, also Zeit, die von niemand anders durch diverse Pflichten mehr oder weniger eingeteilt wurde. Meist landen wir dabei in der Zeit vor dem Kindergarten. Danach war der Tagesrhythmus für Jahrzehnte vorgegeben: Kindergarten, Schule, Beruf, Familie, ... Wann also hat der Betroffene gelernt, freie Zeit selbst sinnvoll zu gestalten, wenn er dies nie als notwendige Fähigkeit erachtete?

Dies zeigt uns wieder, dass sich Kompetenzen meist nicht von selbst ergeben, sondern wir uns diese erarbeiten müssen. Ohne Erfahrungen hinsichtlich der Effektivität unseres Werkzeugs werden wir uns nur schwer einen Erfahrungsschatz oder eben eine entsprechende Werkzeugkiste aneignen können. Weiters zeigen uns diese Beispiele, wie fremd wir uns selber sind, da wir das Funktionieren unserer Psyche und das Erkennen unserer Wünsche und Defizite häufig unzureichend durchschauen. Deshalb brauchen wir oft andere, die uns helfen, klarer zu sehen und den eigenen „Irrgarten" zu verstehen: Familie, Freunde oder eben auch, aufgrund ihrer „Vogelperspektive", Psychologen oder Psychotherapeuten. Würde es diese denn sonst geben?

Welches Werkzeug sollten wir uns anschaffen? Unternehmen wir doch mal einen Spaziergang durch den psychischen Baumarkt und sehen, was da geboten wird. Denn da es, wie gesagt, keineswegs gleichgültig ist, womit wir unseren Anforderungen entgegentreten, sollten wir uns immer wieder beim Schopf packen, um die eigenen Bewältigungsstrategien kritisch zu beleuchten, anstatt sie einfach nur mit „das habe ich immer so gemacht“ oder „ich gehe eh ganz normal mit Problemen um“ ins Eck zu schieben. Kennen Sie übrigens etwas, das nicht doch noch zu verbessern wäre? Da haben wir sie wieder, die einprogrammierte Unzufriedenheit in uns, die aber als notwendige Voraussetzung für Entwicklung ihre Daseinsberechtigung hat!

Was nun die Beschreibung und Beurteilung von Coping- und Abwehrmechanismen anbelangt, so haben sich die Psychologie und verschiedene Psychotherapierichtungen eingehend damit auseinandergesetzt. Unser Werkzeug oder auch Gegenmaßnahmen, die uns vor Attacken auf unser seelisches Wohlbefinden schützen und uns bei der aktiven Auseinandersetzung mit den Hürden des Lebens hilfreich unterstützen sollen, sind Teil des vorhin beschriebenen psychischen Immunsystems und lassen sich zum Beispiel folgendermaßen bildhaft darstellen: Versuchen Sie, sich unseren Planeten vorzustellen, der von einer schützenden Atmosphäre umgeben ist. Diese Schutzhülle schafft es, Materieteilchen (also die „Belastungen“, die aus dem Weltall kommen) zumindest bis zu einer bestimmten Größe als Sternschnuppen verglühen zu lassen.

Ein anderes Beispiel können wir mit dem Vergleich der körperlichen Schutzmaßnahmen und dem Immunsystem mit seinen weißen Blutkörperchen und Antikörpern heranziehen. Der Organismus verfügt über passive, aber vor allem auch aktive Strategien im Kampf gegen Verletzungen und Eindringlingen wie Viren und Bakterien – eine wahre Körperpolizei! Fehlt eine entsprechende Gegenmaßnahme, so reagiert der Körper möglicherweise mit einer Erkrankung, die aber in vielen Fällen wieder zur Stärkung des Immunsystems führt. Auch durch Impfungen können wir gegenüber zahlreichen Krankheiten eine Immunisierung erzielen.

Ähnlich läuft es auch bei der erfolgreichen Konfrontation mit bestimmten Schwierigkeiten, die wir möglicherweise im Idealfall gar nicht mehr oder zumindest nicht mehr als sehr beunruhigend oder belastend erleben, da wir uns ja bereits Lösungen erarbeitet haben. Denken wir an das Kapitel, in dem wir uns mit Angst als Motor für Bewältigung und somit Veränderung beschäftigt haben. Aus Angst wird im positiven Fall Neugier. Insofern ist es auch dem Menschen möglich, sich gegenüber Stress zu „impfen", indem überfordernder „Disstress" in „Eustress", also in eine Herausforderung verwandelt wird – und zwar durch geeignete Bewältigungsstrategien, die eine effektive Problemlösung ermöglichen. Diese Strategien erarbeiten wir uns durch Erfahrung und Übung darin, verschiedenste Probleme zu lösen. Ein Mensch, der es gewohnt ist, größere wie kleinere Alltagsprobleme zu lösen, verfügt mit der Zeit über eine Auswahl an Möglichkeiten, die ihm dabei helfen, Wege zu finden, wie er rasch und der Situation angepasst richtig handeln kann. Ein kleines Beispiel: Jemand, der nie mit seinem Kleinkind unterwegs war, hat wenig konkrete Erfahrung damit, wie mit Kinderwagen, Einkauf und Wickelrucksack am besten diverse bauliche Hürden umgangen werden können, wo der beste Ort zum Wickeln ist und was er tatsächlich alles mithaben sollte, um für verschiedene Anforderungen gewappnet zu sein.

Wenn wir uns die Auslöser für den „Griff in unseren Werkzeugkasten" ansehen, so haben wir vorhin von Entwicklungsaufgaben gehört, die sich wie ein roter Faden durch die gesamte Lebensspanne ziehen und überlappend damit auch von einschneidenden Ereignissen, die das Leben stark verändern („Life Events"). Unsere Psyche legt aufgrund eines Erfahrungsschatzes den Stil fest, mit dem wir auf Belastungen diverser Natur reagieren. Wir können uns diesen Reaktionen auch nicht entziehen, denn selbst dann, wenn wir uns daheim einsperren, die Vorhänge zuziehen und die Ohren zuhalten würden, wäre dies eine Form des Umgangs mit einer Belastungssituation. Ob sie nun qualitativ als günstig anzusehen ist oder nicht, sei dahingestellt, aber feststeht: Wir können nicht nicht reagieren!

Wenn wir nun die einzelnen Lebensphasen mit ihren Hürden und Einschnitten betrachten, so sind bei einem Blick durch die „Lupe“ unzählige kleinere Situationen, wenn man so will, Puzzleteile zu finden, die im Laufe von bestimmten Lebensaufgaben gehäuft vorzufinden sind: unsere jeweiligen Alltagssituationen. Wenn wir uns als Beispiel die Entwicklungsaufgabe „Kindererziehung“ vorstellen, so besteht diese aus einer Fülle von Einzelaufgaben, denen wir tagtäglich begegnen: das Kind füttern, ihm etwas beibringen, es belohnen, ihm etwas verwehren, Aufgaben korrigieren, mit Streit umgehen. Wir sind in unserem Alltag permanent gefordert, kleine Teile unserer Entwicklungsaufgaben zu lösen. All diese Anforderungen können mehr oder weniger als Auslöser für innere oder äußere Belastungen gelten. Es kann auch passieren, dass wir mit Situationen konfrontiert werden, die in uns widersprüchliche, also ambivalente Gefühle auslösen, die in der Folge schwer auf einen Nenner zu bringen sind. Als Beispiel seien hier Kränkungen verschiedenster Art zu nennen, wie wir es auch bei Liebeskummer gehäuft finden. Das Gefühl des Zorns, auf miese Art verlassen worden zu sein, kann mit dem Gefühl schmerzhafter Sehnsucht konkurrieren. Unsere Psyche ist häufig gefordert, einen wahren Spagat durchzuführen, um Gefühle unter einen Hut bringen zu können und sich von ihnen nicht überrollen zu lassen.

Ebenso können wir neben inneren Belastungen, die aus uns selbst kommen, auch unter äußeren Belastungsfaktoren wie Stress jeglicher Art, familiären Probleme, finanziellen Schwierigkeiten, Arbeitsplatzverlust, Katastrophen und vielem mehr leiden.

Wenn wir nun Abwehr- und Coping-Mechanismen genauer betrachten, so sind hier Unterschiede hinsichtlich der Qualität festzustellen. Gute Abwehr- und Coping-Mechanismen passen zum Alter und Entwicklungsstand des Menschen sowie zu seiner Lebensphase und deren Aufgaben. Sie ermöglichen den bewussten Umgang mit der Belastung und erhöhen die Wahrscheinlichkeit einer effektiven, nachhaltigen Problemlösung. Die in der Folge dargestellten Kategorien von Abwehr- und Coping-Mechanismen sollen Ihnen zeigen, wie mit sinkender Qualität Vorstellungen von sich selbst und anderen immer massiver verzerrt werden. Dies kann so weit gehen, dass die Abwehr überhaupt nicht mehr funktioniert, wie es beispielsweise bei Psychosen (z.B. Schizophrenie), der schwersten Form psychischer Beeinträchtigungen, der Fall ist.

Was sind nun die konkreten Kennzeichen hochwertiger Strategien? Wie verhält sich ein gesunder Erwachsener und welches Werkzeug ist von geringerer Qualität?

Platz 1: „Was ist los? Was kann ich tun?" – Problemlösen bei „vollem Bewusstsein"

Die günstigsten Abwehrstrategien führen dazu, dass belastende Situationen optimal gelöst werden, wobei der Umgang mit den begleitenden Gefühlen, Gedanken und ihren Konsequenzen bewusst bleibt. Wir denken und fühlen eindeutig und sind uns auch über den Ausgang unseres Handelns im Klaren oder haben zumindest den Überblick darüber, was dabei herauskommen könnte oder auch nicht. Dies bedeutet, dass wir für das zu lösende Problem einen klaren Blick behalten und abchecken, was wir nun mit der Situation anfangen können, ohne wegzuschauen und so zu tun, als wäre nichts. Wir suchen dabei keinen anderen Schuldigen, den wir anprangern können, versuchen nicht, etwas schönzureden etc.

Stellen Sie sich vor, Sie sind mit einem Problem konfrontiert, das Ihre Möglichkeiten oder auch Ihr Wissen überfordert. Verwenden wir dazu ein anschauliches Beispiel: Die Waschmaschine ist defekt und überflutet das Badezimmer. Nehmen wir nun an, der Betroffene ist nicht imstande, den Schaden selbst zu beheben. Wie reagiert nun ein gesunder Erwachsener? Richtig! Er ärgert sich oder ist verzweifelt, gestresst, erschrocken – wahrscheinlich fühlt er auch all das auf einmal. Dies ist unangenehm, aber die Gefühle sind nun einmal die Organe unserer Seele und weisen uns darauf hin, wenn Handlungsbedarf besteht, der hier zweifelsohne eindeutig gegeben ist. Oder würden Sie meinen, er sollte sich nicht ärgern? Gefühle hat man und sie haben ihre Berechtigung! Es liegt aber an uns, wie wir mit ihnen umgehen. Es wäre wohl kaum „gesund“, würde der Betroffene gefühlsmäßig nicht auf das Desaster reagieren! Der nächste Schritt besteht nun darin, die Gefühle zu nutzen und diese auch wieder zu regulieren, um sich eine wesentliche Frage stellen zu können: „Was ist nun zu tun und welche Konsequenzen habe ich zu erwarten?“ Weniger gesund wäre es, einen Prügel zu holen und damit alles kaputt zu schlagen. Der gesunde Erwachsene wird sich nicht damit aufhalten, irgendeinen Schuldigen für das Auftreten des Problems zu suchen, sondern überdenkt mögliche Folgen, die durch die defekte Waschmaschine, die noch dazu den Raum unter Wasser gesetzt hat, entstehen können. Er wird um Schadensbegrenzung bemüht sein, also den Kampf mit dem Wasser aufnehmen, damit es nicht noch (mehr) durch die Decke sickert, und vor allem eines tun: Hilfe holen! Ist so schnell kein Fachdienst zur Stelle, so wird er einen anderen Weg finden, den Schaden oder zumindest dessen Folgen zu begrenzen. Die Wäsche soll gewaschen werden, also braucht er auch wieder eine funktionierende Waschmaschine. Da er über gute soziale Fertigkeiten verfügt und daher gut Kontakte mit Menschen herstellen, er auf angemessene Weise Wünsche vortragen und durchsetzen kann und somit auch über einen entsprechenden Bekanntenkreis verfügt, könnte er beispielsweise den Nachbarn oder eine andere Person aus seinem sozialen Netz um Unterstützung bitten. Vielleicht ist es ihm möglich, zumindest einen Teil der Wäsche bei jemand anders zu waschen. Möglicherweise schafft es unser Betroffener sogar, dem Ganzen etwas Humoristisches abzugewinnen, das ihn die ganze lästige Angelegenheit mit etwas mehr Abstand und somit nicht mehr als ganz so schlimm betrachten lässt. Wie erleichternd kann es sich anfühlen, wenn man über eine Sache oder auch über sich selbst manchmal ein bisschen lachen kann!

Um seinem Ärger Luft zu machen oder einfach den Stress zu bekämpfen, betreibt er später eventuell Sport, malt etwas, spielt mit der Modelleisenbahn oder hackt Holz. Zwischendurch versucht er auch bewusst, nicht ständig an die unangenehme Situation zu denken, denn das Leben muss ja auch neben der Panne weitergehen.

Fassen wir nochmals zusammen: Der gesunde Erwachsene versucht, sein Problem klar zu erfassen und zu lösen. Er beschäftigt sich mit folgenden Fragen:

- Welches Problem habe ich?
- Handelt es sich um ein prinzipiell lösbares Problem?
- Falls nicht, inwieweit kann ich es entschärfen?
- Welche Folgen hat das Problem?

- Welche Gefühle löst dieses Problem bei mir aus und wie kann ich mit ihnen produktiv umgehen?
- Inwieweit kann ich das Problem alleine lösen?
- Wer oder was kann mir bei der Lösung helfen?
- Wie kann ich mir diese Hilfe beschaffen?
- Wie sehen mögliche Ziele der Lösung aus?

Der gesund reagierende Erwachsene stellt sich also der Realität und sucht flexibel nach Lösungen, ohne sich damit aufzuhalten, einen Schuldigen zu suchen und sich über die schlechte Welt unaufhörlich weiter zu ärgern. Gibt es tatsächlich einen „Schuldigen" – in dem Fall könnte dies der Waschmaschinenhersteller sein – so wird die Problemlösungsstrategie dahingehend angepasst, sich mit der Firma in Verbindung zu setzen und berechtigte Ansprüche geltend zu machen.

Ist der Betroffene tatsächlich auch der Schuldige, so würde der Ärger über sich selbst zwar vorhanden sein, aber nicht in Selbstzerstörung ausarten und auch nicht die Problemlösung behindern, da Fehler prinzipiell sein dürfen bzw. die Tatsache, dass Fehler passieren, akzeptiert wird. Dies ist aber nicht mit Gleichgültigkeit oder mangelnder Mühe, eine Sache möglichst gut zu meistern, gleichzusetzen. Bleibt es ungewiss, wem oder was die Schuld für diese Panne zuzuschreiben ist, so erträgt der gesunde Erwachsene diese Unsicherheit und hält sich nicht weiter damit auf. Manche Dinge passieren eben ganz einfach, ob es sich nun um „Schicksal" oder Zufall handelt. Er analysiert also nicht weiter, warum gerade ihm so ein Unglück passiert – zumindest in diesem Stadium der Situation nicht. Sollten ihm solche Zwischenfälle öfter passieren, wird er sich, sobald er das Problem gelöst hat, kritisch fragen, ob er die Maschine vielleicht fehlerhaft bedient. Aber auch in diesem Fall wird er problemlösungsorientiert vorgehen, anstatt sich in Selbsthass zurückzuziehen.

Ein wesentliches Werkzeug mit besonderer Qualität ist es, anderen aufgrund eigener Belastungen Hilfe zu leisten, sich also altruistisch zu verhalten. Helfen wird leider gerne fälschlicherweise pathologisiert und oft etwas zu schnell mit dem „Helfersyndrom" gleichgesetzt, was völlig unzulässig ist. Jemand, der dem „Helfersyndrom" erliegt, hilft auf langfristig selbstschädigende Weise – er opfert sich beinahe grenzenlos auf. Dies bedeutet, dass seine Hilfe nie oder nur sehr selten durch irgendeine Form der Gegenleistung ausgeglichen wird. Er wird ausgenutzt oder lässt sich ausnutzen. Häufig handelt es sich aber auch um Menschen, die prinzipiell Hilfe einfach nicht annehmen können oder wollen. Dies ist absolut von der hier gemeinten Hilfeleistung zu trennen.

Leidet man selber unter einer Belastung (Krankheit, Opfer durch Gewalt etc.) wird es schwierig sein, das Problem im stillen Kämmerlein allein und entsprechend zu lösen. Schamgefühle hindern Betroffene oft daran, Hilfe in Anspruch zu nehmen, was eine effektive Bewältigung massiv erschweren oder gar verunmöglichen kann. Professionelle Hilfe zu suchen und in der Folge Menschen mit ähnlichen Schicksalen zu treffen, um gemeinsam Wege zu finden, sind die wesentlichsten „Werkzeuge" in solchen Lebenslagen. Betroffene gründen beispielsweise Selbsthilfegruppen, Interessenvertretungen oder halten weniger formelle Treffen ab. Erinnern wir uns an dieser Stelle daran, wie erleichternd die Begleitung in schwierigen Situationen durch andere sein kann. Nicht alleine mit einem Problem, einer Erkrankung oder anderem dazustehen, hat bereits einen wesentlichen und hilfreichen Effekt.

Hilfeleistungen als Werkzeug beschränken sich natürlich nicht auf so große Aktionen wie die Gründung einer

Selbsthilfegruppe, sondern können einfach in den Alltag eingeflochten werden. Ein Beispiel: Jemand hat seinen Job verloren und leidet unter der neuen Lebenssituation. Der Nachbar baut gerade um, weshalb sich der Betroffene als Helfer anbietet, um mitzuarbeiten, die Kinder von der Schule abzuholen, Besorgungen zu machen oder zu kochen, wenn der Nachbar das auch möchte. Wobei sich Hilfeleistungen im Sinne einer entsprechenden Coping-Strategie von reinem Aufopferungsverhalten deutlich unterscheiden. Im Falle von Altruismus bekommt der Helfer ersatzweise auch wieder „etwas zurück". Er fühlt sich vielleicht einerseits befriedigt, dass er Nützliches tun konnte, und belohnt sich andererseits durch die eigene positive Beurteilung selber. Sein Verhalten passt zu seinem eigenen Wertsystem, zu den moralischen Anforderungen, die er an sich selbst richtet, oder er erhält auch positive Reaktionen durch andere: ausgedrückte Freude, Erleichterung, ein Dankeschön oder anderes.

Aufopferung hingegen pumpt den Betroffenen aus, da vom psychischen und physischen „Konto" laufend „zu viel abgebucht" wird, ohne dass von außen wieder etwas „eingezahlt" wird. Dies könnte sich beispielsweise so zeigen, dass die Hilfe des arbeitslosen Nachbarn in Zukunft als Selbstverständlichkeit angenommen wird und in keiner Weise eine Gegenleistung dafür erfolgt. Oder: die Angestellte, die Mehrstunden absolviert, um die Defizite der Kollegen auszugleichen, regelmäßig unbeliebte Dienste übernimmt, einspringt, wo es nur geht, und selber von der Mehrleistung aber in keiner Weise profitiert. Sie erhält keinen Dank und auch keine Rücksichtnahme durch die Kollegenschaft oder der Vorgesetzten. Viel eher wird der vermehrte Einsatz nach kurzer Zeit standardmäßig erwartet. Bleibt dieses Überengagement erhalten, landen sich selbst aufopfernde Menschen nicht selten im Burnout – das ist leider ein sehr verbreitetes Phänomen.

Fassen wir nochmals zusammen: Günstige Abwehr- und Coping-Strategien finden wir im bewussten und realitätsbezogenen Umgang mit äußeren und inneren Belastungen. Der Betroffene beschäftigt sich mit möglichen Auswirkungen eines zukünftigen Ereignisses und stimmt sein Verhalten darauf ab. Ein Beispiel: „Die kaputte Waschmaschine könnte zur Folge haben, dass das Wasser durch die Decke sickert. Was kann ich dagegen tun?" Oder: „Wenn ich in Pension gehe, könnte ich in eine Sinnkrise fallen. Wie könnte ich das verhindern?"

Die Fähigkeit, einer Belastung mit Humor entgegenzutreten, hilft mit, eine Situation mit ein wenig Distanz zu betrachten und aufzulockern. Neben all der Bewältigungsarbeit kann es auch wesentlich sein, sich eine Pause zu gönnen, um sich nicht ständig mit der quälenden Situation aufzureiben.

Unangenehme, schlecht an die Situation angepasste Gefühle, wie zum Beispiel starke Wut auf die kaputte Waschmaschine, werden wahrgenommen und auf eine Weise umgeleitet, durch die sie ihre Schädlichkeit verlieren. Zum Beispiel wird man dann Holz hacken oder eine Runde laufen, statt die Waschmaschine vollends zu zerstören.

Genau an solchen, eigentlich einfachen Situationen wie der Waschmaschinenmisere erkennen wir bereits, wie negativ sich ein schlechtes Selbstwertgefühl auswirken könnte. In diesem Fall würde der Betroffene wahrscheinlich die Schuld für das Versagen der Waschmaschine ungebremst bei sich selbst suchen. Er wird sich diesen Fehler, sollte er tatsächlich bei ihm liegen (weil er evtl. kein Mittel gegen Verkalkung benutzt hat), auch nicht „verzeihen", da Fehler, so meint er, ja nicht passieren dürfen. Er würde sich selbst etwa auf folgende Weise abwerten: „Ich bin nicht einmal imstande, eine Waschmaschine zu haben – außerdem kann das Ganze sowieso nur mir passieren! Andere haben immer funktionierende Waschmaschinen! Außerdem wird heutzutage ohnehin nur mehr Schrott verkauft, man wird ständig nur betrogen und ich selbst bin ich viel zu blöd, um eine Waschmaschine zu reparieren. So etwas muss man einfach können! So, nun kann ich nicht Wäsche waschen! Was werden meine Kollegen morgen sagen, wenn ich keine frische Kleidung trage? Zu jemandem betteln gehen, dass ich Wäsche waschen darf, will ich nicht, was denken dann die anderen über mich? In den Waschsalon gehe ich nicht, weil mir das peinlich ist. Was soll ich also tun? Ich finde keine passende Lösung – typisch für mich, ich finde nie passende Lösungen, ich bin einfach unfähig und genau deshalb dreht man mir auch solchen Schrott an! Mit mir kann man das ja machen ...“

Können Sie nachvollziehen, um wie viel größer die Belastung des hier geschilderten Betroffenen im Vergleich zum „gesunden Erwachsenen“ durch ein und dieselbe Ausgangssituation ist? Unzureichendes oder unpassendes Werkzeug blockiert nicht nur die produktive, wirksame Problemlösung, sondern zieht sich wie eine chronische Belastung durch den Alltag, als wären wir ständig mit einem zu schweren Rucksack unterwegs, der den einen oder andern „Stein“ oder auch „Müll“ beinhaltet. Wenn wir also über jemanden urteilen und kopfschüttelnd meinen, dass man sich wegen solcher Kleinigkeiten doch nicht aufregen, streiten oder sonst etwas müsse, so sollten wir immer bedenken, dass es diese „Kleinigkeiten“ für die betreffende Person anscheinend „in sich haben“ und sie deshalb „größer“ sind, als es von außen zu sein scheint. Das Waschmaschinen-Beispiel zeigt deutlich, dass ein an sich „lästiges“ Alltagsproblem psychisch ein sehr massives für jemanden mit mangelhaft ausgestatteter „Werkzeugkiste“ werden kann, da er sich selbst massiv infrage stellt.

Eine andere Version bestünde darin, auftretende Pannen immer nur anderen zuzuschreiben oder Fehler bei anderen zu suchen. Der Waschmaschinenhersteller ist schuld, das harte Wasser, das schlechte Antikalk-Mittel oder die „schlechte Gesellschaft der heutigen Zeit“, in der ohnehin niemand mehr ohne Hintergedanken Hilfestellung leistet, weshalb man sich erst gar nicht um Unterstützung bemüht, und vieles mehr. Liegt in allem vielleicht auch ein Körnchen Wahrheit, so hilft diese Tatsache nicht bei der Lösung des Problems, denn die Wäsche muss gewaschen, die Waschmaschine repariert oder ersetzt werden. Menschen, die dazu neigen, Ursachen für Missstände ungebremst auf die Umwelt abzuwälzen, laufen Gefahr, an eigenen Defiziten und Irrtümern nicht entsprechend zu lernen und sich weiterzuentwickeln, da sie sich nicht bewusst mit sich selbst und den eigenen Möglichkeiten auseinandersetzen. Natürlich braucht es eine gehörige Portion Mut, sich seinen eigenen Gefühlen und auch Mängeln zu stellen, aber nur so sind wir imstande, entsprechende Problemlösungen zu erlernen. Oft ist es Menschen aber zu bedrohlich, die eigenen Gefühlsregungen, Impulse und Verhaltensweisen unter die Lupe zu nehmen und bewusst zu spüren. Dies führt uns nun weiter zu Abwehr- und Coping-Mechanismen, die in ihrer Wirksamkeit nicht mehr ganz so günstig oder auch definitiv ungünstig abschneiden, v.a. im Vergleich zu jenen, die qualitativ besonders gut sind.

Platz 2: „Rein damit in die Schublade und zu!" – Die Stufe des Verdrängens

Die nun skizzierten Werkzeuge zeichnet aus, dass sie unangenehme oder bedrohliche Gedanken, Gefühle, Erinnerungen, Wünsche oder Ängste aus dem Bewusstsein drängen.

Ich möchte an dieser Stelle darauf hinweisen, dass selbstverständlich auch der „gesunde Erwachsene" nicht immer ausschließlich auf die Strategien höchsten Niveaus zurückgreift, da es Perfektion bekanntlich nicht gibt und sich der Mensch immer auf einem Kontinuum zwischen „gesund" und „krank" bewegt. Eher geht es darum, qualitativ hochwertige Stile zu bevorzugen, wo es geht. Selbstverständlich gibt es Belastungen, die in ihrer objektiven Bedrohung dermaßen schwer wiegen, dass auch die sehr gut funktionierende Psyche zumindest teilweise zu solchen Mitteln greifen muss, um Verletzungen zu kitten und sich zumindest für eine gewisse Zeit möglichst schadlos zu halten. Die Verwunderung ist oft groß, wenn Jahre oder Jahrzehnte nach dem Erleben einer Belastung das große Outing erfolgt oder bei Betroffenen psychische oder psychosomatische Probleme auftreten. Beispiele dazu finden wir auch immer wieder in der Berichterstattung. Aber natürlich nicht nur dort. In der Therapie werde ich tagtäglich damit konfrontiert, dass Belastungen, die vor Jahren oder auch Jahrzehnten aktuell waren, wieder an Bedeutung gewinnen. Auch Inhalte über bedrohliche Belastungen können plötzlich wieder bewusst werden, obwohl die aktuelle Lebenssituation mittlerweile entschärft oder sogar objektiv als positiv zu beurteilen wäre. Ein Patient erwähnte so nebenbei, dass es für ihn beinahe unmöglich erscheint, in einem dunklen, geschlossenen Raum zu verweilen. Im Laufe der Zeit kamen wir dahinter, dass er als Kleinkind während des Kriegs im Haus verschüttet worden war, er allerdings von der Mutter unversehrt geborgen wurde. Er war über diese Inhalte erstaunt, da er sich selbst bislang an das Ereignis nicht erinnern konnte, ihm seine Mutter aber davon erzählt hatte.

Die Psyche „verpackt“ sozusagen die Wunde mit dem „Fremdkörper“ darin förmlich und lässt den Menschen „funktionieren“, um ihn überleben zu lassen. Das heißt, dass der Betroffene seine Kränkung, sein Trauma oder andere massive Belastungen, wie beispielsweise Missbrauch, ins Unbewusste verdrängt. Die Psyche lässt ihm auf diese Weise Zeit dafür, ein selbstständiges, möglichst „normales“ Leben aufzubauen. Auch im Falle von Kriegserlebnissen funktionieren Betroffene häufig zumindest so gut, um das physische Überleben zu gewährleisten. Später, wenn die Situation es erlaubt und wenn Zeit und manchmal auch die Kraft dafür vorhanden sind oder aber auch wenn Erlebtes durch ein aktuelles, ähnliches Ereignis sozusagen wachgerufen wird, kommt „Unerledigtes“ wieder hervor und erlangt auch eine gewisse Priorität oder kann sich förmlich aufdrängen. Ich denke da auch an so manch alte Menschen, die mit 80 Jahren plötzlich unter Angstzuständen aufgrund von Erlebnissen aus dem Zweiten Weltkrieg leiden. Dazu kommt noch, dass im Falle von Hirnabbauprozessen auch die Abwehr nicht mehr so gut funktioniert und Traumata möglicherweise ungebremst ins Bewusstsein gelangen können.

Wir sehen, dass es seinen guten Grund haben kann, dass bestimmte Inhalte nicht jederzeit bewusst zugänglich sind. Daher sollte in einer Psychotherapie die Wunde auch nicht schonungslos aufgerissen werden, sondern mit viel Fingerspitzengefühl und Sicherheit für bzw. mit den Betroffenen erarbeitet werden, sofern die Bereitschaft tatsächlich gegeben ist. Einige von zahllosen Beispielen: der Kindesmissbrauch oder die Vergewaltigung, die beispielsweise in der aktuellen Beziehung zu Problemen führt, Bombenangriffe, Kriegserlebnisse, die beim Signalhorn der Feuerwehr zu Panikzuständen führen, die verschüttete Erinnerung an den gewalttätigen Partner, die aktuell zu einer bestimmten Tageszeit Panikattacken auslöst, da es die Zeit war, in der der Partner von der Arbeit kam, Gerüche, die fürs Erste unerklärliche Emotionen auslösen, ...

Einer der in der Öffentlichkeit wohl bekanntesten Abwehrmechanismen ist die Verdrängung, durch die störende Wünsche, Gedanken oder auch Erfahrungen aus dem Bewusstsein ausgeschlossen werden, wobei die damit verbundenen Gefühle – wie eben beschrieben – bewusst bleiben können. Ein Beispiel: Wenn Sie einen Kindergarten oder eine Schule betreten, löst es in Ihnen Erinnerungen, vielleicht aber auch nur gewisse Gefühle aus, obwohl Sie nicht mehr selbst in der Kindergarten- oder Schulsituation sind. Sinneseindrücke, wie beispielsweise Gerüche, werden sehr einprägsam im Gehirn gespeichert und lösen dementsprechende Gefühle aus. Sie bräuchten also – je nach persönlicher Erfahrung – nur den Geruch von Bananen, Kakao, Äpfeln, Farben, Klebzeug und anderem wahrzunehmen, und der Kindergarten wäre zumindest von seiner gefühlsmäßigen Erinnerungsqualität präsent. Dies kann dazu führen, dass Sie ähnliche Empfindungen bei ähnlichen Geruchskombinationen in völlig anderen Situationen hervorrufen. Nun ist dies glücklicherweise nicht immer bedrohlich, da auch positive Erfahrungen auf diese Weise abgespeichert werden. Vielleicht wird es nun nachvollziehbarer, wie Verdrängung prinzipiell funktioniert. Es reicht oft ein kleiner Reiz, eine unauffällige Sinneswahrnehmung, die als Auslöser bzw. sogenannter „Trigger" Gefühle verschiedenster Natur wachrufen kann. Der gute, nette Partner, der ein ähnliches Parfüm trägt wie der Missbraucher, ähnliche Worte verwendet, eine kleine Ähnlichkeit in der Gestik besitzt, Vorlieben für bestimmte Speisen oder Berührungen zeigt, kann auf diese Weise unangenehme Empfindungen wie Abwehr und Ekel hervorrufen.

Gehen wir nun gedanklich wieder zurück zu der Tatsache, dass die Psyche sich durch Abwehr- und Coping-Mechanismen schützt und dies umso besser gelingt, je hochwertiger die Qualität dieser Mechanismen ist.

Einige der hier nun angesprochenen, nicht mehr so nachhaltig effektiven Mechanismen, bei denen negative Inhalte möglichst aus dem Bewusstsein gedrängt werden, sollen nun kurz dargestellt werden. Die Verdrängung wurde ja nun schon ausführlich dargestellt.

Weitere Werkzeuge dieser Qualität können bewirken, dass starke Gefühle massiver Belastung nicht gefühlt werden, obwohl die belastende Situation bewusst ist. Betroffene sind zwar imstande, den Hergang eines Unfalls, einer Katastrophe oder eines anderen traumatischen Ereignisses mehr oder weniger detailliert zu erzählen, wirken dabei aber von ihren Gefühlen unberührt und abgekapselt. Dies ist im Rahmen der Schocksituation nicht weiter bedenklich, sehr wohl aber, wenn dieses Nichtempfinden anhält. Der plötzliche Tod einer geliebten Person, der zwar realisiert wurde, auf den aber keine Trauerreaktion erfolgt, kann in der Folge nur schwer bewältigt werden.

Bei der „Intellektualisierung" verfällt der Betroffene in abstraktes Denken, um unangenehme Gefühle nicht zu spüren. Er verallgemeinert und verpackt alles möglichst passgenau in seine persönliche Philosophie. Bei unserem Waschmaschinenbeispiel würde dies bedeuten, dass der Betroffene sich beispielsweise hinter seiner hochgestochenen Überlegung über „die Welt an sich" versteckt und davon ausgeht, dass es für jeden Waschmaschinenhersteller natürlich viel wirtschaftlicher ist, mindere Qualität und kurzlebigere Technologie zu verkaufen. Auf diese

Weise hält er seinen Ärger auf „die Wirtschaft“ gerichtet, um ihn für sich selbst erträglicher zu halten. Mögliche eigene Fehler und Versäumnisse werden somit übertüncht oder rücken in den Hintergrund. Menschen, die dazu neigen, zu intellektualisieren, berichten über emotionale Erlebnisse sehr wissenschaftlich und wirken deshalb oft „leblos“. Auf die Frage „Sind Sie glücklich?“ könnten Sie eventuell folgende Antwort erhalten: „Wissen Sie mit Sicherheit, ob es so etwas wie Glück überhaupt gibt? Die Glücksforschung besagt, … neulich konnte ‚man‘(!) lesen, dass …“ Dem Zuhörer fällt es dabei eher schwer, sich einzufühlen, da es tendenziell um wissenschaftliche Diskussion und nicht um die tatsächliche Vermittlung von Gefühlen geht: „Meine Traurigkeit? Wann ist man traurig? Wenn sich in der problematischen Beziehung zu den Eltern die Entwicklung nicht in dem Maße eingestellt hat, wie sie sein sollte – da würde es wohl jedem so gehen und man handelt dann auch so.“

Eine kurze Zusammenfassung der Bewältigungsmechanismen: Der Betroffene begegnet emotionalen Konflikten oder äußeren Belastungsfaktoren, indem er durch eine Verdrängung nicht auf die Inhalte von Erinnerungen zugreifen kann, die dazugehörigen Gefühle aber schon spürt. Er kann sie nur nicht zuordnen und weiß daher nicht, warum er sich so fühlt. Oder aber der Betroffene trennt Inhalte von seiner Gefühlswelt. In diesem Fall kann er Ereignisse schildern, empfindet aber die dazugehörigen Gefühle nicht.

Bei der „Intellektualisierung“ nimmt der Betroffene die Situation zwar wahr, die Gefühle werden aber durch abstrakte, vielleicht auch wissenschaftliche Interpretationen „wegdiskutiert“.

Da Belastungen nur nachhaltig entschärft werden können, wenn sie auch bewusst wahrgenommen werden, fällt die eigentliche Bewältigung bei diesen Mechanismen zum Teil durch den Rost.

Platz 3: Kosmetik – leichte Verzerrungen von sich selbst und von anderen

Da die menschliche Psyche sehr flexibel ist, schafft sie es auch, zum eigenen zumindest kurzfristigen Schutz Vorstellungen in unterschiedlichem Ausmaß zu „verzerren". Ab dieser Stufe beginnt sozusagen das Spiegelkabinett, das uns selbst und andere in einem für uns zuträglicheren Bild erscheinen lässt.

Die hier skizzierten Werkzeuge „Entwertung", „Idealisierung" und „Omnipotenz" dienen speziell dazu, ein positives Selbstwertgefühl aufrechtzuhalten oder zu erzeugen. Unter „Entwertung" verstehen wir, dass anderen Personen extrem negative Eigenschaften zugeschrieben werden, um unter Umständen ein Urteil von diesen als quasi „ungültig" erscheinen zu lassen. Kritik wird nicht auf ihren etwaigen Wahrheitsgehalt geprüft und für sich verwendet – im Gegenteil: Der Kritiker wird als Person auf verschiedensten Ebenen „heruntergemacht" und auch in seiner Kompetenz negiert. Auf diese sehr häufig anzutreffende Weise verlieren Belastungen kurzfristig ihre Bedrohlichkeit. Sehr bekannt ist dieses Werkzeug – es gleicht wohl am ehesten einer Motorsäge – unter Klischees wie „Schöne, vor allem blonde Frauen tragen ihr Gehirn im Busen ...", „Geniale Menschen sind verrückt", „Na, wenn ich es so leicht gehabt hätte, würde ich heute auch besser dastehen ...". Die Neigung, jemanden, der uns in einem uns wichtigen Bereich in irgendeiner Form überlegen ist, vom „Thron" zu stoßen oder diesen zumindest „anzusägen", steckt in uns allen. Es fühlt sich sofort besser an, wenn der „Rivale" aus verschiedenen Gründen nicht ernst genommen werden muss oder eben als Schleimer bezeichnet wird, da er die Erfolgsleiter „hinaufgefallen“ ist und man selber mit solchen Mitteln sicher nicht Karriere machen will (oder kann?).

Es könnte wohl als Entwicklungsziel für jedermann gelten, damit zu leben, dass es zumindest auf kurz oder lang immer jemanden geben wird, der etwas besser kann, schöner ist als wir selber oder uns sonst in irgendeiner Form überlegen ist. Wäre es nicht ein wesentliches Ziel auf dem Weg zum Glück, unsere eigene Mittelmäßigkeit als gegeben zu akzeptieren? Dies spricht uns keineswegs frei von Verantwortung, unser Bestes zu geben – im Gegenteil. Jeder ist dazu aufgerufen, seinen Teil beizutragen – mit all seinen Kräften. Dafür sollten wir über unsere Stärken und Schwächen Bescheid wissen, um im Klaren darüber zu sein, wie wir uns in unserer Umwelt am besten einbringen können und wo wir kompensieren und dazulernen müssten, anstatt alles auf andere abzuwälzen. Denn wir, die wir jetzt auf diesem Planeten leben, tragen die Verantwortung füreinander – egal welchen Alters wir sind. Solange wir ein selbstständiges Leben führen können, bestimmen wir mit, was auf der Welt geschieht.

Eine weitere Form der leichten Realitätsverzerrung liegt in der „Idealisierung“ und ist als Gegenpart zur „Entwertung“ zu verstehen. Dabei werden anderen Menschen extrem positive Eigenschaften zugeschrieben, ja sie werden zu einer Art „Übermenschen“ erhoben. Es kann beruhigen, wenn man meint, den absoluten Beschützer an seiner Seite zu haben, der immer alles im Griff hat. Bei Kindern erleben wir dies immer wieder, wenn sie stolz sind, ältere Freunde zu haben, die sie beschützen und ihnen mit Rat und Tat zur Seite stehen können. Auch Fantasiegestalten können diese Rolle einnehmen. Erwachsene werten sich häufig damit auf, jemand sehr Angesehenen oder Prominenten zu kennen oder sogar mit ihm befreundet zu sein. Der Glaube an ideale Menschen nimmt dem Betroffenen die Angst vor der unsicheren Welt. Die Realität, dass Menschen sowohl gute als auch böse Seiten in sich tragen, wird dabei ausgeklammert. Mit dem „Filter" der Idealisierung bewerten wir andere Personen als absolut positiv. Neutrales oder auch negatives Verhalten wird dabei entweder „übersehen" oder auch umgewertet. Dieses Phänomen der Idealisierung zeigt sich besonders gut am Beispiel der Verliebtheit. Schweben wir im siebenten Himmel, so gibt es vorerst nichts, was die Schönheit und Perfektion des Angebeteten mindern könnte. Die sich allmählich entwickelnde Akzeptanz, dass Positives und Negatives in einem Menschen vereint sind, entscheidet mit, ob aus Verliebtheit Liebe werden kann oder nicht.

Ein weiteres „Werkzeug" besteht in der „Omnipotenz" (Großartigkeit). Der Betroffene verhält sich so, als hätte er besondere Kräfte und Fähigkeiten, woraufhin sich auch Überlegenheitsgefühle einstellen. Dieses Verhalten kommt jenem des „Angebens" am nächsten. Bei unserem Waschmaschinenbeispiel könnte dies etwa so klingen: „Für mich ist so etwas überhaupt kein Problem! Ich besorge mir einfach eine neue Waschmaschine, eine wesentlich bessere als die hier. Ich alleine weiß, welche Marke die beste ist und wo man sie herkriegt! Ich alleine kenne all die Tests, die ja nicht an die Öffentlichkeit getragen werden! Ich habe es aber geschafft, alles in Erfahrung zu bringen. Na, kein Wunder! Mit meiner Intelligenz kann sich nicht so bald jemand messen und da kann mir auch keiner etwas vormachen!"

Oder: „Wenn dieses oder jenes Hindernis nicht bestünde, dann hätte ich sicher Karriere gemacht, wäre ein toller Schauspieler, Musiker, Firmeninhaber oder anderes geworden ..."

Betroffene vermeiden dabei aber in der Regel Situationen, bei denen sie ihre enormen Fähigkeiten auf die Probe stellen könnten oder sich mit anderen vergleichen müssten. Man erkennt, dass es nicht um eine tatsächliche Überzeugung hinsichtlich der eigenen Grandiosität geht, sondern um den Versuch, ein besseres Bild von sich zu haben, das auf jeden Fall aufrechterhalten werden muss, da das positive Selbstwertgefühl sonst rasch abzusinken droht.

Bewältigungsmechanismen, die eine leichte Verzerrung der Vorstellung über sich und andere bewirken, zeigen sich beispielsweise beim Entwerten, Idealisieren anderer Menschen oder aber beim Idealisieren der eigenen Person, um das eigene positive Selbstwertgefühl zu erhalten oder auch herzustellen.

Platz 4: „Alles kein Problem!" – Die Stufe der Verleugnung

Die weiteren Abwehr- und Coping-Strategien sind dadurch gekennzeichnet, dass Belastungen, Vorstellungen, Gefühle oder auch Verantwortung nicht bewusst empfunden werden, was bereits zu einer stärkeren Verzerrung der Realität führt. Auch diese Werkzeuge sind im Alltag weit verbreitet und häufig anzutreffen.

Bei der „Projektion“ werden eigene unangenehme Gefühle fälschlicherweise anderen zugeschrieben: Der eifersüchtige Partner, der seiner Partnerin Eifersucht vorwirft, eigenes Verschulden, das dem anderen angekreidet wird, und viele ähnliche Vorkommnisse sind gute Beispiele dafür. Entlarvt werden Projektionen im Alltag gerne mit Äußerungen wie: „Na, da redet der Richtige! Der soll doch auf sich selber schauen und vor seiner eigenen Haustür kehren! Macht komische Bemerkungen, weil ich den Job wechsle und derzeit Urlaub habe! Und was ist mit seinen Kindern? Immer wieder sind sie arbeitslos und die Frau ist nach dem Auszug der Kinder auch nicht mehr in den Beruf zurückgekehrt …"

Im Falle der „Rationalisierung" findet der Betroffene rationale, also vernünftige Gründe für sein Verhalten und verbirgt damit die eigentlichen Beweggründe. Das hört sich dann beispielsweise so an: „Ich ersuche den Nachbarn deshalb nicht darum, bei ihm Wäsche waschen zu dürfen, weil ich ihn nicht belasten möchte. Er hat Familie und jede Menge Wäsche, weshalb er ja nicht einmal Zeit haben wird für eine Extratrommel." In Wirklichkeit hat er aber Angst davor, zurückgewiesen zu werden. Er hat prinzipiell Probleme mit dem Aussprechen von Bitten, will nicht zu Dank verpflichtet sein, schämt sich wegen seiner Panne, hat selber nicht geholfen oder es gibt einen anderen Grund für sein Verhalten. Möglich wäre auch: „Ich habe die Frau deshalb nicht angesprochen, weil ihr das Kleid nicht so gut gepasst hat, sie nicht völlig mein Typ ist, ich keine Lust hatte, …" in Wirklichkeit kann es eine Reihe von anderen Gründen geben, weshalb der Betroffene es nicht wagt, eine Beziehung anzubahnen. Er könnte Angst davor haben, enttäuscht zu werden, sexuell zu versagen und vieles mehr.

Ich lade Sie herzlich dazu ein, sich Ihre „guten Gründe" selbst einmal vor Augen zu führen – treffen sie auf Sie selbst zu? Sie werden sicher fündig werden, auch ich werde es immer wieder. Es lohnt sich, solche „vernünftigen Ausreden" aufzuspüren, um für sich dazuzulernen und derartige Situationen im Endeffekt günstiger zu lösen und die Gefahr zu bannen, durch Wegschauen den Weg und sich selbst zu verlieren.

Auch bei der „Verleugnung" versuchen wir uns etwas vorzumachen, indem schmerzhafte oder unangenehme Teile der Realität schlichtweg nicht anerkannt werden.

„Nein, also, das hat mich nicht verletzt! Er hat mir niemals etwas getan, es ist alles ganz normal verlaufen ...", und das obwohl es tatsächlich eigentlich völlig anders ist! Es ist mitunter sinnvoll, für eine gewisse Zeit seelische Schmerzen „wegzusperren", bedenken wir aber, dass jeder Abstellraum und jeder Rucksack einmal zu voll und zu schwer werden kann und uns dann permanent belastet.

Fassen wir nochmals kurz zusammen: Die Bewältigungsstrategien dieser Ebene lassen unangenehme Begebenheiten und begleitende Gefühlen nicht an die Person heran, sondern diese werden gleichsam entsorgt. Sie werden anderen Menschen zugeschrieben, für vernünftig erklärt oder überhaupt in Form einer „Vogelstrauß-Politik" in ihrer Belastung verleugnet.

Platz 5: „Spiegelkabinett" – Schwere Vorstellungsverzerrungen von sich selbst und anderen

Exzessive Tagträumereien, die auch als „autistische Fantasien" bezeichnet werden können, ersetzen in diesem Fall zwischenmenschliche Beziehungen und bieten dem Betroffenen einen Rückzug in eine entsprechend bessere, aber innere Welt.

Bei der Strategie des „Spaltens" wiederum ist der Mensch nicht imstande, gegensätzliche Gefühle gleichzeitig zu erleben, weshalb sich die Psyche des Betroffenen damit hilft, diese Gefühlszustände aufzuteilen, was zu extremer „Schwarz-Weiß-Malerei" im Hinblick auf die eigene Person wie auch auf andere führt. Man ist also selber ausschließlich gut (liebevoll, stark, wertvoll, freundlich, ...) oder ausschließlich schlecht (verhasst, ärgerlich, wertlos, zurückweisend, ...), wobei das Idealbild rasch durch die kleinste Enttäuschung ins Gegenteil, also in eine krasse Abwertung des anderen, kippen kann. In der Therapie, wie auch in anderen zwischenmenschlichen Beziehungen, vermitteln solche Menschen, dass der Therapeut der einzige Mensch auf der Welt ist, der ihnen helfen kann. Bei der kleinsten Ungereimtheit wird der Therapeut oder auch jeder andere vorerst absolut perfekte Mensch zum „Abschaum“ degradiert.

Auf diese Weise gelingt es dem Betroffenen, für eine Zeit klare Verhältnisse zu schaffen, um die innere Spannung abzubauen. Kippt die Beurteilung eines Menschen vom Bild des „Übermenschen“ in den „Unmenschen“, dann gibt es für den Betroffenen auch daran für ihn nichts zu rütteln. Kurzfristig spart diese Methode wohl Energie – aber eben nur kurzfristig. Es ist unter manchen Umständen leichter, die Welt in Schwarz und Weiß zu unterteilen. Manchmal erholen wir uns sogar auf diese Weise. Wie gut tut es uns, so dann und wann neben all den Wirren des Alltags Filme zu genießen, in denen klar ist, wer gut und wer böse ist! Andererseits kommt es im realen Leben langfristig gesehen zu Enttäuschungen, die sich prinzipiell kaum auflösen lassen, sowie zu Beziehungen, die keinen Bestand haben können, da sie Konflikte und deren Lösung nicht zulassen.

Platz 6: „Erst handeln, dann denken!“ Bewältigung durch unbedachtes Verhalten

Der Umgang mit Belastungen erfolgt mittels konkreten Handelns und durch Rückzug. Bei der „Passiven Aggression“ zeigt der Betroffene in Belastungssituationen seine eigentlich aggressiven Gefühle nicht offensichtlich, sondern lässt sie seien Umwelt auf andere Weise, nämlich durch sein Verhalten spüren. Beispiele, wie das folgende, sind bekannt, wahrscheinlich haben Sie auch schon einmal erlebt, dass der Betroffene bei Vereinbarungen nach außen hin zu etwas zustimmt, sich aber gegenteilig verhält, indem er Termine häufig übersieht oder diese aus „anderen Gründen" nicht zustande kommen, Medikamente nicht eingenommen werden und vieles mehr. Vereinbartes wird nicht eingehalten und Versprochenes nicht erledigt. Es handelt sich also um eine Form von Widerstand, der nicht offen angesprochen wird, sondern durch Verhalten zum Ausdruck kommt. Die empfehlenswerte Alternative liegt in sozial kompetentem Verhalten, das die Lösung etwaiger Konflikte auf bewusster Basis überhaupt erst ermöglicht.

Eine weitere Form ist das „Ausagieren": In diesem Fall reagiert der Mensch auf Belastungen, indem er handelt, ohne über sein Handeln nachzudenken oder ohne dessen mögliche Konsequenzen zu berücksichtigen. Meist wird dieses Werkzeug im Umgang mit nahestehenden Personen verwendet, also bei Eltern, Autoritätspersonen, Freunden und Partnern. Der Gewinn dieser Abwehrstrategie besteht darin, dass der Betroffene seine Gefühle und Impulse herauslassen kann, um sie so nicht aushalten oder über Unangenehmes nicht nachdenken zu müssen. Die Qualität dieses Werkzeugs ist mehr als fragwürdig und führt tendenziell eher zur Verschlimmerung des Zustands.

Folgendes läuft dabei ab: Zuerst sind Gefühle, wie Kränkung, Ärger etc., oder Bedürfnisse des Menschen vorhanden, die er aber nicht ausdrücken kann. Es kommt rasch zu einer Zunahme von innerer Spannung und auch Angst. Da es sich um aufgeschaukelte Gefühle handelt, kann er noch weniger mit ihnen anfangen und vermeidet es, diese Impulse und Wünsche tatsächlich wahrzunehmen. Er bemüht sich nicht um eine Lösung, sondern agiert einfach, ohne über Folgen nachzudenken. Dieses Verhalten kann sehr heftig ausfallen und sich auch in groben Formen von Aggression, Sexualität und anderem zeigen. Sollten sich anschließend an dieses Verhalten schließlich Schuldgefühle entwickeln, sind auch diese auf Dauer schwer zu ertragen. Daher versucht der Betroffene meist vernünftige Gründe für sein Verhalten zu finden oder verleugnet es etwa auf folgende Weise: „Ich war so wütend, deshalb ist es klar, dass ich einfach zuschlagen musste!", „Es war sein Fehler, mich so zu provozieren und aufzuregen!"

Platz 7: Wenn das Abwehrsystem total zusammenbricht ...

Bricht das Abwehrsystem total zusammen, dann werden Reaktionen auf Belastungen nicht mehr aufgefangen. Der Betroffene „bricht" mit der Realität, er verliert den Bezug zu ihr und fällt in die Psychose (eine bekannte und schwere Form dessen ist die Schizophrenie).

Entwicklung bedeutet lebenslanges Lösen von Problemen. Wir alle sind tagaus, tagein verschiedensten Belastungen ausgesetzt. Wir treffen im Umgang mit unserer Umwelt auf für uns mehr oder weniger gravierende Schwierigkeiten, die auch unsere Gefühlswelt fordern und in ihr Konflikte verursachen. Es ist nun aber nicht gleichgültig, auf welche Art und Weise wir gelernt haben, mit all diesen Hürden umzugehen, denn je wirksamer unsere Abwehr- und Coping-Strategien sind und je mehr Werkzeug vom „höchsten Niveau" wir uns angeeignet haben, desto günstiger wird unsere Entwicklung verlaufen. Wir gewinnen an Stabilität, Stärke und Freiheit, da wir unseren Aufgaben, Bedrohungen und Problemen sowie unseren Stärken und Schwächen mitsamt den begleitenden Gefühlen offen und bewusst begegnen und auf diese Weise aus Problemen Herausforderungen machen, die uns wieder weiterbringen können. Je verzerrter die Vorstellungen von uns selber, von Situationen und anderen Menschen sind und je mehr Belastendes in unseren persönlichen „Stauraum“ weggesperrt wird, desto aufwendiger wird es, Schwierigkeiten bis hin zu Lebensaufgaben und massiven Veränderungen entsprechend zu bewältigen, da sie uns gegebenenfalls im Wege stehen.

Was hilft uns aber wiederum dabei, Belastungen und Problemen offen gegenüberzutreten und tatsächlich hochwertige Bewältigungsformen anzuwenden? Neben der Basissicherheit, die wir in unserer frühkindlichen Entwicklung durch unsere Eltern vermittelt bekommen haben, führt uns diese Frage zu einem Werkzeug, das so einen enormen Stellenwert hat, dass ihm hier ein eigenes Kapitel gewidmet wird.

10. Was auf keinen Fall im Werkzeugkoffer fehlen sollte: Soziale Kompetenzen

Warum sind soziale Kompetenzen so wichtig und unersetzlich? Die Art und Weise, wie wir mit anderen und mit uns selbst umgehen, prägt unser Leben. Neben den vielen Freuden, die wichtig für zwischenmenschliche Beziehungen sind, erleben wir gerade in diesem Bereich hautnah, wie rasch und häufig Kränkungen passieren: Kränkungen, die uns andere, wir anderen oder uns auch selber zufügen. Hier sind häufig Ursachen zu finden, die uns das Gefühl des inneren Verlorenseins vermitteln.

Was ist unter sozialen Kompetenzen überhaupt zu verstehen?

Als soziale Kompetenz wird die Fähigkeit eines Menschen bezeichnet, angemessene Kompromisse zwischen eigenen Bedürfnissen einerseits und sozialer Anpassung andererseits zu finden. Dazu gehören beispielsweise folgende konkrete Fähigkeiten: Nein sagen, Versuchungen zurückweisen, auf Kritik reagieren, Änderungen bei störendem Verhalten verlangen, Widerspruch äußern, Unterbrechungen im Gespräch unterbinden, sich entschuldigen, Schwächen eingestehen, unerwünschte Kontakte beenden, Komplimente akzeptieren, auf Kontaktangebote reagieren, Gespräche beginnen, aufrechterhalten und beenden, erwünschte Kontakte arrangieren, um einen Gefallen bitten, Komplimente machen, Gefühle offen zeigen.

Sozial kompetentes Verhalten bezieht sich auf die Erfüllung eigener Wünsche und Bedürfnisse auf angemessene Weise, ohne die Wünsche und Bedürfnisse anderer zu übergehen.

Menschen mit sozial inkompetentem Verhalten präsentieren sich in den genannten Situationen hingegen unsicher und vermeiden diese auch nach Möglichkeit oder sie werden zudringlich und aggressiv. Eine brutale, egoistische „Ellbogen-Technik" entspricht also nicht sozial kompetentem Verhalten.

Es gibt allerdings verschiedene Autoren zu dieser Thematik, die auch unterschiedliche Kompetenz-Auflistungen angeben, wodurch auch die empfohlenen Trainingsprogramme, wie beispielsweise von Ullrich und Ullrich, Feldhege und Krauthan oder Hinsch und Pfingsten, um nur einige zu nennen, unterschiedlich aussehen.

Soziale Kompetenz ist also eine Art Sammelbegriff, dem alles zugeordnet wird, was mit der Fähigkeit im Umgang mit uns selbst und mit anderen zu tun hat: Selbstwert, Selbstbehauptung, sprachliche Fähigkeiten, Kritikfähigkeit, Empathie sowie Teamfähigkeit und vieles mehr. Anders gesagt, ist es alles das, was heute auch unter dem Begriff „soft skills" zusammengefasst wird.

Es entspricht nicht der Realität, von generell sozial

kompetenten und inkompetenten Menschen zu sprechen, da sich Probleme wie auch Stärken auf bestimmte Situationen beschränken und nicht allumfassend auftreten. Selten treffen wir auf Menschen, die sich in jeder Situation mit anderen Menschen optimal verhalten! So manche schaffen es sehr gut, sich bei Preisverhandlungen durchzusetzen, haben aber Scheu davor, in Gesellschaft mit Menschen ein Gespräch zu führen. Andere wiederum sind die großen Partytiger, haben aber Angst davor, Schwächen zu zeigen, und vieles mehr.

Um sozial kompetentes Verhalten an den Tag legen zu können, brauchen wir wiederum die Fähigkeit, uns überhaupt erst einmal der eigenen Bedürfnisse bewusst zu sein. Zu wissen, worauf man Anspruch geltend machen darf und worauf nicht, dies auch sprachlich verständlich auszudrücken und diese Forderungen durchzusetzen, ohne über Leichen zu gehen. Dies bedeutet auch, „Nein" sagen zu können, Mut zur Blamage zu haben und vor allem, Konflikte produktiv austragen zu können.

Mit Sicherheit geraten auch Sie jeden Tag mehrmals in Situationen, in denen sozial kompetentes Verhalten hilfreich ist und zu Ihrem Wohlgefühl und dem Ihrer Umwelt wesentlich beiträgt.

Selbstwertgefühl

Fangen wir einmal bei uns selbst an. Wie würden Sie die Beziehung beschreiben, die Sie zu sich selbst haben? Wie gut ist Ihr Selbstwertgefühl, wenn Sie sich morgens in den Spiegel schauen? Bei vielen reicht der Blick gerade bis zur Zahnbürste. Sofern er tatsächlich bis zum Spiegel vordringt, wird kritisch hineingelugt und in der Folge an sich „herumgemacht", dass alles seine Ordnung hat, dass wir uns selbst, vor allem aber auch anderen gefallen oder dass wir zumindest das Gefühl haben, anderen vor die Augen treten zu können. Das ist auch prinzipiell so in Ordnung, da wir uns selbst in Form von liebevoller Pflege zuwenden sollen. Aber vielen ist dies niemals gut und schön genug. „Ohne Make-up die Zeitung holen? Niemals!" Oder aber der Blick in den Spiegel löst förmlich einen Schwall an „Liebesbezeugungen" an sich selbst und die eigene Schönheit, Intelligenz oder was auch immer aus – der Narziss, der von sich selbst geblendet ist. Erstere leiden vor allem unter sich selbst, bei Letzteren die Umwelt unter ihnen.

Ein Puzzleteil der sozialen Kompetenzen uns selbst gegenüber ist es, von uns selbst ein entsprechend positives inneres wie äußeres Bild zu haben, zu sich und hinter sich selbst zu stehen, sich selbst als „in Ordnung" und im Vergleich zu anderen im Großen und Ganzen gleichwertig zu erleben und sich auch so zu fühlen. Schaffen wir es nicht, dies umzusetzen, fügen wir uns selbst Kränkungen zu, die uns in der Folge blockieren.

Kommen nun andere Menschen ins Spiel, wird es erst recht spannend: Nehmen wir nun einige Bereiche der sozialen Kompetenzen unter die Lupe!

Berechtigte Ansprüche und Wünsche durchsetzen

Angenommen, Sie bekommen bei der Kassa einen Euro zu wenig zurück. Wozu neigen Sie? Machen Sie auf den Fehler aufmerksam oder lassen Sie es dabei bleiben? Wenn Sie urgieren, wie tun Sie es? Zögerlich, peinlich berührt, klar, aber höflich oder klar und unhöflich oder so, dass es der andere nicht merkt? Falls Sie das Geld nicht fordern: Welche Gründe bewegen Sie dazu? Haben Sie Sorge vor unangenehmen Reaktionen? Tatsache ist, dass Ihr Recht darin besteht, die korrekte Summe des Wechselgelds zurückzubekommen. Sozial kompetentes Fordern bedeutet, klar und deutlich auf den Sachverhalt hinzuweisen und dabei zu bleiben, sofern Sie natürlich beweisen können, dass hier ein Irrtum vorliegt.

In solchen Situationen können wir uns darauf verlassen, dass es ein objektives „Richtig“ und „Falsch“ gibt. Ein Euro wurde zu wenig herausgegeben – das ist eindeutig und jede weitere Diskussion somit überflüssig.

Etwas schwieriger verhält es sich, wenn es darum geht, sich durchzusetzen, wenn es keine exakte rechtliche Grundlage gibt oder diese der Allgemeinheit zumindest nicht wirklich bekannt ist. In diesem Fall zählen das klare Verhalten, aber sehr oft auch Argumente. Feldhege und Krauthan, die ein Verhaltenstrainingsprogramm zum Aufbau sozialer Kompetenzen entwickelt haben, unterscheiden folglich zwischen den Rechten, die auf gesetzlicher Grundlage beruhen, und den persönlichen Grundrechten, die ebenso jedem Mitmenschen zustehen, obwohl sie nicht in schriftlicher Form festgelegt sind. Diese betreffen insbesondere das Recht zur persönlichen Entfaltung und Selbstverwirklichung, also das Recht auf Freiheit im weiteren Sinne. Hier ein paar Beispiele:

Sie dürfen es erwarten, gleichwertig behandelt zu werden, und dass Ihre Privatsphäre respektiert wird. Sie haben ein Recht darauf, mit Wertschätzung behandelt zu werden, und dass man höflich mit Ihnen umgeht. Man darf Sie weder körperlich noch psychisch verletzen und Sie haben das Recht auf Information: Auch wenn jemand noch so große Unlust vermittelt, Ihnen Auskunft zu erteilen (in Geschäften, Ämtern, in der Öffentlichkeit), Sie haben das Recht auf Beratung – in den genannten Beispielen ist das Teil des Jobs der dortigen Mitarbeiter! Sie haben das Recht auf Hilfe und sind natürlich auch selbst dazu verpflichtet. Sie haben das Recht auf freie Meinungsäußerung und auch darauf, sich – in einem gewissen Rahmen – so zu kleiden, wie es Ihnen gefällt. Sie haben ein Recht darauf, jemanden anzusprechen, oder auch Kontaktangebote, die an Sie gerichtet sind, anzunehmen oder abzulehnen. Sie dürfen und werden Fehler machen …!

Sie sehen, dass es sich hier um eine breite Palette von persönlichen oder auch offiziell festgehaltenen Rechten gibt. Es sollte uns aber bewusst sein, dass unsere eigene Philosophie über die Welt, unser Wertsystem („Was ist richtig, was ist falsch?“) hinter unserem Verhalten steht und es somit maßgeblich beeinflusst. Ich erlebe in diesem Zusammenhang tagtäglich die enormen Unterschiede hinsichtlich dessen, welche persönlichen Grundrechte sich Menschen zugestehen und welche nicht. Neben solchen, die, vielleicht sogar unbeabsichtigt, ja gewohnheitsmäßig über persönliche Grenzen der Mitmenschen treten, im Gegensatz zu solchen, die permanent versuchen, für andere da zu sein, ohne eine Form von Gegenleistung zu erleben, bis hin zu Menschen, die sich aus Sorge, was die anderen über sie denken könnten, nicht ohne Begleitung in ein Kaffeehaus wagen. Letztere Selbsteinschränkung erfreut sich einer großen Verbreitung!

Ein Beispiel zum Thema Selbstbehauptung: Kennen Sie das? Sie haben es schon ein wenig eilig, besorgen aber noch eine Kleinigkeit im Supermarkt – eine Sache von nicht mal einer Minute. Sie kommen zur Kassa, wo jemand soeben geruhsam das Fließband mit einem Artikel nach dem anderen belegt. Was könnte Ihnen da zum Beispiel durch den Kopf gehen? „Oh nein! Muss das sein?“ Oder vielleicht etwas heftigere Gedanken wie etwa: „Na, mach schon, du bist nicht alleine auf dieser Welt! Die Menschen werden immer egoistischer, immerhin könnte diese Person doch auf die Idee kommen, mich vorzulassen! Tut sie aber nicht – Frechheit! Sie schaut nur auf die Sachen, die sie da gekauft hat, lauter ungesundes Zeug!“ Vielleicht haben

Sie auch schon wiederholt in solchen oder ähnlichen Situationen erlebt, dass Gedanken zu Worten werden, ja dass es zu wahren, feindseligen „Koalitionen" zwischen wildfremden Personen kommen kann, die sich dann halblaut über das störende Verhalten der betroffenen Person unterhalten. Diese Gespräche gestalten sich meist in einer Weise, in der der Betroffene zumindest zum Teil die Aussagen auf sich beziehen könnte oder sogar muss: „Jaja, manche Leute glauben, nur sie sind wichtig. Müssen die unbedingt um die Zeit so viel einkaufen gehen? Manche kapieren es halt einfach nie ...!" Andere nicken zustimmend oder geben ihre Kommentare dazu ab.

Wie groß muss doch die Angst vor dem Kunden am Fließband sein, dass sich wildfremde Menschen plötzlich zusammentun und ihn hinter mehr oder weniger vorgehaltener Hand „niedermachen", anstatt sozial kompetent die betroffene Person anzusprechen, wie beispielsweise: „Entschuldigen Sie, dürfte ich bitte vor? Ich habe es schon etwas eilig!" Rechtlich gesehen ist die Person vor Ihnen dagewesen und kommt deshalb auch vor Ihnen an die Reihe. Es bleibt daher dem Kunden überlassen, ob er Ihrer Bitte nachkommt oder nicht, doch ist die Wahrscheinlichkeit, Ihnen entgegenzukommen, recht groß, da Sie möglicherweise bereits bezahlt haben würden, während er noch immer das Fließband belegt. Er hat keinen Nachteil, Sie aber haben einen Vorteil. Die Erwartung, dass Sie davon ausgehen können, dass andere ja eigentlich immer sehen und somit wissen müssen, was wir gerade wollen oder brauchen, muss leider enttäuscht werden. Es kann nicht der Realität entsprechen, dass andere genauso denken und fühlen, wie wir es in diesem Moment gerade tun. Wir sind dazu aufgerufen, unsere Anliegen anderen zu unterbreiten und andere darauf aufmerksam zu machen. Dies gilt in Situationen wie der eben genannten bis hin zu Partnerschaften. Der gelebte innere Satz „Wenn du mich lieben würdest, dann wüsstest du, was ich brauche, was mir gefällt, was man in so einer Situation tut, ..." hat schon so mancher Liebesbeziehung sprichwörtlich das Genick gebrochen.

Auch einmal Nein sagen können

Sie schlendern durch eine Fußgängerzone, genießen die Sonne und freuen sich des Lebens. Schon werden Sie als Opfer zwischen sichtlich hektisch dahinlaufenden, sich abschleppenden Passanten auserkoren: „Haben Sie eine Minute Zeit? Wir wollen Ihnen ein Projekt vorstellen ... und da wir sichere Einnahmen brauchen, bitten wir Sie um eine Spende oder noch besser, um einen Abbuchungsauftrag für diese gute Sache!" Am nächsten Eck steht schon die nächste Gruppierung mit einem weiteren unterstützungswerten Projekt. Oder: „Ich hätte hier noch eine Creme im Angebot! Das ist die absolute Chance!"

„Du bäckst so tolle Torten! Könntest du das für die nächsten drei Feierlichkeiten übernehmen? Es kommen jeweils an die dreißig Leute! Und dann wäre im August noch die Hochzeit von meinem Cousin. Machst du auch Kleingebäck? Keiner kann das so wie du!"

Immer wieder kommen wir in Situationen, in denen andere von uns Einsatz, einen Gefallen oder auch Verzicht verlangen oder vehement erbitten.

Jedoch ist es unumgänglich, selber Grenzen zu setzen, bis dorthin, wohin Sie tatsächlich bereit oder auch befähigt sind, anderen entgegenzukommen. Setzen Sie keine Grenzen, kann es passieren, dass andere Ihnen gegenüber grenzenlos werden, ohne dass es diesen bewusst sein muss. Solange Sie keinen Widerstand leisten, wird wohl angenommen, dass es für Sie in Ordnung ist. Beispiele, die das Setzen von Grenzen zum Thema machen, durchziehen den Alltag. Es beginnt bereits im Kino beim Kampf um die Armlehne.

Wenn Sie mit offenen Augen und Ohren durch den Alltag gehen, werden Sie viele Situationen finden, in denen Sie gefordert sind, im Großen wie im Kleinen Ihre Grenzen aufzuzeigen und Ihren Standpunkt zu behaupten.

Der Umgang mit Konflikten

Bei der Fähigkeit, Konflikte auszutragen, sind wir bei einem der wesentlichsten und auch schwierigsten Bereiche der sozialen Kompetenz angelangt, die wahrscheinlich bei jedem und immer verbesserungswürdig bleibt. Wenn wir uns im Alltag so umsehen und umhören, werden wir feststellen, dass Konflikte sehr häufig nicht mustergültig abgewickelt oder Konfrontationen überhaupt gemieden werden. Es wird geschrien und beschimpft, gedroht oder einfach geschwiegen. Wie das Beispiel vom Supermarkt gezeigt hat, bevorzugen Menschen neben direkten Beschimpfungen besonders häufig die Methode des Gesprächs über „Dritte". Es wird über jemanden, mit dem man ein Problem hat, gesprochen, statt mit der betroffenen Person selbst. Das kann leider so weit gehen, dass die betroffene Person zwar irgendwie zu bemerken glaubt, dass etwas nicht passt, da sich andere distanzieren oder ihr Verhalten auf sonst irgendeine subtile Weise verändern, sich aber nicht sicher ist, ob sie sich das nicht vielleicht doch nur einbildet. Alle anderen wissen Bescheid über die Kritik an der betroffenen Person, nur sie selber nicht. Das Reden über andere am Arbeitsplatz, am Stammtisch, in der Kaffeerunde etc. in deren Abwesenheit scheint ein beliebtes Mittel zu sein, sich mit anderen verbunden und somit „beschützt" zu fühlen, um nicht selber plötzlich im Mittelpunkt der Kritik zu stehen. „Immer muss ich seine Arbeit übernehmen! Ich weiß nicht, ob er nicht kann oder nicht will! Nein, gesagt habe ich zu ihm nichts, was soll sich da sagen? Das muss er doch eh wissen, was er zu tun hat! Bin ich sein Chef? Nein, bin ich nicht. Und dann erzählt er mir immer Dinge, die mich überhaupt nicht interessieren. Ich tue halt so, als würde ich ihm zuhören! Nein, so fad, so ein Blödsinn! Und er redet weiter und weiter. Das muss er doch merken, dass ich das nicht mehr hören kann. Wenn er nur ein bisschen nachdenken würde wie ein normaler Mensch ...! Weißt du, was er da von sich gegeben hat? ... Gut, ich erzähle es euch!" Ich brauche wohl nicht weiter zu erklären, wie das Unglück nun weiter seinen Lauf nehmen könnte. Jedenfalls sind sich bald viele einig, wer im Team „der Böse", „die Faule", „der Komische" oder was auch immer ist. Vielleicht gibt es noch jemanden, der Mitgefühl für den Kollegen aufbringt. Die Frage, ob es derjenige riskiert, sich gegen die Gruppe zu stellen, bleibt allerdings offen. Möglicherweise wird dieser Grundkonflikt, den in diesem Fall ein Kollege mit einem anderen hat, niemals ausgesprochen oder angesprochen, weshalb es auch zu keiner Lösung kommen kann! Wie rasch sich aus einem an sich vielleicht nicht einmal so dramatischen Konflikt „Mobbing" entwickeln kann, ist nun wohl leicht vorstellbar.

Viele Menschen bezeichnen sich selbst als prinzipiell konfliktscheu, weil sie, ihrer Meinung nach, ein übergroßes Bedürfnis nach Harmonie haben. Welche Abwehr- und Coping-Strategien werden wohl nötig sein, um aus diesem überhaupt nicht harmonischen Gefühl eines ungelösten Konflikts ein Harmonieempfinden zu erzeugen? Jedenfalls sind wir in diesem Fall dazu gezwungen, die Sache als „nicht so schlimm" zu verzerren, als „gar nicht vorhanden" zu verleugnen oder für sich „gute, vernünftige Gründe" zu finden, lieber nichts anzusprechen.

Die Fähigkeit, seine Anliegen angemessen vorbringen und auch Konflikte austragen zu können, stellt natürlich keine Garantie dafür dar, dass alle zwischenmenschlichen Probleme immer für alle zufriedenstellend gelöst werden können. Würde der Kollege aus dem Beispiel vorhin entsprechend auf sein Verhalten am Arbeitsplatz hingewiesen werden, so bedeutet dies nicht automatisch, dass dieser einsichtig ist und darauf auf erwünschte Art und Weise reagiert – dies wäre wohl der Idealfall. Dennoch ist die Wahrscheinlichkeit, das Problem produktiv zu lösen, nur auf sozial kompetente Weise gegeben. Setzt sich der Leidtragende mit seinem Kollegen auseinander und bleibt erfolglos, so könnte beispielsweise die Führungsebene dazu herangezogen werden, für entsprechende Unterstützung zu sorgen oder nach anderen Möglichkeiten zu suchen.

Sie sehen, wie anspruchsvoll dieser Bereich der sozialen Kompetenzen ist und dass man dabei immer etwas besser machen können wird.

Hier ein Beispiel für einen typischen Ehestreit, die Ausgangssituation: Die Jacke des Mannes liegt am Boden, die Küche ist unaufgeräumt. Die Frau kommt müde von der Arbeit heim, der Mann ruht sich bereits aus.

Frau: „Das darf doch nicht wahr sein! Das brauche ich jetzt noch! Ich komme nach Hause und was sehe ich? Schlamperei!"

Mann: „Eigentlich könntest du auch mal ‚hallo' sagen!?"

Frau: „Ja, hallo! Sag, bist du so blind oder einfach rücksichtslos?"

Mann: „Wieso? Sag, hast du deine Tage oder was ist los, dass du so völlig übergeschnappt bist?"

Frau: „Du bist wirklich das Letzte! Du wirfst deine

Jacke einfach auf den Boden, versaust die Küche und dann hängst du einfach rum und wartest, dass ich alles wieder in Ordnung bringe!"

Mann: „Nun mach aber mal einen Punkt! Du mit deinem Putzfimmel …"

Frau: „Was heißt da Putzfimmel?! Findest du das normal, was du da machst? Das war doch immer schon so, als wir damals in Italien …"

Mann: „Du bist wie deine Mutter, einfach furchtbar!"

Frau: „Lass bloß meine Mutter in Ruhe!"

Mann: „Aha, deine Mutter soll ich in Ruhe lassen! Sie lässt uns ja keine Ruhe! Ständig muss sie in unserem Leben rumschnüffeln!"

Frau: „So, jetzt reicht es mir aber!" – Die Türe wird zugeknallt.

Solche Dialoge sind keine Seltenheit, oder? Warum entstehen Streitigkeiten wie diese? Auf ersten Blick handelt es sich bloß um sogenannte Kleinigkeiten, wegen denen man doch nicht streiten müsste. So etwas! Wegen einer Jacke, die auf den Boden gerutscht ist, und einer noch nicht aufgeräumten Küche! Aus Erfahrung wissen wir aber, dass es diese Kleinigkeiten oft ganz schön in sich haben und lediglich ein Auslöser für das Aufblitzen größerer, chronisch ungelöster Konflikte sind.

Nehmen wir doch diesen Dialog nochmals unter die Lupe und versuchen zu verstehen, was hier eigentlich abläuft und warum auf diese Kleinigkeiten so heftig reagiert wird bzw. auch, wie es besser ablaufen könnte: Die Frau kommt gestresst und müde von der Arbeit nach Hause und sehnt sich nach Ruhe, da sie schon sehr überreizt ist von den Geschehnissen des Tages. Sie betritt die Wohnung und sieht Arbeit und noch dazu ihren Mann, der sich diese Ruhe einfach nimmt, statt ihr, die sie ja später kommt, diese auch rasch zu ermöglichen. Möglicherweise fühlt sie sich nicht verstanden und unterstellt dem Mann, dass er keine Ahnung von ihrem kräftemäßigen Zustand nach so einem Tag hat. Vielleicht möchte sie ihm wortgewaltig mitteilen, dass ungerechterweise und noch dazu ausgerechnet sie all diese Zusatzarbeiten daheim so selbstverständlich zu erledigen hat. Möglicherweise ist es so, dass sich in diesem Fall ein Ungleichgewicht eingestellt hat, da der Mann die Notwendigkeit einer aufgeräumten Küche als Voraussetzung für Entspannung nicht so sieht und auch selbst nicht braucht. Hier können unterschiedliche Auffassungen und Wertvorstellungen darüber aufeinanderprallen, wie etwas zu sein hat, damit man sich entspannen darf. Wobei jeder seine Auffassung als die einzig normale ansieht, die der andere gefälligst übernehmen sollte. Möglicherweise erkennen wir hier also Grundkonflikte, die bei gewissen Anlässen eben zum Tragen kommen: zwei unterschiedliche Wertsysteme, die Frau fühlt sich zu wenig unterstützt, was der Mann nicht so sieht, vermischt mit einer Problematik, die möglicherweise in der Interaktion des Paars mit der Mutter der Frau zu suchen ist, da der Streit in diese Richtung abzugleiten droht.

Nur allzu oft werden im Falle von Konflikten keine oder nur unzureichende Lösungen gefunden, weil nicht über den aktuellen Anlass gesprochen wird, sondern das Gespräch abdriftet, vom Hundertsten ins Tausendste.

Aber was nun? Gibt es Regeln, die helfen können, einen Konflikt produktiv statt destruktiv zu führen?

Ja, es gibt eine Handvoll Regeln, die es zu berücksichtigen gibt, also gar nicht einmal so viele. Zugegeben, es fällt oft nicht leicht, konstruktiv zu bleiben, wenn man bereits in Rage ist und im Moment gar nicht darauf aus ist, den Konflikt zu lösen, sondern nur einmal seinem Unmut Luft machen will. Nun gut, wenn es in akzeptablem Rahmen (ohne Gewalt, erniedrigende Beschimpfungen, unter der Voraussetzung, dass die Einrichtung oder anderes unversehrt bleibt und vor allem Kinder aus dem Spiel gelassen werden und sie gegebenenfalls auch erleben, dass sich die Eltern nach der Lösung des Problems auch wieder versöhnen) kracht, dann kann und darf es auch mal krachen. Eine andere Alternative besteht darin, dass beide den Streit unterbrechen, eventuell auch kurz den Raum verlassen, um nach einer gewissen Beruhigung das Gespräch fortzusetzen – sozusagen als „Wiederanlauf". Das konstruktive Gespräch, das die Lösung des aktuellen Problems zum Ziel hat, ist durch nichts zu ersetzen. Stundenlanges bis tage- oder sogar wochenlanges Schweigen, bis Gras über die Sache gewachsen ist, bringt ebenso wenig wie das ständige Aufschaukeln des Konflikts.

Hier nun ein paar Regeln, die erfahrungsgemäß Konfliktaustragungen erleichtern können:

Ort und Zeitpunkt sollen passen. Es lassen sich wohl kaum im Supermarkt, bei der Parkplatzsuche, auf der Skipiste oder sonstwo Probleme wie das oben skizzierte entsprechend lösen. Auch sollte man darauf achten, dass der Partner oder die Partnerin im Moment tatsächlich „fit" genug und somit aufnahmebereit für ein Gespräch ist. Fallen Sie also nicht mit der Tür ins Haus. Bei kleineren Konflikten oder Problemen, die ganz akut einer Lösung bedürfen, ist das Warten auf eine ideale Gesprächssituation natürlich nicht in dem Ausmaß erforderlich.

Formulieren Sie konkret und möglichst sachlich das Problem, um das es Ihnen geht.

Vermeiden Sie Du-Botschaften, im Sinne von Fluten von Vorwürfen und Beschimpfungen („Du bist wirklich das Letzte ..."). Oder glauben Sie, dass ein Gesprächspartner, der sich angegriffen oder sogar in die Ecke gedrängt fühlt, auf Wünsche eingehen wird? Vielleicht höchstens aus Angst, weil ein Abhängigkeitsverhältnis besteht (z.B. im Job) oder weil der andere über ein schlechtes Selbstwertgefühl verfügt und nicht wagt, Position zu beziehen und sich dagegenzustellen. Außerdem beinhalten Du-Botschaften wie „Du bist unfähig …“ die Zuschreibung eines Merkmals, das wie ein Stigma unveränderbar bleibt: „Du bist einer, der so und so ist, immer schon war und so bleiben wird!“ Dies bedeutet natürlich nicht, dass in der gesamten Konversation kein „Du“ mehr vorkommen darf. Du-Botschaften beziehen sich lediglich auf die zerstörerische Zuschreibung von Merkmalen.

Verwenden Sie stattdessen Ich-Botschaften, bei denen Sie zum Ausdruck bringen, was Sie persönlich fühlen („Ich bin wirklich entsetzt, sauer, wütend, enttäuscht, … dass die Küche in so einem Zustand ist! Ich bin müde und will jetzt nicht schon wieder arbeiten!“). Kritik ist prinzipiell immer unangenehm, also sollte sie möglichst produktiv statt zerstörerisch geäußert werden. Kritik für sich hat in der Regel „Wucht“ genug in sich, sofern sie klar und unmissverständlich direkt ausgedrückt wird. Kritisieren Sie das Verhalten des anderen! Die Aussage „Ich bin wirklich wütend auf dich!“ zeigt im Gegensatz zu der Vergabe von fixen unerwünschten Eigenschaften – wie z.B. „Du bist ein elender Chaot“ – an, dass die Person lediglich im Moment bei seinem Gesprächspartner Ärger auslöst, was er durch anderes Verhalten auch wieder verändern kann. Gefühle kommen und gehen, fixe Merkmale bleiben. Somit lautet die Merkmalsbotschaft: „Du bist ein elender Chaot und wirst immer einer bleiben!“

Bleiben Sie in einer Streitsituation im Hier und Jetzt und driften Sie nicht in andere Konfliktbereiche oder in die Vergangenheit ab, in der auch schon „immer alles so war“. Der momentane Konflikt wird dadurch unüberschaubar und vom Inhalt her schwammig, da man schließlich gar nicht mehr weiß, worum es tatsächlich geht, und nur mehr Kränkung spürt. Machen Sie Lösungsvorschläge bzw. äußern Sie Wünsche, anstatt Befehle zu erteilen. In diesem Fall darf das „Du" hinein: „Ich wünsche mir, dass Du Folgendes veränderst ..."

Da Sie ein Problem miteinander oder einer gemeinsamen Sache haben, geht es darum, genau diese zu lösen, statt den anderen zu demütigen oder sich selbst zu verstecken. Versuchen Sie, das Problem möglichst konkret (!) zu benennen, sodass beide Streitpartner wissen, wovon sie reden. So können gemeinsam Vorschläge vorgebracht und entwickelt werden, um eine Lösung überhaupt erst möglich zu machen. Konflikte können nur schwer gelöst werden, wenn Wünsche beispielsweise folgendermaßen formuliert werden: „Ich möchte, dass du so bist wie immer, normal halt – so wie früher. Dann würde alles passen!" Wenn dieser Satz an Sie gerichtet wäre, hätten Sie eine Ahnung, was der andere damit meint und was er von Ihnen möchte?

Übrigens: Sich nach einer Streitigkeit, in der so manch Gesagtes eigentlich nicht gesagt hätte werden sollen, zu entschuldigen, tut nicht weh, sofern es sich nicht um „Unterwerfung" handelt. Ansonsten gehört das Aussprechen von angebrachten Entschuldigungen ebenfalls zum hilfreichen Konglomerat sozialer Kompetenzen. Als ein Zeichen persönlicher Stärke fördert es die Konfliktlösung, indem verhärtete Fronten aufgeweicht werden können.

Nun gut, wie könnte der vorher beschriebene Konflikt des Paars nun verlaufen, wenn wir die eben angeführten Regeln beherzigen? Wir picken uns aus den verschiedensten Möglichkeiten eine heraus und beginnen damit, dass die Frau zwar ebenfalls müde und genervt von der Arbeit heimkommt, aber ihren Mann nicht sofort mit Vorwürfen bombardiert, sondern zuerst einmal selbst „zu

Hause ankommt", sich also etwas Zeit lässt und alles tut, was sie sonst auch tut, weshalb ihre Anspannung bereits etwas nachlässt. Nach einigen Minuten setzt sie sich zu ihrem Mann, der sich genüsslich am Wohnzimmersofa rekelt. Die beiden begrüßen einander kurz.

Frau: „Hallo, wie geht es dir, bist du heute sehr müde?"

Mann: „Ja!"

Die beiden plaudern kurz.

Frau: „Darf ich kurz etwas mit dir besprechen?"

Mann: „Ja, was ist los?"

Frau: „Ich bin heute auch hundemüde und ziemlich frustriert vom Job! Und jetzt, wo ich zu Hause bin, kommt noch Ärger dazu!"

Mann: „Warum?"

Frau: „Ich bin sehr ärgerlich und sauer, weil du die Küche nicht ein bisschen aufräumst, wenn du dir etwas richtest. Dann sehe ich noch deine Jacke hier am Boden liegen. Ich kann es nicht verstehen und bin sehr verärgert, wenn ich dich hier liegen sehe! Ich fühle mich dadurch wirklich ausgenutzt und von dir zu wenig unterstützt! Ich komme später heim als du und soll dann alles alleine machen?!"

Mann: „Okay, okay, ich habe mich halt gleich hingelegt, aber das heißt ja nicht, dass ich das nicht später richte! Mir liegt es fern, dich auszunutzen. Außerdem finde ich gar nicht, dass die Küche so schlimm aussieht! Mich ärgert es, dass du in letzter Zeit öfters heimkommst und losschimpfst, da mag ich dann schon gar nicht wegräumen! Irgendwie geht es mir da wie mit deiner Mutter, die sich oft genauso verhält!

Frau: „Ich fühle mich absolut in die Ecke gedrängt und hilflos, wenn ich mit meiner Mutter verglichen werde! Außerdem ist dies ein völlig anderes Problem, das wir jetzt nicht lösen können. Es ist ein eigenes Kapitel! Bleiben wir einmal dabei und versuchen einmal die Sache mit dem Wegräumen zu lösen. Beide ärgern wir uns öfters am Abend über einander, anstatt die Zeit zu genießen. Das muss doch irgendwie besser hinzukriegen sein!"

Mann: „Das denke ich auch, also gut: Ich bemühe mich, meine Kleidung oder andere Gegenstände von mir nicht herumliegen zu lassen. Was die Küche anbelangt, so glaube ich nicht, dass sie der einzige Grund ist, dass du sauer bist. Fühlst du dich vielleicht mit dem Haushalt generell überfordert?"

Frau: „Manchmal schon! Aber das ist nicht der Punkt!"

Mann: „Vielleicht finden wir jemanden, der dich unterstützt? So viel kann ich ja tatsächlich nicht beitragen, wie du vielleicht vermutest ..."

Frau: „So viel verlange ich gar nicht von dir! Ich möchte lediglich, dass du deine Sachen wieder wegräumst. Verlange ich da wirklich zu viel von dir?"

Mann: „Nein, eh nicht! Aber du musst ja auch nicht gleich alles selber machen. Ich erledige es schon, nur halt später!"

Frau: „Vielleicht schaffst du es aber doch früher als sonst?"

Mann lacht: „In Ordnung!"

Wie gefällt Ihnen diese Version? Vielleicht würden Sie es persönlich etwas anders aufziehen? Nur zu! Das Gespräch hätte inhaltlich natürlich auch in eine ganz andere Richtung führen können. Wichtig ist lediglich, dass man die angeführten Regeln beherzigt. Die „Dus", die Sie in diesem Dialog aufspüren konnten, sind insofern legitim, weil der Gesprächspartner prinzipiell über die Freiheit verfügt, das vom Partner gewünschte Verhalten zu verändern oder auch nicht. Es handelt sich um Verhaltensvorschläge im Gegensatz zu Zwang und Merkmalszuschreibungen. Wie bereits erwähnt, gibt es keine Garantie dafür, dass Gesprächspartner tatsächlich immer produktiv reagieren – trotz aller Mühe. Dennoch wird auf diese Weise die Wahrscheinlichkeit einer entsprechenden Konfliktlösung drastisch erhöht. Wie gesagt, Konflikte gehen unweigerlich mit Kritik einher und wer lässt sich schon gerne kritisieren?! Wenn man schon Kritik übt, so sollte diese wenigstens zu etwas führen können.

Was verläuft nun günstiger bei diesem Gespräch? Die Frau lässt sich und ihrem Mann Zeit, checkt ab, ob es der Moment erlaubt, ein Gespräch zu beginnen. Sie beschreibt das Problem kurz und formuliert Ich-Botschaften, indem sie ihre Gefühle des Ärgers klar ausspricht sowie auch Wünsche konkret äußert. Ein Ausweiten des Problems auf die Mutter unterbindet sie und bleibt bei der klar umrissenen Situation. Der Mann geht auf die Frau ein und unterbreitet Vorschläge. Beide versuchen nun das Problem häufiger Ärgernisse am Abend gemeinsam zu lösen. Es kommt zu keinen Beschimpfungen, weshalb die Situation auch nicht eskaliert.

Das entsprechende Austragen von Konflikten braucht neben gutem Willen und Wissen über Kommunikationsregeln und bzw. oder dem richten Gespür noch weitere Voraussetzungen: die Fähigkeit, Kritik zu ertragen, sowie den Zugang zur eigenen Gefühlswelt.

Warum ist es so wichtig, unseren Gefühlen Namen zu geben?

Die Voraussetzung dafür, Konflikte lösen zu können, besteht schon einmal darin, dass wir unsere eigenen Wünsche und Ziele kennen, dass wir also konkret wissen, was wir wollen und was nicht. Werden unsere Wünsche im Extremfall übergangen und die Erreichung unserer Ziele verhindert, so werden in uns Gefühle wach, die uns auf diesen unbefriedigenden Zustand hinweisen. Erst wenn wir bewusst spüren, was uns nicht passt und was das in uns in Folge auslöst und wir diese Empfindungen auch benennen können, wird es optimal möglich sein, Wünsche und auch Kritik so zu äußern, dass sie konkret sind und auf den Punkt gebracht werden können. Auf diese Weise können wir auch die Wahrscheinlichkeit erhöhen, dass wir von unserem Gesprächspartner möglichst gut verstanden werden, dass er also eine Ahnung davon bekommt, was in uns vorgeht.

Wenn wir an diesem Punkt auf die Abwehr- und Coping-Mechanismen im vorangegangenen Kapitel zurückblicken, können wir gerade an dieser Stelle die erste Schwierigkeit entdecken: Wenn wir unsere Gefühle ausblenden, verzerren, also beispielsweise verleugnen oder ihnen mit „vernünftigen Gründen" die Würze nehmen, wird es uns schwer fallen, über das zu sprechen, worum es uns eigentlich geht. Wir spüren nur, dass uns etwas nicht passt, können es aber weder benennen noch orten, so wie wir es bei der Abwehr- und Coping-Strategie „Verdrängung" gesehen haben. Erinnern wir uns auch an die Entwicklungsaufgaben der frühen Kindheit und die Notwendigkeit möglichst früher guter sprachlicher Entwicklung. Wenn wir als Kind Gefühle haben „durften" und wir auch gelernt haben, diese Empfindungen mit einem Namen zu versehen, vielleicht sogar dazu ermuntert wurden, erfreuen wir uns eines gewaltigen Schatzes. Der Wortschatz für den Bereich der Gefühle ermöglicht uns einen besseren und effektiveren Umgang damit. Leider werden Gefühle nur allzu oft schon im Kindesalter in „gute" und „schlechte" geteilt, was wiederum häufig so verstanden wird, dass man „schlechte" Gefühle nicht haben darf. Man darf nicht böse, zornig, eifersüchtig, neidig sein und man braucht auch nicht traurig zu sein. Wie sollen wir auf diese Weise mit unseren Kränkungen und all den anderen Gefühlen, die oft eine Folge dessen sind, umgehen? Einen kleinen Hinweis darauf, wie ausgeprägt unser Wortschatz im Bereich der Gefühle tatsächlich ist, können wir bekommen, wenn wir uns spontan fragen: Welche „positiven" Gefühle und welche „negativen" Gefühle können wir spontan aufzählen? Nehmen Sie ein Blatt Papier und versuchen Sie es einmal!

Es erweist sich übrigens keineswegs als sinnvoll, Gefühle vorweg in „gute" und in „schlechte" zu teilen, da dadurch ungünstige Abwehrmechanismen gefördert werden. Menschen, die sich ihre Gefühle nicht zugestehen wollen, ja die regelrechte Angst davor entwickeln, nehmen einen Löwenanteil an Klienten in meiner psychotherapeutischen Praxis ein. Dies kann so weit gehen, dass Betroffene Angst davor entwickeln, Verbotenes zu denken oder zu fühlen. Die Folge daraus besteht schließlich darin, dass sich genau diese Gedanken und Gefühle aufdrängen. Versuchen Sie einmal, fünf Minuten nicht (!), nämlich in keinem Moment, an einen rosaroten Elefanten zu denken! Im Anschluss führen Sie das Gegenteil durch: Sie müssen (!) nun fünf Minuten nur an einen rosaroten Elefanten denken. Was passiert? Sobald Sie nicht daran denken dürfen, wird sich die verbotene Vorstellung automatisch einstellen, sobald Sie sich aber auferlegen, nur daran zu denken, wird Ihre Psyche versuchen, dieser Vorstellung auszuweichen.

Tatsache ist demnach, dass unsere Gedanken und auch Gefühle frei sind und es auch sein dürfen. Es ist wohl günstiger und vor allem realistischer, Gefühle in angenehme und unangenehme zu unterteilen. Gefühle gehören zu uns und lassen sich nicht „amputieren", höchstens kurzfristig unterdrücken, wenn es sein muss (auch mit Alkohol, Drogen oder Medikamenten). Gefühle sind die Organe unserer Seele und zeigen uns, was wir brauchen und was nicht. Unangenehme Gefühle sollen uns vor Schädigung schützen. Ohne Angst etwa würden wir sicher gerne mal das „Fliegen“ aus dem fünften Stock versuchen, würden probieren, ob das Krokodil sich nicht doch streicheln lässt. Ohne Angst würden wir, wie wir weiter vorne bereits gesehen haben, uns nicht entwickeln können. Ohne Trauer würden wir keine Bindung entwickeln können, denn wir trauern nur um etwas oder jemanden, der uns etwas bedeutet. Trauer verhilft uns auch dazu, mit Verlusten umzugehen. Wir suchen uns Gefühle nicht aus, wir haben sie einfach und ja: Wir haben ein Recht darauf! Gefühle sind kein Verdienst und nichts, wofür wir uns schämen müssen. Stellen Sie sich vor, welche Folgen wir zu tragen hätten, wenn wir kein Ekelgefühl verspüren könnten? Wenn uns so vor gar nichts grausen würde?

Was spricht dagegen, Zorn, Hass, Neid, Eifersucht, Traurigkeit und vieles mehr als Gefühl zuzulassen? Es gibt dagegen kein stichhaltiges Argument, da nur eines von Bedeutung ist: nämlich wie wir mit unseren Gefühlen umgehen und sie ausleben! Nicht der Zorn an sich stellt das Problem dar, sondern die Kränkung oder gar die Gewalt, die wir anderen zufügen. Wut bedeutet nicht automatisch, das Kind oder den Partner schlagen, erschießen, demütigen oder beschimpfen zu müssen. Neid bedeutet nicht, jemanden vor anderen schlecht zu machen, Verzweiflung nicht, sich umzubringen, sondern mit dem Gefühl und der Situation, die es auslöst, umzugehen, dem Problem daher möglichst wirksam entgegenzutreten. Das hört sich einfach an, ist es aber für die meisten wohl nicht. Es fällt uns Menschen nur allzu oft schwer, mit der Dynamik unserer Gefühlswelt tatsächlich klarzukommen, da wir sie nicht einsperren oder kontrollieren können. Auch wenn wir es immer wieder versuchen, wir sind keine Maschinen, die sich einfach so programmieren lassen. Wie in der zwischenmenschlichen Kommunikation können wir auch im Bereich unserer Gefühle und im Umgang damit eigentlich immer noch etwas verbessern, es gilt der bekannte Satz: „Man lernt nie aus!“

Ist unser Werkzeugkoffer unzureichend oder mit ungeeigneten Abwehr- und Coping-Strategien bestückt, sind wir laufend zu hohen Belastungen ausgesetzt. Fühlen wir uns auch noch sozial ungenügend eingebettet, so laufen wir eher Gefahr, psychisch zu erkranken. Der möglicherweise unzureichend wirksame Umgang mit Belastungen kann die Gefühlswelt zum Entgleisen bringen, wenn akzeptable Problemlösungen ausbleiben (Ängste, Depressionen, Zwänge, ...). Zur Erleichterung und rascheren Handlungsfähigkeit kann es natürlich von medizinischer Seite her angebracht sein, auf die Unterstützung von Medikamenten zurückzugreifen. Aber auch in diesem Fall übernimmt das Medikament nicht den Umlernprozess, sondern soll dabei helfen, die Verfassung des Betroffenen zu beruhigen und zu stabilisieren, damit er rascher und leichter an einer Problemlösung arbeiten kann. Es bleibt also mit oder ohne Medikament bei uns selbst, unser Problem zu lösen – wir müssen dies nicht nur, nein, wir dürfen es selber tun.

Kommen wir nun zu den „positiven“, also primär als angenehm empfundenen Gefühlen: Diese werden verständlicherweise gesucht, ja sogar oft gejagt. Wie oft haben wir auch die Empfindung, nicht ausreichend von diesen Gefühlsqualitäten zu bekommen? Hätten wir volle Wahlfreiheit, würden wir natürlich unser Leben mit angenehmen Gefühlen anreichern. Gefühle wie Freude, Behaglichkeit, Geborgenheit, Liebe, Glück, Begeisterung, Hoffnung, Erleichterung, Genugtuung und viele mehr sind ein stets willkommener Gast. Wie steht es aber um unsere Fähigkeit, solche Gefühle zuzulassen, wirklich zu fühlen, ja zu genießen? Was gibt es nicht für Methoden, ja sogar Seminare, die uns diese Fertigkeit (wieder?) näherbringen wollen, da viele sie nicht mehr fühlen können. Es ist nicht so, dass die Chance auf solche Empfindungen nicht mehr gegeben ist, aber dennoch wirkt es so, als würden diese förmlich zwischen den Fingern hindurch fließen. Betroffene wissen zwar vielleicht sogar um das Positive, das ihnen in diesem Augenblick widerfährt oder geboten wird, können es aber nicht für sich verwerten. Wir sind in unserem westlichen Leben dazu aufgerufen, in besonderem Ausmaß in der Zukunft zu leben. Wir planen die Woche, den Monat, den Urlaub für den Sommer und wir sorgen für die Pension vor. Alles das hat seine Berechtigung, mehr noch, es stellt eine Notwendigkeit dar – zumindest bis zu einem gewissen Grad. Ich meine hier damit keineswegs, dass der richtige Weg nun darin besteht, in den Tag hineinzuleben, völlig ohne Struktur. Im Gegenteil: Depressive, die keinen Antrieb für verschiedene Aktivitäten und Alltagsarbeiten aufbringen können und stattdessen im Extremfall im Bett liegen bleiben, brauchen dringend einen klaren Tagesablauf! Ich meine aber, dass wir vor lauter Planen und Suchen nach dem „wahren Glück" häufig aus der Übung kommen, die Gegenwart wahrzunehmen und die Zeit auch einmal stillstehen zu lassen. Achtsamkeit wieder in das eigene Leben einzuführen, sie wieder zu entdecken und somit auch die Fähigkeit zum Genuss ist für viele von uns ein ernst zu nehmendes Ziel. Das Glück besteht in der Fähigkeit, die Gegenwart mit ihren vielleicht einfachen, banalen Gegebenheiten aufzunehmen und zu spüren, und unterscheidet sich von der Art Glück, die mit Erfolgserlebnissen in Verbindung steht. Immer wieder habe ich im Laufe von Therapien erleben dürfen, dass Menschen, die aus ihrer Depression wieder erwacht sind, eindrucksvoll von „neuen" sinnlichen Empfindungen berichten. „Ich rieche die Blumen so bewusst", „Mir schmeckt das Essen so gut wie schon lange nicht mehr", „Ich habe Freude daran, mich mit Bekannten zu treffen, es macht richtig Spaß!", „Ich höre heuer erstmalig die wunderbare Adventmusik im Radio. Mir ist es ein Rätsel, wie es sein kann, dass ich sie in den Jahren davor nicht wahrnehmen konnte!" Diese Lustlosigkeit, die einen wesentlichen Bestandteil an Depressionen hat, zeigt, wie leicht der ohnehin schon fast leere Energietank immer weiter geleert wird, weil alles das, was Genuss bedeuten würde, nicht als solcher empfunden werden kann. Sind wir nicht imstande zu genießen, so schöpfen wir wenig Kraft, um den Belastungen standhalten zu können.

Angenehme Gefühle sind Balsam für unsere Seele, sie sind dazu da, sichere Energiespender zu sein, sofern wir sie aufnehmen und somit nutzen können. Planen wir ruhig unseren Tag und unser Leben, es wird dadurch überschaubarer. Pläne können und sollen uns sicherer machen. Nur sollten wir dabei nicht vergessen, auch die Gegenwart, das Hier und Jetzt, aufzunehmen. Es ist die Zeit, in der wir tatsächlich etwas bewirken können, denn die Vergangenheit ist vorbei, die Zukunft steht vor uns. Wir können nur jetzt leben!

Kritikfähigkeit

Kommen wir nun zur Fähigkeit, Kritik ertragen zu können. Sie kennen doch sicher Aussagen wie: „Austeilen kann er, einstecken allerdings nicht!" oder auch „So empfindlich muss er nun auch nicht sein. Alles nimmt er sich zu Herzen. Nichts darf man sagen!" Tatsächlich kann es zu solchen Missverhältnissen kommen und das gar nicht so selten. Wie gesagt, niemand wird gerne kritisiert, auch wenn wir noch so dankbar für produktive Kritik sind!

Besser gefällt es uns schon, wenn wir ehrlichen Herzens Anerkennung ernten – so viel ist sicher. Nun klappt es im Leben leider nicht immer mit der hundertprozentigen Zustimmung, egal, wo wir uns niederlassen. Aber was macht es gar so unerträglich, diese Realität wirklich anzuerkennen? Warum fällt es manchen schwerer als anderen, mit Kritik, auch wenn sie produktiv vermittelt wird, umzugehen?

Fragen wir uns doch mal, was denn bei Kritik in uns passiert. Beobachten Sie einmal andere oder auch sich selbst während einer Situation, in der eine Form von Kritik ausgesprochen wird, und achten Sie dabei auf die Körpersprache: Der „direkte Kritiker" richtet seinen Körper auf, blickt dem anderen tief in die Augen und spricht klar und betont. Wie reagiert nun der Kritisierte? Er richtet sich ebenfalls auf, begegnet dem Blick, seine Atmung verflacht sich, er wirkt in einer Form verunsichert oder auch aggressiv; er fühlt sich angegriffen. Gehen wir gedanklich nun hinaus in die Natur und rufen uns ins Gedächtnis, auf welche Weise „Kritik" in der Tierwelt vermittelt wird. Das Äußern von Kritik ist der Zündstoff und somit möglicher Auslöser eines Konflikts. Tiere sträuben ihr Fell oder richten sich auf, um vor dem Gegner größer zu erscheinen, der direkte Blickkontakt gilt als weitverbreitetes Zeichen für Aggression. Es handelt sich also um Angriff, um Bedrohung, weshalb der Gegner, der Angegriffene sich für Flucht oder Gegenangriff entscheidet – je nach Kräfteverhältnis. Nun gut, in solchen Fällen geht es um Sein oder Nichtsein, darum, wer der Chef ist und wer nicht, wer bleiben darf und wer sich gefälligst ein anderes Revier suchen soll – es geht um Leben oder Tod. In unserem Alltag befinden wir uns heute zwar glücklicherweise nicht im Kriegszustand und stehen auch nicht ständig irgendwelchen Räubern gegenüber. Dennoch ist uns dieses flaue Gefühl oder ein Gefühl der Angst vertraut. Es baut sich bei Kritik in uns auf – denn diese wird als Angriff verstanden, der uns im Inneren mehr oder weniger verletzen könnte. Dieses Gefühl sitzt tief.

Manche Naturvölker schicken sogar Stammesbewohner, die sich nicht ausreichend an die Regeln halten oder gewissen Standards nicht entsprechen (weil sie beispielsweise alt oder krank sind), in die Wüste, was den physischen Tod bedeutet. Auch Rassismus und all seine Spielarten sollten an dieser Stelle nicht unerwähnt bleiben. Wir übertragen das flaue Gefühl auf das psychische Sein oder Nichtsein, wir fürchten den psychischen Tod, indem wir uns einer Gruppe nicht zugehörig fühlen oder auch definitiv ausgegrenzt werden: „Dieses Kleid steht dir überhaupt nicht …“, „Nein, was du da für einen Blödsinn gesagt hast! Du solltest aufpassen, was du sagst“, „Na, du Brillenschlange“, „Ausländer raus!“, „Schau dir mal dieses Kind an, wie gut das schon rechnen kann! Da musst du noch viel üben, damit du auch so gute Noten bekommst!“ Der gemeinsame Nenner dieser Aussagen lautet: „Du bist anders und gehörst nicht zu uns. Wenn du zu uns gehören willst, musst du so sein, wie wir das wollen.“ Solche und ähnliche Sätze sind Ihnen vermutlich bekannt und damit wissen Sie auch, mit welcher Wucht sie verletzen können. Werden diese Erfahrungen nicht durch gegenteilige ausgeglichen, so können Kränkungen dermaßen tief sitzen, dass Menschen es nicht mehr wagen, auf andere zuzugehen, da sie an übergroßer Angst vor Kritik leiden und sich extrem zurückgewiesen fühlen. Oft vermeiden sie Kontakte zu Menschen derart krass, dass man von einer „Soziophobie“ spricht. Diese psychische Erkrankung zeichnet sich vor allem durch die Angst aus, im Mittelpunkt der Aufmerksamkeit zu stehen und im Endeffekt Ablehnung und Ausgrenzung zu ernten. Stehen Betroffene in negativer oder auch manchmal in positiver Form im Mittelpunkt, also bei Feierlichkeiten oder Auszeichnungen, so haben sie Angst, einem realen oder auch fantasierten Erwartungsdruck nicht standzuhalten, indem sie fürchten, sich auf irgendeine Weise zu blamieren. Sie könnten zittern, erröten oder sich sonst eine Blöße geben, weshalb oft auch möglichst viele belastende Situationen, die mit anderen Menschen zu tun haben, umschifft werden.

Kritik bedeutet also Angriff auf Aussehen, Denken und Verhalten eines Menschen. Bei produktiver Kritik wird dieser Angriff zwar wohlwollend in Wertschätzung des anderen ausgeführt und auch dadurch gedämpft, dass der Person ein Ausweg aus dem Dilemma aufgezeigt wird, zum Beispiel: „Ich finde, dass dir eine andere Art von Kleid besser stehen würde, und zwar diese!" Dennoch bleibt das unangenehme Kerngefühl bis zu einem gewissen Grad erhalten. Dieser Angriff trifft immer auf unser Selbstwertgefühl, das Verhältnis, das wir zu uns selber haben, und somit auch auf unseren Werkzeugkoffer. Von ihm hängt es ab, wie wir mit diesem Angriff umgehen und wie heftig oder schwach die Gegenmaßnahmen ausfallen. Es gibt nun also Menschen, die Situationen, Kritik oder auch fehlende Zustimmung mit sich bringen könnten, vermeiden oder eben bei Kritik förmlich in sich zusammensacken, da sie sich als ganzer Mensch abgelehnt und somit infrage gestellt fühlen. Sie ziehen sich zurück und greifen sich schließlich selber an, was wiederum zu einer empfundenen ausweglosen inneren Situation führen und dadurch depressive Verstimmungen begünstigen kann („Ich bin nichts wert! Ich komme ganz bestimmt zu unsicher rüber! Ich habe einfach nichts zu sagen!"). Diese Menschen verfügen über ein schlechtes Verhältnis sich selbst gegenüber sowie über ein schlechtes Selbstwertgefühl. Sie stehen nicht hinter sich und schützen sich daher auch nicht vor Angriffen. Produktive Kritik kann in diesem Fall ebenso wenig für sich selbst verwertet werden. Vielleicht sind Sie aber auch schon Menschen begegnet, die auf die leiseste Form von Kritik mit einem wahren „Kugelregen" an Gegenkritik und Selbstverteidigung reagieren und in ihrer Kränkung förmlich um sich schlagen – mit Worten oder auch mit stillem Widerstand. Sie rächen sich auf unterschiedlichste Art und Weise, indem sie das Handy nicht abnehmen, nicht zum vereinbarten Treffen kommen, eine Liste an Beschuldigungen anführen, sich beleidigt abwenden, andere entwerten und bewusst kränken etc. Auch hier fühlt sich der Mensch extrem angegriffen, da das Selbstwertgefühl den Betroffenen unzureichend schützt. Er hat nicht die Sicherheit in sich, dass es in Ordnung ist, wenn andere einmal nicht zustimmen. Er fühlt sich im innersten Kern erschüttert, da eine starke Abhängigkeit durch die Bewertung durch andere besteht.

In all diesen Reaktionen finden wir einen gemeinsamen Nenner, der sich oft in einer überhöhten Anforderung an die Umwelt äußert: „Man muss mir immer zustimmen und alle müssen mich immer lieben!" Werden diese beiden Komponenten nicht erfüllt, so wird das Selbstwertgefühl dermaßen erschüttert, dass der Betroffene entweder gleich resigniert oder bildlich gesprochen hektisch in seinem Werkzeugkoffer zu wühlen beginnt, bis er endlich den „passenden Bohrhammer" gefunden hat, um den anderen zu vernichten. Selbstverständlich „füttern" wir unser Selbstwertgefühl unter anderem durch die Anerkennung anderer, diese sollte aber nicht die einzige Quelle darstellen. Wenn Sie sich einen Behälter oder kleinen See vorstellen und der Wasserspiegel für das Selbstwertgefühl steht, so kann es am ehesten aufrechterhalten werden, wenn es mehrere „Zuflüsse" gibt. Bei nur einem einzigen Zufluss (zum Beispiel der Zustimmung durch andere) laufen wir Gefahr, das Selbstwertgefühl zu verlieren, wenn dieser blockiert ist. Je vielfältiger die Zuflüsse – zum Beispiel durch Beruf, Sport, Hobby, Interessen – desto stabiler und krisensicherer ist das Selbstwertgefühl. Auch ein Tisch steht sicherer, wenn er über vier und nicht nur über ein einziges Bein verfügt.

Zu akzeptieren, dass Menschen unterschiedliche Meinungen, Empfindungen und Wertvorstellungen haben dürfen und somit nicht das Gleiche für gut, schön, richtig oder erstrebenswert halten müssen, stellt einen wesentlichen Entwicklungsschritt dar, der Voraussetzung dafür ist, dass Menschen tatsächlich wie Menschen miteinander und nebeneinander friedlich existieren oder vielleicht sogar leben können – die Voraussetzung für Toleranz!

„Beurteile den anderen erst dann, wenn du zehn Tage in seinen Schuhen gegangen bist!"
(Indianisches Sprichwort)

„Empathie" – sich in andere einfühlen können

Es ist oft nicht leicht, sich tatsächlich in das Denken, Fühlen und Handeln anderer Menschen hineinzuversetzen. Zu sehr wird diese im Menschen prinzipiell vorhandene Fähigkeit von den eigenen Bewertungen und Gefühlen, ja von der eigenen Biografie und den damit verbundenen Erfahrungen überblendet. Nur allzu oft stellen Ratschläge für Hilfesuchende die eigenen Bedürfnisse in den Hintergrund: „Schauen Sie doch, dass Sie in Pension gehen können", meint einer, der für sich genau das zum erstrebten Ziel auserkoren hat. „Fahr' doch ans Meer und mach Urlaub! Das ist das Beste und Schönste, was man machen kann!" Vielleicht will der Betroffene überhaupt nicht in Pension gehen, sondern einfach nur ein Problem in der Arbeit lösen oder sich verändern und weiß eventuell nur noch nicht genau, in welche Richtung diese Veränderung gehen soll. Vielleicht ist ein Strandurlaub das Letzte, das sich derjenige wünscht. Diese Beispiele könnten wir endlos fortführen. Auch im Bewusstsein dessen, dass unser Gegenüber über andere Bedürfnisse verfügt, als dies bei uns selbst der Fall ist, fällt es oft schwer, gut gemeinte Ratschläge zurückzuhalten. Aber: Gut gemeint ist nun manchmal das Gegenteil von einem wirklich guten Rat. Tatsächlich zum Ausdruck gebrachtes positives Einfühlungsvermögen erfreut sich leider keiner wirklich großen Verbreitung, wenngleich es bereits umfassend thematisiert wird. Theorie und Praxis sind eben nach wie vor zwei unterschiedliche Paar Schuhe. Im Rahmen von Psychotherapieausbildungen muss Gesprächsführung als Methode begleitend zu entsprechender Selbsterfahrung, die uns dabei helfen soll, uns selber inklusive unserer „blinden Flecken" kennenzulernen, richtig gelernt und geübt werden. Dies bedeutet auch, dass wir uns unseres Denkens und Handelns bewusst werden sollen, um unserem Gegenüber wertfrei entgegentreten zu können. Sich einfühlen zu können bedeutet, die Gedanken, Gefühle und Ansichten des Gesprächspartners anzunehmen (nicht zu übernehmen!), ohne sie zu bewerten und durch unsere persönliche „Zensur" laufen zu lassen. Wir unternehmen schließlich den Versuch, den Blickwinkel des anderen zu übernehmen, um seine Sichtweise, sein Problem oder was auch immer möglichst gut nachvollziehen und verstehen zu können. Wenn der andere sich auf diese Weise öffnen darf und nicht sofort wieder eingeschränkt wird, kann Vertrauen entstehen und somit auch eine Gesprächsbasis, die ideal dafür ist, gemeinsam zu planen und auch Konflikte zu lösen.

An sich entwickelt sich diese Fähigkeit der Einfühlung in der frühen Kindheit. Die Neurowissenschaften sind in diesem Zusammenhang auf die Existenz von sogenannten Spiegelneuronen in unserem Gehirn gestoßen. Diese werden aufgrund von Untersuchungen als neurophysiologische Grundlage für die Fähigkeit, sich in die Lage anderer zu versetzen, vermutet. Zeigt man uns Menschen beispielsweise Bilder von kleinen körperlichen Verletzungen, so werden diese Spiegelneuronen, also entsprechende Bereiche im Gehirn, aktiv. Dieser Mechanismus wird deutlicher, wenn wir daran denken, wie sehr Gefühle durch Filme, Computerspiele oder einfache Beobachtungen ausgelöst werden können. Was hätten Kinofilme wohl für einen Sinn, wenn uns als Zuseher alles kalt lassen würde?

Der biologische Sinn, sich in andere einfühlen zu können bzw. die Perspektive eines anderen zu übernehmen, besteht unter anderem auch darin, dass wir imstande sind, durch Beobachtung zu lernen, weshalb es uns möglich ist, einen Erfahrungsschatz anzuhäufen, ohne alles selbst am eigenen Leib erleben zu müssen. Die Chance, den Blickwinkel eines anderen einzunehmen, ermöglicht stellvertretendes Lernen. Deshalb ist der Mensch imstande, von anderen zu lernen und das Gelernte weiterzuentwickeln. Tiere bleiben an ihr Verhaltensprogramm gekettet.

Dies ist eine sehr praktische Fähigkeit! Stellen Sie sich vor, ein Arzt könnte nur operieren, wenn er sich selbst erst einmal den Bauch aufgeschlitzt hätte. Auch könnte er sämtliche Krankheiten nur dann heilen, wenn er sie alle selber durchgestanden hat. Bei vielen Experimenten steht die Beobachtung an einer Sache, an Versuchstieren oder an freiwilligen Testpersonen im Vordergrund. Wissenschaftler führen in der Regel keine Tests an sich selbst durch. Was den Psychologen, Psychiater oder Psychotherapeuten anbelangt, so müsste der Bedauernswerte ebenso sämtliche psychische Störungen von der Panikattacke über Zwänge bis hin zur Schizophrenie sowie sämtliche Schicksalsschläge selber durchlitten haben, um kompetent helfen zu können. Dies erinnert an viele Karikaturen, die uns zum Schmunzeln bringen sollen, bei denen der Patient im Vergleich zu seinem Helfer als der immer noch Gesündere dargestellt wird. Eine erschreckende Vorstellung – nicht wahr? Aber ich kann Sie diesbezüglich mit reinem Gewissen beruhigen: Denn die entsprechende Ausübung von Psychotherapie setzt psychische Stabilität voraus. Nun gut, wir können also davon ausgehen, dass wir prinzipiell über die Fähigkeit zur Empathie verfügen. Wie ist nun aber die große Kluft zwischen dieser Tatsache und der so selten wirklich vorgefundenen Ausübung in der Realität zu erklären? Ist es nicht befremdend, dass Partner, Familie, Teammitglieder, Freunde und Berufsgruppen einander oft unzureichend verstehen, obwohl sie vielfach tagtäglich miteinander zu tun haben? Ein Unverständnis, das dazu führt, dass Psychotherapeuten oder Angehörige verwandter Berufsgruppen diese Rolle einnehmen müssen.

Introspektion, die Fähigkeit, über sich selbst nachzudenken, stellt eine für den Menschen spezielle Fertigkeit dar und dennoch fallen die Resultate dessen oft sehr bescheiden aus. Wie oft sind wir uns selber fremd, verstehen unsere Wünsche, unsere Gefühle oder unser eigenes Verhalten nicht? Wie oft werde ich in der Therapie mit der Frage schlechthin konfrontiert: „Bitte, warum geht es mir so schlecht? Mir fehlt doch sonst nichts! Ich komme einfach auf keinen grünen Zweig! Warum zieht mich das so runter?"

Wie soll nun der Mensch andere ausreichend verstehen, wenn er das oft nicht einmal bei sich selbst schafft?

„Ich weiß nicht, was mich da gestört hat – keine Ahnung! Ich bin ratlos, warum ich mich XY gegenüber so verhalten habe, ich weiß nur, dass mir das immer wieder passiert!"

Möglicherweise haben wir alle diese Fähigkeiten in uns, wie entfaltet oder blockiert sie sind, ist aber wiederum eine andere Frage – jene der persönlichen Lebensgeschichte und Entwicklung.

Wenn wir nun davon ausgehen, dass sich unser Gehirn so entwickelt, wie wir es benutzen – welche Schlussfolgerung ergibt sich daraus? Wenn jemand eine ausgeprägte Fähigkeit zum Mathematiker, Spitzensportler, Musiker oder anderem in sich trägt, dies aber niemals ausübt, werden diese Talente niemals zum Vorschein kommen. Somit liegt es wohl zum Großteil in unserer Verantwortung, aber auch in der Gelegenheit, alles das, was uns an Stärken in die Wiege gelegt wurde, zu entwickeln, anderes aber auszusortieren oder zu kompensieren. Dies bedeutet, dass wir uns durch Anwendung, also ständige Übung, dem Ziel des tatsächlich einfühlsamen Menschen nähern könnten. Diese an sich menschliche Stärke sollte in die gemeinnützige, positive Richtung entwickelt werden, um durch gezielten Verlust der zerstörerischen Anteile (die Fähigkeit, bodenlos zu hassen, zu foltern, zu demütigen, grenzenlos habgierig zu sein, ...) zum Homo sapiens sapiens zu werden. Die menschliche Fähigkeit, Schwache aufzufangen, Traurige zu trösten, angsterfüllten Menschen Sicherheit zu bieten, sollte also von Kindheit auf gefördert und nicht im Keim erstickt werden.

Der Trend, nur mehr auf sich zu schauen, lässt die Welt über das „Dschungelstadium", in dem nur der Stärkste, Reichste, Schnellste eine Chance hat, einfach nicht hinauswachsen. Dieses nichteinfühlende Verhalten fängt schon damit an, dass wir häufig nicht einmal beachten, ob hinter uns vielleicht auch jemand durch die Tür treten will, und wir diese ohne einen Blick nach hinten und ohne Rücksicht einfach wieder aus der Hand gleiten lassen. Fängt die Rücksichtslosigkeit nicht schon damit an, dass wir eine ohnehin bepackte Mutter ihren Buggy allein über die Stiege schleppen lassen? „Ihr Pech, dass der Lift kaputt ist, mir hat auch niemand geholfen." Ist es nicht grotesk, wie viele Jahrzehnte in einer Stadt verstreichen müssen, bis einmal daran gedacht wird, für beispielsweise gehbehinderte Menschen barrierefreier zu bauen, was sich schließlich bei anstehenden Wahlen die eine oder andere Partei auf die Fahnen heften kann? Stimmt es nicht nachdenklich, dass wir erst „Projekte" dafür brauchen, um Menschen, die nach dem Krankenhausaufenthalt pflegebedürftig sind, entsprechend aufzufangen, ihnen weiterzuhelfen und sie zu versorgen? Dass wir Seminare brauchen, um tatsächlich miteinander Probleme lösen zu können?

Wäre es nicht menschlicher und im Endeffekt für uns alle besser, wenn wir mehr aufeinander achten würden, anstatt uns nur auf die eigene Welt und unsere eigene Bedürfnisse zu fixieren oder darauf aus zu sein, unser Gegenüber oder zumindest diejenigen, die weit genug weg sind, auszubeuten? Immerhin sitzen wir alle in einem Boot – oder etwa doch nicht?!

Sicher ist es noch ein weiter Weg, bis sich der Mensch aus seinen häufigen Unzulänglichkeiten wie Egozentrismus und Opportunismus tatsächlich zum „sozialen Wesen" entwickelt hat. Vielleicht bleibt ihm aber auch gar nichts anderes übrig, da die Natur ihn mit genau diesen Fähigkeiten ausgestattet und akzeptiert hat. Kurz gesagt: Die Fähigkeit, sich einzufühlen, gehört wie all die anderen sozialen Fertigkeiten zu den wesentlichsten Utensilien des menschlichen Werkzeugkoffers, die uns als Einzelperson stärken, aber der gesamten Menschheit wahrscheinlich das Überleben in der Natur überhaupt erst ermöglichen, da der Mensch nur bei Entfaltung und positiven Nutzung dieser Talente weder sich selbst noch die Natur zerstört.

Wir sollten niemals aufhören, miteinander zu reden! Besonders wichtig ist es auch, stets ausgiebig mit unseren Kindern zu sprechen und miteinander Geschehnisse, die im Alltag ablaufen, zu beleuchten. Versuchen wir uns darin, eine Sache auch mit den Augen anderer zu betrachten – auch wenn das nicht immer leicht fällt! Die Fähigkeit, sich einzufühlen, braucht Übung. Wann sollen wir damit beginnen? Erinnern wir uns an dieser Stelle an die Bedeutung der Sprachentwicklung und daran, welche Folgen sich aus einer guten Förderung dessen ergeben. Wer sich mitteilen kann, wird eher verstanden und erlebt auf diese Weise das Einfühlungsvermögen anderer. So erwirbt das Kind bei geeigneter Förderung die Fähigkeit, auch die Perspektive anderer einzunehmen.

Zusammenfassung: Das Rezept für den persönlichen Werkzeugkoffer

Fügen Sie die folgenden Bestandteile der Reihe nach zusammen:

- liebevolle Zuwendung und eine sichere Bindung zum Kind,
- gut entwickelte, differenzierte Sprache,
- soziale Fertigkeiten (bei entsprechender Anwendung bekommen sie kostenlose „Aufsätze“ dazu: ein tragfähiges soziales Netz an Freunden und Bekannten, glückliche Beziehungen etc.),
- Problemlösungskompetenz, Gefühl der Selbstwirksamkeit und
- qualitativ hochwertige Abwehr- und Coping-Strategien, um Probleme und Belastungen gut bewältigen zu können.

Erproben Sie die angeführten Werkzeuge, bauen Sie sie vorsichtig zusammen (vergessen Sie die Aufsätze nicht!), passen Sie sie an Ihr Leben an und schlichten Sie die einzelnen Teile nacheinander in Ihrem Koffer so ein, dass sie für Sie stets griffbereit liegen. Bei sachgerechter Anwendung sind verschiedenste Problemstellungen garantiert wesentlich effektiver und dauerhafter lösbar!

Wenn wir nun mit einem entsprechend ausgestatteten Werkzeugkoffer zuversichtlich durch unser Leben schreiten, werden wir weniger Gefahr laufen, zu verleugnen, zu verdrängen oder auf sonst eine im vorigen Kapitel beschriebenen Form die eigentliche Problemstellung zu übersehen oder zu umschiffen. Wir werden eher imstande sein, unsere Potenziale, die unser Menschsein ausmachen, zu entfalten und zur Geltung zu bringen, da wir erkannt haben, dass wir vieles in unserem Leben selber steuern können und somit bestimmen, wie und in welche Richtung wir uns selber weiterentwickeln. Wir werden eher imstande sein, ein zufriedenes, glückliches Leben zu führen, sofern wir über eine förderliche innere Richtschnur verfügen. Wir haben unser Wertsystem mit all seinen Anforderungen, die wir an unsere Umwelt und an uns selbst richten, das uns sagt, was gut, schlecht, erstrebenswert oder vernachlässigbar ist. Es sind unsere Erfahrungen, die uns von Anbeginn unseres Lebens an in unserem Denken und Verhalten formen und prägen. Ob unsere Erfahrungen uns bei der Lebensbewältigung unterstützen oder aber unsere Potenziale blockieren, kann unter Umständen lange Zeit offenbleiben und sich oft erst viel später zeigen.

Geschmäcker sind bekanntlich verschieden – nicht jeder mag Steak und von denen, die es mögen, bevorzugt es auch nicht jeder „medium“. Soweit, so gut, aber wie kann es sein, dass Menschen oft über so unterschiedliche innere Richtlinien verfügen, dass sie einander gar nicht mehr verstehen, obwohl wir an sich die Fähigkeit dazu haben, uns in andere einzufühlen? Wie kann es sein, dass Gegebenheiten von einem Menschen gesucht, vom anderen aber nicht einmal wahrgenommen und wieder von jemand anders panikartig gemieden werden? Einer sucht die Anforderung im Beruf, der andere sieht darin keine erstrebenswerte Herausforderung und wieder ein anderer fürchtet bei gleicher Begabung eine mögliche Überforderung im Beruf derart, dass er eine berufliche Betätigung meidet, wo es nur geht? Leben wir nicht alle auf derselben Welt? Gerade die Erfahrungen aus der Psychotherapie zeigen, wie unterschiedlich die Welt mit all ihren Hürden und Möglichkeiten in Verbindung mit der Einschätzung eigener Fähigkeiten von den Menschen wahrgenommen werden. Wann aber entstehen diese Unterschiede? Wann ist die Geburtsstunde unserer Erfahrungen?

Die Entscheidung, welche Erfahrungen unser Gehirn speichert

11. Wann beginnen wir damit, Erfahrungen zu machen?

Der Mensch wird über seine Sinne (Sehen, Hören, Riechen, Schmecken, Tasten) und durch seine einzigartige Fähigkeit zur Sprache mit Informationen bombardiert, die er nach gewissen Gesetzmäßigkeiten aufnimmt. Wie steht es aber nun mit den Ungeborenen? Bereits im Kapitel „Inwieweit sitzt der Mensch am Steuer seiner eigenen Entwicklung?" haben wir uns mit dieser Frage auseinandergesetzt. Hier nochmals kurz zur Erinnerung: Das menschliche Leben beginnt per se mit der Verschmelzung der mütterlichen Ei- mit der väterlichen Samenzelle. Dies bedeutet, dass jeweils fünfzig Prozent des mütterlichen und fünfzig Prozent des väterlichen Erbguts den neuen Menschen bestimmen. Von Anfang an stehen Haar- und Augenfarbe und viele andere Merkmale des Kindes bereits fest. Dennoch wirkt von Anbeginn des Lebens die Umwelt auf das Ungeborene ein. Wie kann dies geschehen? Immerhin entwickelt sich der Embryo in seinem geschützten „Nestchen" mehr oder weniger abgeschottet von der Außenwelt. Eben! Mehr oder weniger abgeschottet, aber nicht völlig, da die Nabelschnur die Verbindung zur Mutter ist. Die Mutter ist der Umwelt völlig ausgeliefert und die Mutter ist die Umwelt des Ungeborenen. Vieles wurde in die Tatsache, dass Babys imstande sind, im Mutterleib bereits Geräusche und vieles andere wahrnehmen zu können, hineininterpretiert. Wie nun ein Ungeborenes fühlt und was es erlebt, können wir beim besten Willen nicht „nachfühlen" oder wissen. Tatsache ist aber, dass sich Einflüsse, die durch die Mutter selbst bedingt sind – wie die Ernährung, der Konsum von Nikotin, Alkohol und manchen Medikamenten – auf die Entwicklung des Kindes auswirken. Als Extremfall kennen wir die dramatischen Auswirkungen des Schlafmittels „Contergan", in Österreich hieß es „Softenon", das bei Einnahme im ersten Schwangerschaftsdrittel bei Ungeborenen zu verstümmelten Extremitäten, der sogenannten „Phokomelie" oder „Dysmelie" führt. Dieses Medikament kam 1957 auf den Markt und war sehr beliebt, da es in Deutschland sogar rezeptfrei und billig zu haben war. Es galt als durchschlagendes Medikament, weil es häufige Schwangerschaftsbeschwerden wie Schlafstörungen und Übelkeit ohne die nachteiligen Nebenwirkungen von üblichen, barbiturathältigen, also Sucht verursachenden Schlafmitteln aufwies. Erst 1961 wurde bekannt, das dieses Mittel, wie oben erwähnt, das Erbgut schädigt.

Die Ernährung bestimmt beispielsweise bei genetisch vorgegebener Minimal- und Maximalgröße die tatsächliche Größe und das Gewicht des Säuglings. Auch nach der Geburt beeinflusst die Ernährung des Kindes sowie des Erwachsenen die körperliche Entwicklung. Doch auch die Einflüsse auf die psychische Entwicklung beginnen mit der Entstehung des Lebens. Ohne der Welt der Gefühle und des Denkens den Zauber und das Lebendige nehmen zu wollen, muss doch festgestellt werden, dass gefühlsmäßige Regungen mit biochemischen Prozessen einhergehen. Unterschiedlichste Hormone und Substanzen werden im Blut ausgeschüttet, die wiederum zum Teil durch die Nabelschnur das Ungeborene erreichen und es dadurch in seiner biochemischen Erfahrungswelt mitformen. Deshalb sind Einflüsse wie Dauerstress oder andauernde unangenehme emotionale Empfindungen von Anfang an prägend, vor allem auch weil das Nervensystem bereits in den ersten Schwangerschaftswochen entsteht. Somit können wir daraus schließen, dass die genetische Anlage keinen starr fixierten Bauplan, sondern eine Ausgangslage darstellt, die in einem relativ flexiblen Rahmen Veränderungen zulässt. Die genetische Anlage, die selbst durch das Leben gezeichnet ist, stellt eine Basis dar, auf die Umwelteinflüsse niederprasseln. Darauf reagiert diese Basis wiederum, und zwar aufgrund ihrer Gene. Dieser Vorgang läuft ein Leben lang ab. Ein Beispiel dazu: Aus Erfahrung wissen wir, dass Babys von Anfang an unterschiedlich sind – vor allem auch darin, was sie selbst als angenehmen Erlebniszustand empfinden: Manche Babys sind sehr lärmempfindlich und ziehen sich z.B. in reizintensiven Umgebungen zurück, indem sie einschlafen oder unruhig werden und Schutz suchen. Andere wiederum brauchen viele Eindrücke von außen, damit sie sich nicht langweilen. Auf Kinder, die rasch weinen, reagieren Eltern anders als auf solche, die eher ruhig sind. Eltern, die nachts kaum ein Auge zutun, sind in anderer Verfassung als solche, die gut schlafen.

Zusammenfassend können wir festhalten, dass wir unseren Erfahrungsschatz vom definitiven Beginn unseres Lebens an aufbauen. Wie aber kann es sein, dass jemand in ein und derselben objektiven Situation unterschiedliche Dinge wahrnimmt?

12. Wie unsere Sinne entscheiden

Unsere Sinne sind einem ständigen Informationssturm ausgesetzt, weshalb unser Gehirn permanent damit beschäftigt ist, diese Flut von Eindrücken zu sortieren, also zu entrümpeln. Wäre dem nicht so, würde unsere persönliche „Hard Disk" in kurzer Zeit voll sein und wir würden tatsächlich den Wald vor lauter Bäumen nicht mehr sehen. Wir unterliegen deshalb einer biologisch sinnvoll begrenzten Aufnahmefähigkeit.

Dazu ein kleines Experiment: Versuchen Sie sich zum Beispiel eine 1-Euro-Münze vorzustellen und sie möglichst detailliert zu beschreiben. Sie können selbstverständlich auch jeden anderen komplexeren Gegenstand für dieses Experiment wählen, wie zum Beispiel die Zimmereinrichtung, das Outfit einer anwesenden Person oder ein Landschaftsstück, das Sie versuchen mit verschlossenen Augen zu beschreiben oder auch zu zeichnen.

Sie werden bald merken, dass Sie einige „wesentliche" Merkmale sofort und sicher nennen können, aber auch, dass Ihnen viele Details gar nicht bewusst sind. Welche Merkmale nun das Gehirn für wesentlich hält und welche nicht, ist Resultat eines Lernprozesses. Wenn wir uns beispielsweise an unsere erste Fahrstunde im dichten Straßenverkehr erinnern, wird viele ein gewisses Überforderungsgefühl einholen, da das Autofahren selber noch nicht automatisiert war und unzählige Eindrücke die Aufmerksamkeit auf sich gezogen haben. Ein unroutinierter Autofahrer weist umfassendere Augenbewegungen auf als jemand mit Routine, da er auf beinahe alles reagiert. Der geübte Autofahrer erkennt und selektiert somit die für die Sicherheit wesentlichsten Reize, die Augenbewegungen verlaufen ruhiger und effizienter und das Gehirn wird entsprechend seiner Aufmerksamkeits- und Gedächtnisspanne mit Informationen „gefüttert".

Wenn Sie Ihr Kurzzeitgedächtnis testen wollen, so können Sie dies mit dem folgenden kurzen Experiment tun: Bitten Sie jemanden, Ihnen in Sekundenabständen monoton Ziffern zwischen 1 bis 9 (in unterschiedlicher Reihenfolge) vorzusagen. Im Anschluss wiederholen Sie diese in der vorgesagten Reihenfolge. Beginnen Sie vorerst mit drei Ziffern und erhöhen Sie nach jeder fehlerlosen Wiederholung um eine Ziffer. Passiert ein Fehler, so ist die Wiederholung einer Reihe mit der gleichen Ziffernanzahl, aber unterschiedlichen Ziffern, vorzusagen. Sind Sie mit dem Resultat zufrieden oder sind Sie überrascht?

Das Kurzzeitgedächtnis beinhaltet jene Anzahl an Elementen, die wir für kurze Zeit gleichzeitig aufnehmen können. Im Normalfall sind dies fünf bis neun Elemente. Aus diesem Grund reduziert das Gehirn die von der Außenwelt gebotenen Reize für unsere persönliche Aufmerksamkeitsspanne.

Eine Ausnahme bildet die Gruppe der „Savants", Menschen mit sogenannten „Inselbegabungen", wie beispielsweise einer extrem ausgebildeten Merkfähigkeit. So können solche Menschen, je nach Art der Begabung, zum Beispiel nach einem einmaligem Hubschrauberflug die erstmalig gesehene Großstadt im Detail fehlerlos nachzeichnen. Allerdings handelt es sich dabei um Extrembegabungsinseln, „Savants" verfügen meist ausschließlich über diese eine Fähigkeit und sind ansonsten auf umfassende Hilfe im Alltag angewiesen.

An diesen einfachen Beispielen können wir erkennen, dass unser Bewusstsein einerseits einer Begrenzung unterliegt und nicht alles gleichzeitig aufnehmen kann. Das ist in etwa so ähnlich wie beim Schein einer Taschenlampe, auch diese kann nicht alles erfassen. Die Entscheidung, was aufgenommen wird und was wieder „weggeworfen" wird, liegt an der Bedeutsamkeit verschiedener Merkmale.

Die Aufmerksamkeit auf bestimmte Eindrücke lenkt unsere Wahrnehmung. Der Prozess gezielten Vergessens ermöglicht uns andererseits, zwischen Wesentlichem und Unwesentlichem zu unterscheiden. Wir haben also durchaus eine Art „Müllabfuhr" in uns angestellt, die permanent bei der Arbeit ist. Dass wir immer wieder in Konflikt mit dem geraten, was unsere inneren „Müllmänner" ungefragt wegwerfen, wir aber – nach Ansicht anderer oder auch uns selbst – sehr wohl aufnehmen sollten, erfahren wir, wenn wir uns mit Tricks dazu bringen müssen, möglichst viel aufzunehmen oder einem Inhalt zu folgen, der uns wenig interessiert (Vorträge, Unterricht, Gespräche etc.) oder aber zu reich an neuen Informationen ist.

Das „wandernde" Bewusstsein

Da unser bewusstes Erleben hinsichtlich der Wahrnehmung der Umwelt einer Einschränkung unterliegt, wird es aufgrund der Aufmerksamkeit auf die Dinge gelenkt, die im Moment offensichtlich von Bedeutung sind. Stellen Sie sich vor, Sie unterhalten sich in einem Kaffeehaus angeregt mit einem Bekannten. Die Stimmen der anderen Gäste, klapperndes Geschirr, Verkehrslärm und vieles mehr wird zwar prinzipiell aufgenommen, aber nicht bewusst erlebt. Ihre Aufmerksamkeit wird bei Ihrem Gesprächspartner und dem Inhalt seiner Aussagen liegen – bis plötzlich ein Glas zu Boden fällt und klirrend zerbricht. Ganz automatisch wird ihre Aufmerksamkeit dorthin gelenkt werden, wo Sie das Geräusch vermuten, um zu sehen, wem was genau passiert ist.

Sie können dieses Phänomen jederzeit beobachten, indem Sie beispielsweise Ihre Augen schließen und sich lediglich auf das Gehörte konzentrieren. Plötzlich ist das Ticken der Uhr zu vernehmen oder das Knistern des Fußbodens. Ähnliche Erfahrungen gelten für Geruchs-, Geschmack- und Tastsinn. Sie sind herzlich dazu eingeladen, selber zu experimentieren.

Wir können aufgrund dieser Tatsachen darauf schließen, dass unsere Aufmerksamkeit dorthin gelenkt wird, wo für uns Wesentliches geschieht. Das ist also wieder eine Funktion, die biologisch sinnvoll ist und unser Überleben gewährleistet.

Prinzipiell wählt die Wahrnehmung auf eine Art und Weise aus, in der Eindrücke und Informationen in den bisherigen Erfahrungsschatz eingefügt werden können. Es werden Zusammenhänge und auch Unterschiede zu bisherigen Erfahrungen gesucht und dementsprechend vernetzt. Sie kennen sicher die sogenannten „Aha-Erlebnisse", wenn eine neue Information das bisherige Wissen abrundet: „Aha, durch diesem Bezirk verläuft die Straße mit jener U-Bahn! Jetzt weiß ich, wie ich zu dem Geschäft komme!" Wenn hier von Vernetzung die Rede ist, dann ist dies auch im wahrsten Sinne des Worts gemeint, da die Neuronen im Gehirn aufgrund von neuen Informationen, die in bestehendes Wissen integriert werden können, sich tatsächlich miteinander verbinden. So wird auch verständlich, dass uns bei einem Stichwort, je nach Vernetztheit, auch damit verbundene Inhalte einfallen.

Die Wahrnehmung registriert also insbesondere Unterschiede, Gemeinsamkeiten und Regelmäßigkeiten, um die Erfahrung zu organisieren und in Beziehung zu bisher Gelerntem zu stellen. Hier, sehen Sie selbst!

---...---...---...---...---...---

---...---...---...---...---...---

---...---...---...---...---...---

---...---...---...---...---...---

---...---...---...---...---...---

Die einzelnen Zeichen werden durch unsere Wahrnehmung geordnet, weshalb wir die Linien und Punkte jeweils als Streifen sehen.

Welche Konsequenzen hat dieses Phänomen im Alltag? Wir versuchen, in einer neuen Situation möglichst klar zu unterscheiden, was davon bekannt und was unbekannt ist – und das möglichst rasch. Wir essen Dinge, die wir kennen oder die bekannte Zutaten in üblichen Mischungen enthalten. Gänzlich Neues zu erproben, was nicht zu unseren Ernährungsgewohnheiten gehört, reizt nicht alle Menschen oder der Geschmack wird rasch als zu „exotisch" abgelehnt. Würden Sie kommenden Sonntag statt Ihrer üblichen Menüs Spinnen, Insekten oder gegrillten Hund mit für Sie völlig unüblichen Gewürzen oder andere Speisen, die in Ihrer Kultur unüblich sind, bevorzugen? Ebenso verhält es sich mit unzähligen anderen Dingen, die unseren Alltag bestimmen – ganz besonders aber auch im Bereich der Sozialkontakte.

Lernen wir neue Menschen kennen, so interessieren wir uns dafür, was wir mit ihnen gemeinsam haben, wo wir sozusagen auf einer Wellenlänge miteinander sind. Merkmale, die uns voneinander unterscheiden, werden auf ihre Bedrohlichkeit oder auch Nützlichkeit hin rasch bewertet. Welchen Beruf übt der andere aus? Gibt es mit dem eigenen Berührungspunkte, über die man Gemeinsamkeiten besprechen und sich einander annähern könnte? Falls nicht: Könnte der andere, weil er ein guter Handwerker ist oder auch gerade Haus baut, in irgendeiner Weise hilfreich sein? Sind die Wohnorte für weitere Kontakte nah genug beieinander? Gibt es Kinder im gleichen Alter? Übt der Andere eine Tätigkeit aus, die uns interessiert und aufgrund der wir von ihm lernen, also unseren Erfahrungsschatz ausbauen können? Die Entscheidung, ob der andere für uns angenehm oder unangenehm, ob er uns sympathisch oder unsympathisch, willkommen oder aber unwillkommen, nützlich oder ausbeuterisch erscheint, erfolgt wie gesagt sehr rasch, was prinzipiell aus rein biologischer Sicht sehr sinnvoll ist. Steht Ihnen in der freien Wildbahn plötzlich ein Bär gegenüber, so werden Sie die Wahrnehmung dieses Lebewesens mit all seinen Attributen aufgrund Ihres Erfahrungsschatzes als „lebensbedrohlich" einstufen. Dazu veranlassen Sie einerseits das Wissen, das Sie über Bären haben, andererseits aber auch – sollte dieses Tier für Sie unbekannt sein – die Wahrnehmung der signifikanten Unterschiede, die er Ihnen gegenüber aufweist. Sie haben mit ihm etwa folgende Gemeinsamkeiten: Er lebt, ernährt sich unter anderem von Fleisch und kennt Empfindungen wie Angst vor Unbekanntem. Er unterscheidet sich von Ihnen insofern, dass er größer und schneller ist als Sie, über spitze Krallen und Zähne verfügt, keinen ethischen Bedenken Ihnen gegenüber nachhängt und für die Zubereitung seiner Speisen weder Herd noch Mikrowelle benötigt. Ihnen aber reicht die rasche Wahrnehmung der Größe, Zähne und Krallen, um das vegetative Nervensystem zu aktivieren, um sich so schnell wie möglich aus dem Staub zu machen bzw. das Angemessene zu tun – nur so bleiben Sie am Leben! Die Frage, ob gerade dieser Bär vielleicht doch nicht gefährlich ist und sich sogar streicheln lässt, ist in diesem Fall völlig unangebracht. Schublade auf, Interpretation „Bär ist gefährlich und deshalb zu meiden" hinein, Schublade zu – passt!

Doch alles hat auch seinen Haken oder zumindest seine Kehrseite. Je komplexer Fähigkeiten oder Einrichtungen sind, desto fehleranfälliger sind sie. Nehmen wir nochmals den Bereich der Sozialkontakte her: Steht ein Mensch mit gezückter, entsicherter Pistole vor uns oder nimmt eine sonstige Drohgebärde ein, so ist die „Schubladen-Variante" ebenso wie bei der Bären-Begegnung völlig legitim. Stellen Sie sich nun aber die folgende kurze Szene vor: „Ein junger Mann sieht eine alte Frau an einer verkehrsreichen Straße stehen. Er geht zu ihr hin und geleitet die bereits etwas Gehbehinderte zur anderen Straßenseite." Beurteilen Sie nun die Eigenschaften dieses jungen Mannes, indem Sie aus der folgenden Liste an Merkmale die zutreffenden markieren: Der junge Mann ist grundsätzlich ... einfühlsam, hilfsbereit, intelligent, schüchtern, zaghaft, aktiv, kreativ, launisch, nett, weise, lustig, aggressiv, impulsiv, initiativ, freundlich, aufdringlich, ...

Nun mal ehrlich: Haben Sie sich dabei ertappt, wie Sie vielleicht in Ihrem Selbstgespräch Sätze formuliert haben, wie beispielsweise „Er ist nett und intelligent, denn wer sich einfühlen kann, muss auch intelligent sein." oder „Vielleicht ist er nicht intelligent, sondern geistig behindert? Behinderte sind oft menschlicher als andere." oder „Schüchtern kann er nicht sein, wenn er auf jemanden zugeht.", „Wahrscheinlich ist er weise und wer weise ist, ist auch einfühlsam, nett und lustig, weil er über den Dingen steht." Aber: Was wissen wir wirklich über diesen jungen Mann? Wenn wir ganz ehrlich sind, ist uns seine Persönlichkeit grundsätzlich unbekannt. Wir wissen über ihn lediglich, dass er sich in genau dieser Situation einfühlsam und hilfsbereit verhalten hat und nicht mehr! Der junge Mann könnte eigentlich auch gerade auf Bewährung sein. Wir neigen aber dazu, dass wir in unserer Beurteilung über die von uns wahrgenommenen Merkmale hinausgehen und andere Eigenschaften, die wir damit in Verbindung bringen, einfach dazu erfinden. Diesem als „Halo-Effekt" (als Halo bezeichnen wir den Hof des Mondes). Die Bedeutung dessen ist so zu verstehen, dass wir dazu neigen, von einem zentral wahrgenommen Merkmal auf andere zu schließen, diese also zu ergänzen, obwohl wir sie gar nicht beobachtet haben. „Eine Frau am Steuer, oje, die fährt sicher zu langsam und kann nicht einparken. Da, ich habe Recht! Sie hätte schon noch abbiegen können, es wäre sich noch ausgegangen! Hat sie aber nicht, also ist sie langsam und redet die ganze Zeit beim Fahren – wie alle Frauen eben!" Mal ehrlich: Wie gerechtfertigt ist der Schluss aufgrund der tatsächlich vorhandenen Informationen?

Diesem beschriebenen Phänomen unterliegen wir alle und es dient an sich dazu, uns rascher zurechtzufinden. Aber, wie wir sehen, können wir auch ziemlich daneben lieben. Das kann sogar so weit gehen, dass wir das gar nicht merken, da wir uns vermehrt in unseren Annahmen anderen gegenüber bestätigt fühlen und uns selbst auch als „gute Menschenkenner" sehen. Wir sprechen in diesem Zusammenhang von der „selbsterfüllenden Prophezeiung". Da wir unsere Erfahrungen in das bestehende Erfahrungsnetz einfügen, reagieren wir aufgrund unserer Erfahrungen und somit aufgrund unserer inneren Richtschnur, unserem Wertsystem, also aufgrund unserer bisherigen Lebenserfahrung. Wir sehen das, was wir aufgrund unserer Erfahrung zu sehen glauben, und reagieren dementsprechend vorgefasst. Dies bedeutet nun, dass wir andere Menschen so behandeln, wie wir glauben, dass sie sind. Haben wir von jemandem eine gute Meinung, so werden wir negatives Verhalten – fällt es nicht zu krass aus – nicht so streng bewerten und dem erwünschten, erwarteten Verhalten größere Bedeutung zuschreiben. Im negativen Fall läuft es leider genauso: Jeder Schüler kann auf ein „Nicht Genügend" geprüft werden und jemand, der in einer Gruppe keine gute Position aufweist, kommt nur schwer wieder aus dieser Rolle hinaus. Alles, was er sagt oder tut, trifft auf weniger Akzeptanz als von jemandem, der beliebt ist und das Gleiche von sich gibt. Leider neigen wir Menschen auch dazu, negativen Merkmalen mehr Gewicht zuzuschreiben. Hinzu kommt noch, dass früher wahrgenommene Merkmale mehr beachtet werden als später bemerkte, was bedeutet, dass wir dem ersten Eindruck erliegen.

Wir alle sind diesen Gesetzmäßigkeiten der Wahrnehmung, die uns unser Leben sicherer gestalten sollen, aber auch Fallen stellen können, ausgeliefert. Sehen Sie selbst!

Wie sehr können wir unseren Sinnen trauen?

Das Kanizsa-Dreieck: Unsere Augen sehen im folgenden Bild ...

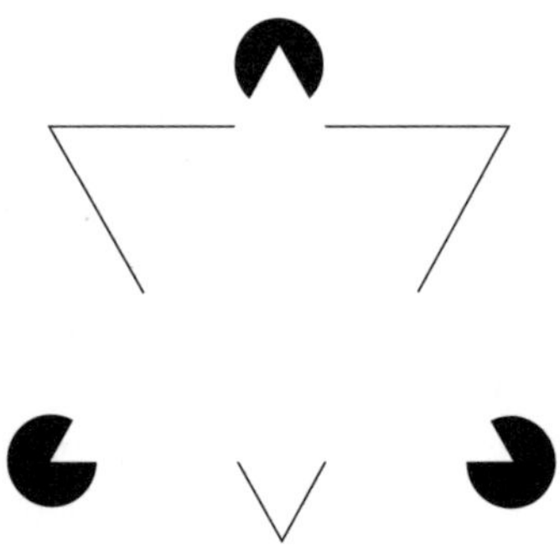

... ein in der Realität nicht vorhandenes, farblich abgesetztes Dreieck. Auch in der Musik gibt es ähnliche Effekte: Oft werden Klänge „gehört“, die nicht gespielt wurden. Unser Musikprofessor im Gymnasium spielte uns eine Klaviersonate vor und demonstrierte eindrucksvoll, wie ein Melodieverlauf von uns gehört wurde, obwohl ein paar Töne „fehlten“.

Verlaufen die waagrechten Linien parallel oder …?

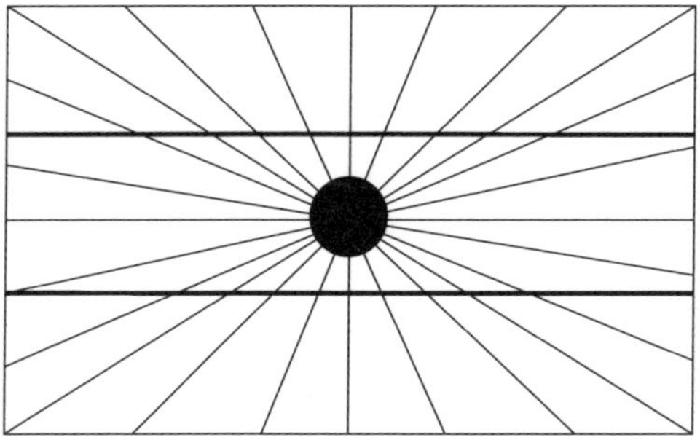

Die sternförmige Anordnung der Linien der Hering'schen Täuschung lässt bei diesem Bild die Parallelen gekrümmt erscheinen. Aufgrund der speziellen „Verrechnungsform" des Gehirns nehmen wir die Parallelen gekrümmt wahr. Wir schaffen es kaum, uns von diesen Wahrnehmungseffekten zu lösen. Auch in der Malerei bedient sich der Mensch solcher Effekte: Er erzeugt zum Beispiel den Eindruck von Raum oder sogar Bewegung, indem er die Gesetze der optischen Wahrnehmung verwendet und den Betrachter somit täuscht.

Sollten Sie über einen Internetanschluss verfügen oder Zugang zu Literatur zum Bereich der optischen Täuschungen, Sehphänomene und Illusionen haben, so empfehle ich Ihnen, mehrere Beispiele zu suchen und diese auf sich wirken zu lassen. Gönnen Sie sich diesen Spaß!

Wie können wir uns dabei helfen, richtig zu reagieren, wenn die Gefahr von Täuschungen generell in uns einprogrammiert ist? Die Antwort lautet: „Kopf" einschalten und die Logik walten lassen. Es ist wichtig, sich dieser Schwachstellen der Wahrnehmung bewusst zu sein und sich ganz besonders im Umgang mit Menschen immer wieder zu fragen, ob das, was wir wahrnehmen, auch wirklich so ist bzw. noch immer so ist! Auch in der medizinischen, psychiatrischen, psychologischen und psychotherapeutischen Behandlung ist Vorsicht geboten. Nur allzu leicht könnte man sonst als Arzt, Psychologe oder Psychotherapeut der Falle erliegen, sich vorschnell auf das vorhandene Expertenwissen zu verlassen, ohne dem Patienten immer wieder die „Chance" zu geben, uns zu zeigen, dass es sich um Missverständnisse handelt oder dass vielleicht doch noch eine „Leiche im Keller" versteckt ist. Genauso verhält es sich mit Kindergärtnerinnen, Sozialpädagogen, Lehrern, Lehrmeistern, Vorgesetzten und Eltern – mit uns allen! Nehmen Sie sich immer wieder die Zeit, um Ihre Theorien, die Sie anderen gegenüber haben, möglichst unvoreingenommen zu prüfen.

Das Wissen und Kennen der Fakten und die Bereitschaft, Bestehendes zu hinterfragen, kann uns dabei weiterhelfen, die Täuschung als solche auffliegen zu lassen. Dies stellt wieder ein Beispiel dafür dar, wie sehr wir ständig dazu aufgerufen sind, uns zu entscheiden, Brauchbares von Unbrauchbarem zu trennen, es „wegzuwerfen", sich neu zu orientieren, um sich weiter zu entwickeln!

13. Fallen in der zwischenmenschlichen Kommunikation

Das „Stille-Post-Phänomen"

Sicher kennen Sie dieses beliebte Spiel, das nicht unbedingt nur bei Kinderpartys für Unterhaltung sorgt: Eine Gruppe von Teilnehmern – je mehr, desto lustiger – positioniert sich dafür in einer Reihe. Der Erste überlegt sich ein längeres Wort oder einen kurzen Satz und flüstert dies dem Nächsten ins Ohr, der wiederum das, was er verstanden hat, dem Nächsten zuflüstert. Dieses Vorgehen wird bis zum Letzten der Reihe fortgesetzt, der nun laut aussprechen soll, was er gehört hat. Je mehr Fehler passieren, desto lustiger wird das Spiel natürlich. Dieses einfache, aber tiefsinnige Spiel macht sich die Problematik des Informationstransfers vom Sender zum Empfänger zunutze und spiegelt auf direkte Art und Weise die Störanfälligkeit der zwischenmenschlichen Kommunikation wider. Das bedeutet, dass es keine Garantie dafür gibt, dass das, was wir mitteilen, beim Gesprächspartner tatsächlich auch genau so ankommt, wie es gemeint war. Wir wissen aus dem vorigen Kapitel, dass unsere Wahrnehmung selektiv ist, das heißt, dass wir je nach Erfahrung unterschiedliche Elemente herausfiltern und diese subjektiv interpretieren. Welche Auswirkungen sind uns in diesem Zusammenhang wohlbekannt? Genau! Das Entstehen von Gerüchten, die sich hartnäckig und zäh durch ein Team oder im Extremfall über die ganze Welt „hinüberkochen" können. Denken Sie an so manche Illustrierte, die Sie beim Friseur mehr oder weniger lustbetont durchschmökern! Wie rasch ein Gerücht entstehen kann, habe ich auf eindrucksvolle Weise während meiner stationären Tätigkeit kennengelernt. Ich hatte an diesem Tag meinen langen Dienst und arbeitete bis spät abends in meinem Besprechungszimmer durch. Immer wieder hörte ich Plaudern und Gelächter aus dem Sozialraum, was zwar nicht gänzlich unüblich war und durchaus von Zeit zu Zeit vorkam, aber nicht in diesem Ausmaß. Als ich schließlich nach dem letzten Patienten mein Zimmer verließ, traf ich auf eine Ärztin der Station, die mit einem Ruck stehenblieb und mich erstaunt fragte: „Ja, was machen Sie denn da?" Mit einer Mischung aus Verwirrung und etwas Ärger erklärte ich, dass ich – wie jeden Dienstag – meinen langen Tag und somit die ganze Zeit gearbeitet hätte. Die Ärztin nahm mich an der Hand und meinte: „Kommen Sie mal mit ...“ Sie führte mich im Sozialraum vor, wo das diensthabende Personal versammelt war und sich angeregt unterhielt – bis zu diesem Zeitpunkt: Plötzlich war es totenstill und die Verblüffung war allen unverkennbar ins Gesicht geschrieben. Die Ärztin fragte nun nach, wie man darauf käme, dass ich heimgegangen sei. Nach kurzem Zögern ergriff einer und schließlich noch zwei weitere das Wort und sie meinten beschämt, dass mittags, wo ja immer viel los sei, mein Name genannt worden war. Sie hätten im Stiegenhaus gehört, wie jemand – offensichtlich mit Damenschuhen – hinuntergegangen und die Haustür ins Schloss gefallen war und wieder jemand anders meinte, dass ich heimgegangen wäre. Aus diesen nebulosen Verknüpfungen und Interpretationen wurde also geschlossen, dass ich gar nicht mehr da sei, obwohl ich eigentlich hätte da sein sollen. Das schlechte Gewissen der Betroffenen erfüllte förmlich den ganzen Raum und man versuchte nun, dieses Missverständnis wieder gut zu machen.

Auch wurde ich zu einem anderen Zeitpunkt einmal gefragt: „Du hast ja vier Kinder, oder?!“ Ich hatte damals noch nicht einmal eines! Die Wege der Gerüchteküche sind oft unergründlich. Diese Situationen amüsierten mich und bestätigten mir, wie unkontrollierbar die Gedanken, die sich Menschen übereinander machen, doch sind. Es macht also wenig Sinn, sich prinzipiell ständig mit Sorgen darüber zu quälen, was sich andere über einen denken könnten! Solange derartige Vorfälle etwas Amüsantes an sich haben, in ihrer Verzerrung harmlos sind oder eben aufgelöst werden können, besteht kein Grund zur Sorge. Aber: Wie viele Kränkungen sind schon passiert und passieren tagtäglich, deren Folgen oft nicht abschätzbar sind, auch wenn sie vielleicht nicht einmal absichtlich, sondern unbedacht geschehen? Es liegt in unserer Verantwortung, wie wir mit Informationen oder Interpretationen über andere Menschen umgehen. In vielerlei Hinsicht wäre es wohl denkbar der bessere Weg, Informationen über jemanden für sich zu behalten. Wir unterliegen aufgrund unserer begrenzten Wahrnehmung und unseren Erfahrungen der Gefahr, subjektiv zu beurteilen, und machen daher Fehler. Es gibt nur einen Weg aus dem Irrgarten der Missverständnisse: Fragen Sie nach, ob Sie mit Ihrem Wissen und/oder Ihren Vermutungen richtig liegen, und zwar bei der Person, um die es geht. Miteinander reden statt über Dritte – das sollte die Devise sein! Es liegt in unserer Verantwortung, Kränkungen zu vermeiden!

Das Gespräch zwischen zwei Menschen ist stets gewissen Störungen ausgesetzt und wir sind bereits auf diesem Level ausreichend gefordert, uns einander verständlich zu machen und zu verstehen.

Kanäle der Kommunikation

Hier ein bekanntes Beispiel von Schulz von Thun: Ein Ehepaar fährt mit dem Auto, die Frau sitzt am Steuer. Der Mann sagt: „Da vorne ist grün!“ Die Frau antwortet entrüstet: „Fährst du oder fahre ich?“ – Ich erlebte bei einem Besuch selber, dass jemand aus der Runde wohl aufrichtig meinte, dass die Einrichtung des Zimmers äußerst geschmackvoll sei, worauf die Gastgeberin verärgert erwiderte: „Wieso glaubt immer ein jeder, dass ich nichts zuwege bringe?“ Der Betroffene starrte die Gastgeberin verblüfft an und brachte kein Wort mehr heraus.

Eine an sich harmlose oder sogar positiv gemeinte Äußerung kann somit zu einem Auslöser für einen Streit unabsehbaren Ausmaßes werden. Immer wieder hören wir: „Wegen solcher Kleinigkeiten braucht man doch nicht zu streiten! Wie kindisch – und jetzt lassen sie sich wegen lauter solcher Sachen sogar scheiden!" Kleinigkeiten? Diese sogenannten Kleinigkeiten haben es oft in sich, da wir in so manche Botschaft mehr hineinpacken und interpretieren, als Worte vorhanden sind. Es mag sein, dass diese hier genannten Beispiele ihre Vorgeschichte in der Beziehung der anwesenden Personen zueinander haben. Aber es ist durchaus auch möglich, dass der Beifahrer keinerlei sexistische Einstellung hinsichtlich der Fahrtüchtigkeit von Frauen aufweist oder im zweiten Beispiel keine böse Absicht verborgen lag, sondern die Gastgeberin selbst dazu neigt, sich leicht kritisiert zu fühlen, was wiederum mit ihren persönlichen Erfahrungen aus früheren Jahren mit vielleicht ganz anderen Menschen zusammenhängt. Wir könnten dahingehend verschiedene Möglichkeiten finden. Tatsache ist jedoch, dass die Frau in keinem Fall sachlich reagiert, das heißt, sie reagiert auf einer anderen Ebene. Kennen Sie das Gefühl, aneinander vorbeizureden? Genau diese Empfindung zeigt, dass wir von unterschiedlichen Dingen sprechen, dass wir einander nicht verstehen, weil es uns nicht um das Gleiche geht oder wir auf unterschiedlichen Ebenen unterwegs sind. Gespräche verlaufen oft so, als würden die Gesprächspartner gleichzeitig unterschiedliche Radioprogramme hören, über die jeweiligen Musikstücke sprechen und sich darüber wundern, dass Sie nicht auf einen Nenner kommen.

Schultz von Thun beschreibt vier Ebenen der Kommunikation: die Sachebene, die Selbstoffenbarungsebene, die Appellebene und die Beziehungsebene. Wenden wir diese Ebenen nun auf das oben genannte Beispiel an: „Du, da vorne ist grün!" bedeutet auf der Sachebene lediglich, dass der Mann auf die Tatsache hinweist, dass die Ampel weiter vorne auf grün geschaltet hat und freie Fahrt gewährleistet ist.

Auf der Selbstoffenbarungsebene könnte dies bedeuten, dass er es eilig hat und froh ist, dass sie nicht anhalten müssen. Auf der Appellebene wiederum könnte dies bedeuten, dass der Mann möchte, dass die Frau schneller fährt. Er könnte zum Beispiel auch sagen: „Gib Gas!" Auf der Beziehungsebene würde er möglicherweise tatsächlich zum Ausdruck bringen, dass er die Frau beim Autofahren überwachen oder zumindest unterstützen müsse.

Nehmen wir ein anderes Beispiel her: Der Mann fragt: „Was sind das für Körner auf dem Fleisch?" Die Frau reagiert auf der Sachebene, wenn sie erklärt, dass es sich dabei um Sesam handle, da sie die Selbstoffenbarung des Mannes, „Ich weiß nicht, was das ist", annimmt. Reagiert sie auf der Appellebene, so könnte sie, je nachdem, ob sie vermutet, dass der Mann die Körner will oder nicht, vom Sessel aufspringen und ihm entweder Fleisch ohne Körner bringen oder ihm zusätzliche Körner auf das Fleisch streuen. Reagiert sie auf der Beziehungsebene, könnte sie dies als Auf- oder Abwertung auffassen und sagen: „Ich kann eben doch ausgefallener kochen!" oder „Wenn es dir nicht schmeckt, dann geh' ins Gasthaus!" Wenn nun unterschiedliche Neigungen, was die Kommunikationsebene betrifft, aufeinanderprallen, kann es kompliziert werden. Jeder Mensch tendiert zu einer oder mehreren bestimmten Kommunikationsebenen – zu welcher neigen Sie? Riskieren Sie es und probieren Sie es einfach aus! Als ich zu diesem Thema ein Kleingruppenseminar mit angehendem Gesundheits- und Krankenpflegepersonal hielt, ermunterte ich die Teilnehmer mit einer Übung zum Selbstversuch, indem sie auf einfache Fragen auf den unterschiedlichen Kanälen reagieren sollten. Eine Frage lautete beispielsweise: „Heute ist es wirklich heiß! Findest Du nicht?“ „Ja, tatsächlich!“ erwiderte das Gegenüber auf der „Sachebene“. Auf der Beziehungsebene kam folgende Reaktion: „Schade, dass du mit mir nur über das Wetter reden kannst!“ Bei der Reaktion auf der Appellebene sprang der Angesprochene auf und meinte: „Ja, ich mache das Fenster eh gleich auf!“ Den meisten Spaß bereitete wohl die Beziehungsebene. Aber auch die Appellebene zeigte so manchen, wie sehr sie auch im Alltag dazu geneigt sind, anderen Menschen permanent alles recht zu machen.

Wie sieht nun der Weg aus dieser Falle aus? Was kann uns stärken? Die Lösung finden wir in der Durchführung einer Rückkoppelung oder einfacher: Indem wir schlichtweg nachfragen, ob wir auch wirklich richtig verstanden haben! Wir sprechen in diesem Fall von Rückkoppelung. Erst dann macht es Sinn, das Gespräch fortzuführen, wenn wir geklärt haben, worum es tatsächlich geht!

Wie wir nun gesehen haben, können wir auch mit unseren Wahrnehmungsschemata ganz schön daneben liegen. Dies gilt bei optischen Täuschungen ebenso wie bei der Vorurteilsbildung im Rahmen von zwischenmenschlichen Begegnungen, wie auch im Hinblick auf unsere Erfahrungen und Werthaltungen, die sich in unserem ganz persönlichen Leben entwickelt haben.

14. Wie erwerben wir unsere Erfahrungen?

Die Art und Weise, wie wir uns verhalten, steht in direktem Zusammenhang mit unseren Erfahrungen, wobei der Körper, wie wir in einem früheren Kapitel gesehen haben, den Ort der physischen und psychischen Entwicklung darstellt. Wenn wir von Verhalten als Resultat unserer Erfahrungen sprechen, so ist damit nicht lediglich das äußere, beobachtbare Verhalten gemeint, sondern auch der Körper mit seinen physiologischen Reaktionen selbst, wie auch unser Denken und unsere Gefühlswelt. Was bedeutet dies nun für den Alltag? Welche Prozesse in uns bestimmen, was wir für wesentlich halten und was wir wieder verwerfen, welche Inhalte wir beispielsweise in einem Gespräch aufnehmen und wie wir sie bewerten, oder auch, was wir auf welche Weise von unserer Umgebung wahrnehmen?

Schon zu Beginn dieses Buchs haben wir uns mit der Entwicklungsfähigkeit und -willigkeit des Menschen auseinandergesetzt und die Entwicklung als lebenslanges Lösen von Problemen dargestellt. Weiters hat die Wissenschaft in Erfahrung gebracht, dass der Mensch über die Fähigkeit verfügt, ein Leben lang zu lernen. Das Gehirn ist bis ins hohe Alter dazu imstande, im Gehirn Verbindungen herzustellen und sogar neue Nervenzellen zu bilden und in das vorhandene neuronale Netz zu integrieren. Lebenslange Lernprozesse stellen, wie bereits mehrfach erwähnt, eine wesentliche Grundfertigkeit des Menschen dar, die unsere Stärke, Zähigkeit und Flexibilität bedingen. Im Gegensatz zu tierischen Gehirnen, in denen fixe Programme vorgegebene Reaktionsweisen festlegen, sind die neuronalen Verbindungen des menschlichen Gehirns lockerer und somit flexibler gestaltet. Das bedeutet auch, dass der Mensch Situationen und somit Abgespeichertes durch Lernen überlagern kann, indem er sie mit neuen Erfahrungen kompensiert.

Prinzipiell speichern wir jene Merkmale leichter ab, die für uns von Bedeutung sind. Wenn Sie sich eine 1-Euro-Münze vorstellen, so werden Sie mit an Sicherheit grenzender Wahrscheinlichkeit die „1“ und auch die Zweifärbigkeit nennen können, da für uns der Wert der Münze relevant ist und die Farbe dabei hilft, sie rasch von anderen Münzen zu unterscheiden. Vielleicht ergänzen Sie noch den glatten Rand als Merkmal, viel mehr werden Sie aber wahrscheinlich nicht erinnern können. Telefonnummern und Jahreszahlen im Geschichtsbuch gehören meist zu den nicht so leicht merkbaren Informationen, weshalb wir unserem Gehirn dieses Wissen erst schmackhaft machen müssen. Die unbekannte Telefonnummer am Badezimmerschrank lässt hingegen vielleicht bei manchen Partnern die innere Alarmglocke schrillen. In so einem Fall ist das Gehirn zu rekordverdächtigen Schnelllernfähigkeiten imstande. Das gilt selbstverständlich für alles, was uns im Leben begegnet oder auch widerfährt. Erfahrung und somit Bedeutungen von Umweltreizen bestimmen, was für uns wesentlich, also „behaltenswürdig“ erscheint und was wir wieder wegwerfen.

Welche Grundformen des Lernens sind uns nun bekannt? Wir unterscheiden drei Formen, nämlich die klassische Konditionierung, die operante Konditionierung und das Lernen am Modell. Die klassische Konditionierung zeichnet sich dadurch aus, dass ein vorerst neutrales Signal Bedeutung erlangt. Bietet man einem Hund Futter, so steigert sich sein Speichelfluss. Wenn nun ein Klingelsignal einige Male vor der Futtergabe dargeboten wird, löst schließlich das vorerst neutrale Klingelsignal alleine erhöhten Speichelfluss aus, auch wenn das Futter ausbleibt. Die Klingel hat sich in ihrer Bedeutung von einem neutralen in einen bedingten, also bedeutungsvollen Reiz verwandelt. Die Entstehung physiologischer Reaktionen läuft automatisch ab und ist willentlich nicht beeinflussbar. Erlerntes kann aber ebenso wieder verlernt bzw. gelöscht werden, indem in diesem Fall oft genug auf den

Klingelton kein Futter folgt. Das Signal verliert dadurch wieder seine Bedeutung.

Unser Alltag ist voll mit solchen Koppelungen! Gerüche von Schule, Krankenhaus, Pizzeria, das Hören eines Zahnarztbohrers oder eines bestimmten Musikstücks, Schreckreaktionen aufgrund verschiedenster Wahrnehmungen und vieles andere – Verhaltensreaktionen laufen dabei oft voll automatisiert ab. Hat jemand beispielsweise eine übersteigerte Angst vor Spinnen, so werden Krabbelempfindungen auf der Haut mit blitzschnellen, automatisierten Abwehrbewegungen wie hektischem Wegwischen quittiert. Der Anblick einer Spinne oder auch spinnenähnlichen Gestalt löst erschrockene Aufschreie und Fluchtbewegungen aus. Bei der klassischen Konditionierung kann die Reaktion erfolgen, ohne dass die Verbindung zum Auslöser bewusst sein muss. So lernte ich zum Beispiel eine Betroffene kennen, die über Unbehagen, ja sogar regelrechte Panikzustände klagte, sie hatte aber vorerst jedoch keine Erklärung dafür. Genauere Explorationen ergaben, dass diese Ängste täglich zur selben Zeit auftraten, und zwar immer gegen 17 Uhr. Dies war die Zeit, zu der in früheren Jahren der sehr dominante, Gewalt androhende Partner heimkam.

Vielleicht ist Ihnen auch schon bei sich aufgefallen, dass beispielsweise bestimmte Gefühle und damit vielleicht auch so manche Erinnerungen auftauchen und sie nicht recht wissen, warum? Dies ist oft der Fall, wenn sich ein Ereignis mit subjektiver Bedeutung jährt. Der Stand der Sonne, die Düfte dieser Jahreszeit, Musikstücke, die man damals gehört hat, also einfache Sinnesempfindungen sind an bestimmte Ereignisse gekoppelt. Ich erlebe es bei meinen Patienten, die sich oft wundern, warum eine Sache jetzt auf einmal wieder Thema ist, aber auch immer wieder bei mir selbst.

Die zweite Form des Lernens wird als operante Konditionierung bezeichnet und beschreibt die Konsequenzen, die bestimmten Verhaltensweisen nachfolgen. Folgt auf unser Verhalten eine positive Konsequenz oder fällt eine negative weg, so erhöht sich die Wahrscheinlichkeit, dass wir dieses Verhalten in Zukunft in ähnlichen Situationen wieder zeigen. Allerdings ist der bewusste Zugang zu diesen Zusammenhängen keineswegs immer gegeben. So ist es ein wesentlicher Bestandteil der Verhaltenstherapie, derartige Verknüpfungen von Verhalten und Konsequenzen zu klären und aufzuzeigen (Bedingungsanalyse). Weiters unterscheiden wir kurzfristige und langfristige Konsequenzen, mit denen wir alle so oft unsere liebe Not haben. Können wir durch unser Verhalten kurzfristig positive Konsequenzen erreichen, so wirken diese stärker auf unser Verhalten als langfristige. Wenn uns beispielsweise der Gusto nach Süßem quält, neigen wir dazu, diesem eher nachzugeben (kurzfristige Belohnung), obwohl die Waage uns anderes nahelegt. Das schlechte Gewissen und auch der bedrohliche Ausschlag der Waage (langfristige Bestrafung bzw. negative Konsequenz) erfolgen ja immerhin erst später. Wir benötigen Pläne und Tricks, über diesen Berg der kurzfristig negativen Konsequenz (Gusto nach Süßem bleibt aufrecht) mit dem Ziel der langfristig positiven Konsequenz („Ich konnte mich beherrschen!" oder „Ich habe abgenommen!") zu kommen. Wir kennen dies auch unter dem Begriff Selbstdisziplin.

Im Alltag sind wir permanent mit dieser Lernform beschäftigt, und zwar in großen wie auch subtilen Situationen. In Gesprächen bestimmen Zustimmung, Zuwendung und Elemente der Körpersprache wie Blickkontakt, zustimmendes Nicken den Inhalt und die Dauer des Gesprächs. Auf diese Weise können wir unseren Gesprächspartner dazu ermuntern, über bestimmte Dinge weiterzusprechen oder auch damit aufzuhören. Versuchen Sie einmal, während eines Gesprächs in bestimmten Passagen den Blickkontakt abzubrechen, an anderer Stelle aber bewusst den Gesprächspartner mit Nicken und Blickkontakt zu „stützen“!

Bei negativen Konsequenzen besteht die erhöhte Wahrscheinlichkeit, dieses Verhalten nicht mehr zu wählen. Kinder, die auf die berühmt-berüchtigte heiße Herdplatte greifen, tun dies meist nicht nochmals! Wie wir sehen, unterstützt auch diese Lernform prinzipiell unser Überleben, da wir Gefährliches meiden und Positives für die Umsetzung unserer Pläne und die Erfüllung unserer Wünsche und Bedürfnisse verwenden.

Die dritte Form, Zusammenhänge zu erkennen, bezeichnen wir als „Lernen am Modell“. Sie bezieht sich auf die Tatsache, dass wir durch Beobachtung an anderen lernen und somit unseren Erfahrungsschatz erweitern können, obwohl wir nicht selber die Konsequenzen des gezeigten Verhaltens tragen. Auch diese Fähigkeit stärkt die Überlebensfähigkeit, da wir ein beobachtetes Verhalten, das negative oder gar letale Folgen mit sich bringt, entweder nicht selber durchführen oder das Verhalten analysieren und es so verändern, dass die Negativfolgen tendenziell eher ausbleiben. Aus dem Alltag kennen Sie sicher, dass eine Tätigkeit rascher gelingt, wenn wir vor der erstmaligen Ausübung einmal zusehen konnten. Oder aber wir suchen Informationen von Menschen, die uns von ihren Erfahrungen berichten können, oder lesen Empfehlungen etc. Allerdings läuft Modelllernen in unterschiedlichem Aufmerksamkeitsausmaß ab, was bedeutet, dass es auch unterschwelliger ablaufen kann und nicht immer nur durch konzentriertes Beobachten erfolgt. Plötzlich schleichen sich beispielsweise neue Gesten und Worte in die Sprache ein, denen wir im Laufe der Zeit ausgesetzt sind.

Das Lernen am Modell nimmt bereits im zweiten Lebensjahr seinen Anfang, indem das Kind beginnt, seine Bezugspersonen zu imitieren. Auf diese Weise ist es ihm bereits möglich, sich selbst mit seinem Verhalten auszuprobieren und es auf mögliche Konsequenzen hin zu testen. Erwachsene amüsieren sich oft darüber, wie die kleinen Knirpse sie nachahmen, richtig entzückend! Das ist es auch meist. Andererseits sehen wir an dieser Tatsache aber auch, wie früh Verhaltensmuster offensichtlich entstehen. Gerade Kinder sind tagtäglich unzähligen Eindrücken verschiedenster Art ausgesetzt, die sie aufnehmen, auswählen und organisieren müssen. Die Eltern sind dabei die Schlüsselpersonen, die dem Kind als Modell und in ihrer Art, wie sie auf Bedürfnisse des Kindes reagieren, Erfahrungen liefern und ihnen in der Folge ein Bild von Richtlinien vermitteln, wie die Welt funktioniert und wie man sich in ihr am besten zurechtfindet. Da unsere Wahrnehmung aber selektiv ist und unsere Erfahrungen und Lebensrichtlinien subjektiv sind, sollten wir uns bewusst sein, dass auch wir „Verzerrungen" unterliegen, was unsere Bewertungen anbelangt. So lassen sich auch die unterschiedlichen Erziehungsphilosophien und -stile erklären.

Zusammenfassend können wir festhalten, dass wir Menschen von Anfang an beginnen, Erfahrungen zu machen. Unser offenes Verhalten, unsere körperlichen Reaktionen, das Denken und unsere Gefühlswelt werden durch das Zusammenwirken, also durch die Interaktion zwischen uns und der Umwelt gesteuert. Positive Konsequenzen erhöhen und negative verringern die Wahrscheinlichkeit, dass wir ein bestimmtes Verhalten und Denken beibehalten oder neu entwickeln. Die drei unterschiedlichen Lernformen laufen unterschiedlich bewusst, manchmal sogar voll automatisiert, also komplett unbewusst ab. Halten wir uns diese Gesetzmäßigkeiten vor Augen und die Tatsache, dass wir unserer Gefühlswelt von Anfang an ausgesetzt sind, bekommen wir eine Ahnung davon, wie sehr unser Leben in bestimmte Bahnen gelenkt wird und wie sehr wir es schließlich selber lenken können.

Entstehung von Schemata

Nun verläuft es im menschlichen Leben natürlich meist um einiges komplexer und es wird nicht nur einzelne Bedingungen eingegrenztes, beobachtbares Verhalten auslöst. Im Laufe der Lernprozesse kommt es zur Ausbildung von innerpsychischen Strukturen, die wir vorhin schon unter dem Begriff der „Erfahrungsnetzwerke" kennengelernt haben. Erfahrungen werden somit strukturiert und organisiert, um sie verwertbar zu machen. Wenn wir einen Großeinkauf tätigen, so werden wir die unterschiedlichsten Artikel nicht einfach in einen Kasten werfen, sondern hinsichtlich unserer Erfahrungen entsprechend sortieren und entscheiden, wo welche Art von Artikel am besten aufgehoben ist oder aufgehoben werden sollte. Oder werfen Sie den Tiefkühlspinat gemeinsam mit Schraubenzieher und Hose in einen Kasten? Vermutlich nicht! Diese Strukturen leiten den direkten Bezug des Menschen zu seiner Umwelt, können aber nicht direkt beobachtet werden. Erfahrungsnetzwerke werden auch „Schemata" genannt und verleihen dem Menschen innere Stabilität und Ordnung. Der Begriff „Schema" geht übrigens auf Arbeiten von Bartlett und Piaget zurück und meint innerpsychische Prozesse, die Erfahrungen dafür nutzen, um Verhalten entsprechend einer Situation anzupassen. Da sie sich nicht direkt beobachten lassen, können wir lediglich durch das Beleuchten von gezeigtem Verhalten und durch die Frage des Betroffenen, wie er eine bestimmte Situation erlebt, auf ein bestimmtes Schema schließen. Diese Schemata strukturieren unser Denken, Fühlen und Handeln und können auch oft durch geringe und kaum merkbare Merkmale einer Situation (z.B. Gerüche) ausgelöst („getriggert") werden.

Diese innerpsychischen Prozesse nehmen also neue Erfahrungen auf und versuchen, diese in das vorhandene Netzwerk einzugliedern. Gelingt dies problemlos, da positive Konsequenzen auf unser Verhalten folgen, fühlen wir uns in unserem Schema bestätigt (der Fachbegriff dafür lautet Assimilation), falls nicht, sind wir gefordert, dieses Schema an neue Bedingungen anzupassen (das wird Akkomodation genannt).

Nehmen wir dazu das Beispiel eines Schemas, das die Art des bevorzugten Urlaubs bestimmt. Eine Person versteht unter Urlaub zum Beispiel „Luxus pur" und somit alle Annehmlichkeiten eines Fünf-Sterne-Hotels. Das Wort Urlaub triggert nun das entsprechende Schema: Das Gepäck wird demnach aus feiner Kleidung und Utensilien für Wellness und eventuell auch Sport bestehen. Steht dieselbe Person nun vor der Aufgabe, sich für einen Camping-Urlaub vorzubereiten, so wird sie das Schema „Urlaub" dahingehend erweitern müssen, dass sie Abendkleider daheim lässt und diese durch praktische Freizeitkleidung und regenfeste Ausrüstung ersetzt. Weiters wird sie sich Gedanken über die Verpflegung machen müssen und darüber, wo sie Campingausrüstung möglichst günstig herbekommt. Es wird also nötig, sich neues Verhalten anzueignen und das Erfahrungsnetz zu erweitern, was unterschiedlich gut gelingen kann.

Die Entstehung und Aufrechterhaltung von Schemata erfolgt unterschiedlich, je nachdem, ob diese Prozesse rational oder gefühlsmäßig geleitet sind. Bei rational geleiteten Schemata genügt oft ein überzeugendes Argument, und schon ist das Schema an die neue Erfahrung angepasst. Ein erfahrener Camper kann uns bei der Vorbereitung mit seinen Erfahrungen zur Seite stehen und wird uns bei der Auswahl bestimmter Utensilien überzeugen können.

Bei gefühlsmäßig geleiteten Schemata braucht es oft sehr lange, bis sie durch neue Erfahrungen verändert werden können. Das sind jene Situationen, in denen wir genau wissen, dass wir beispielsweise keine Angst zu haben brauchen, wir sie aber dennoch fühlen. Wir wissen, dass der Hund nicht über den Zaun kann, aber dennoch kommt Angst hoch. Werden Hunde als gefährlich interpretiert, braucht es zahlreiche Begegnungen mit freundlichen Hunden, bis das gefühlsmäßige Schema erweitert wird, von „Hunde sind gefährlich!“ auf „Es gibt zwar gefährliche Hunde, aber die meisten sind es nicht.“ Einem Spinnenphobiker werden Sie unzählige Male auf unterschiedliche Weise erklären können, dass seine Angst sinnlos sei, da die Spinnen in unseren Breitengraden harmlos sind. Dennoch erzeugt alleine die Krabbelbewegung dieses Tiers Panik und Gänsehaut. Das ist auch der Grund, weshalb gut gemeinte Ratschläge einfach nicht greifen können, da der Betroffene zwar vom „Kopf“ her versteht, aber die Gefühle hinter den logischen Argumenten nachhinken.

Stellen Sie sich vor, Sie sind traurig, weil Sie etwas für Sie Wichtiges nicht bekommen oder verloren haben. Wie viel nützt es Ihnen, wenn Sie jemand beharrlich zu überzeugen versucht: „Du brauchst überhaupt nicht traurig sein und wegen so etwas schon gar nicht! Sei froh, dass ..., andere haben es viel schlimmer!“ Wie viel nützt es, einem Hinterbliebenen einzutrichtern, dass es für den Verstorbenen das Beste war, dass er ohnehin schon ein schönes Alter erreicht hat. Oder wenn Sie sich über eine Tatsache ärgern, die Ihnen persönlich nahegeht. Rein rational mag Ihnen alles klar sein und Argumente werden Sie im Laufe der

Bewältigung stützen. Aber bis Sie den von der Umgebung oft eingetrichterten Satz, „Es war besser so ... das Leben geht weiter!", wirklich fühlen können, vergeht Zeit, in der viel innerpsychische Arbeit geschieht. Denken wir doch an das Trauerjahr, das zumindest in früheren Zeiten auch offiziell eingehalten wurde. Leider können wir immer wieder feststellen, dass das Mitgefühl für Hinterbliebene in etwa bis kurz nach der Beerdigung anhält. Wie üblich ist es, sieben Monate später nach dem Befinden von Hinterbliebenen oder anders Belasteten zu fragen? Dann muss das Leben eben weitergehen. Gerade menschliche Verluste werden immer wieder eher „wellenförmig" spürbar. Nach einer besseren Zeit erfolgt auch nach Monaten wieder ein Aufwallen von intensiver Trauer, insbesondere, wenn ein Ereignis das erste Mal ohne die geliebte Person stattfindet (Geburtstage, Urlaube, Weihnachten). Manchmal sind es aber auch ganz subtile Auslöser, wie der unverhoffte Anblick der Lieblingsblume des Verstorbenen oder auch Unterschwelliges, also Wahrnehmungen, die im Moment gar nicht im Zentrum unserer Aufmerksamkeit stehen. Auf diese Weise werden Schemata geweckt oder eben „getriggert", und der Zugriff auf ein Netz von Erfahrungen in Gang gesetzt.

Da wir uns Gefühle und somit auch emotionale Schemata nicht einfach „ausreden" können, da sie sich nur langsam und durch wiederholtes Erleben gegenteiliger gefühlsmäßiger Erfahrungen verändern lassen, wird klar, wie tief Kränkungen unterschiedlichster Art in uns verhaftet bleiben. Derartige Verletzungen lassen sich nicht wegdiskutieren und schönreden, sondern können nur durch eine Vielzahl heilender Erfahrungen bis zu einem gewissen Grad aufgewogen werden. Beispielsweise können wir erst im Laufe der Zeit erleben, dass wir trotz des Verlusts dennoch wieder die positiven, angenehmen und lebenswerten

Seiten des Lebens genießen können. Das „Aussortieren" von Kränkungen und Belastungen fällt schwer, dennoch ist es möglich, da wir ein Leben lang lernfähig bleiben. Gerade in emotional schwierigen Phasen sollten wir uns – auch wenn wir es im Moment nicht so fühlen können – vor Augen halten, dass wir prinzipiell über Potenziale verfügen, um die Auswirkungen von Verletzungen im Endeffekt stark zu mildern.

Ein kleiner Rundblick

Gerne möchte ich an dieser Stelle kurz innehalten und mit Ihnen nach der bisherigen Wanderung durch die Landschaft der Psyche das nun Gesammelte kurz zusammengefasst betrachten. Blicken wir auf den Weg zurück, um uns im Anschluss zu orientieren, wohin der Weg uns schließlich führen wird. Wir sind vielen Eindrücken begegnet, weshalb Ihre Aufmerksamkeit Inhalte herausgefiltert hat, die Sie persönlich betroffen haben, und das ist gut so.

Was haben Sie im Laufe dieses Wegs gesehen, gefunden und auch mitgenommen? Ich möchte Ihnen ein Stück weit helfen, nochmals die wesentlichsten Etappen mit ihrer Bedeutung in Erinnerung zu rufen, damit alles das, was ich Ihnen vermitteln möchte, auch in Ihren persönlichen „Transportkorb" passt und Sie den Überblick bewahren können. Sollten Sie etwas übersehen oder verloren haben, so möchte ich es Ihnen hiermit nochmals in die Hände legen.

Die mir besonders wichtige Grundbotschaft liegt in der Aussage, dass wir alle Kränkungen und Verletzungen gröberen oder geringeren Ausmaßes erlebt haben oder erleben werden, wir aber prinzipiell das Potenzial in uns tragen, uns nach Tiefschlägen wieder aufzurichten und daraus zu lernen, um den verloren geglaubten Weg und somit uns selbst wiederzufinden.

Ganz zu Beginn dieses Buchs genießt deshalb der Begriff Entwicklung einen bedeutenden Stellenwert. Der Drang danach, für uns Wichtiges immer weiter zu verbessern und zu optimieren, eine quasi „nützliche Unzufriedenheit" sowie der ultimative Motor Angst stecken als überlebensnotwendige Programme in uns. Somit sind auch Menschen, die Veränderungen ausgesetzt sind oder ihr Leben von sich aus verändern, damit befasst, sich weiterzuentwickeln. Entstehen Blockaden, aufgrund derer Menschen nicht mehr weiter wissen, suchen sie möglicherweise Hilfe in der Psychotherapie, um gegebene Stillstände möglichst rasch und effizient zu überwinden. Entwicklung bedeutet, Entscheidungen zu treffen – auch in der Form, dass wir Altes wegwerfen und uns für neue Wege entscheiden. Leicht gesagt, aber oft schwer getan. Wir treffen im Laufe unseres Lebens von Anfang an auf „Jobs", die uns das Leben aufträgt, sogenannte Entwicklungsaufgaben. Da Entwicklung lebenslanges Lösen von Problemen bedeutet, sind wir in jeder Lebensphase gefordert, uns mit den an uns herangetragenen Problemen, Projekten, Hürden oder wie wir es auch nennen mögen, möglichst effektiv auseinanderzusetzen. Dies bedeutet nicht, dass wir unserem Leben nur schicksalhaft ausgeliefert sind, sondern dass wir in Wechselwirkung mit der Umwelt und unseren eigenen Wünschen und Plänen stehen, die wir versuchen umzusetzen. Um all diesen Anforderungen gerecht zu werden, bedarf es eines einzigartigen Rüstzeugs des Menschen: Es kann uns hoffnungsfroh stimmen, dass der Mensch – und das ist wissenschaftlich bestätigt – ein Leben lang lernen und somit sein Verhalten an die aktuelle Situation anpassen kann. Anders als das Tier, das über fixe Programme in seinem Gehirn an sein Verhalten gebunden ist, verfügt der Mensch über flexible neuronale Verbindungen. Er ist somit frei, sein Verhalten und auch seine Bewertungen zu ändern. Eine vorerst als solche bewertete Stresssituation muss nicht in jedem Fall eine solche bleiben, sondern kann unter Umständen in Zukunft sogar als reizvolle Herausforderung bewusst gesucht werden.

Wie gut wir all diese Anforderungen meistern, hängt davon ab, ob unser persönlicher Werkzeugkoffer mit geeigneten Utensilien und reichhaltig genug ausgestattet ist. Diese Tatsache bestimmt mit, ob wir uns selbst verlieren oder nicht, also psychisch fit bleiben oder nicht, und wiegt mehr als die Anzahl der belastenden Ereignisse in unserem Leben. Dieser Werkzeugkoffer beinhaltet im Idealfall qualitativ hochwertige Bewältigungsstrategien (Abwehr- und Coping-Mechanismen), die uns dabei helfen, innere oder äußere Belastungen zu entschärfen. Strategien, die dabei auf realitätsbezogene Wahrnehmung und Auseinandersetzung bei gleichzeitigem Zulassen der begleitenden Gefühle setzen, sind dabei erste Wahl. Strategien, die das Problem verzerren, indem sie es herunterspielen oder es gar verleugnen, Schwarz-Weiß-Malen sowie extremes Entwerten und andere Formen, bringen langfristig nicht den entsprechenden Schutz für die Psyche. Verletzungen werden weggesteckt und nicht bewältigt, sondern bleiben wie ein Splitter im Fleisch eingewachsen. Der erfolgreiche Umgang mit anderen Menschen, die soziale Kompetenz, spielt in unserem Werkzeugkoffer eine ganz wesentliche Rolle. Menschen, die über ein gutes Selbstwertgefühl, Kritikfähigkeit, Sprachentwicklung, Standfestigkeit, Einfühlungsvermögen und andere „Soft Skills“ verfügen, sind eher imstande, sich ein tragfähiges soziales Netz von Freunden und Bekannten aufzubauen, was wiederum die psychische Stabilität fördert. Sozial integrierte Menschen sind nachweislich stressresistenter, also belastbarer.

All diese genannten Werkzeuge stellen Erfahrungen dar und sind das Resultat von Lernprozessen, denen wir vom definitiven Beginn unseres Lebens an ausgesetzt sind. Die drei Formen des Lernens ermöglichen uns im Laufe unserer Entwicklung, ganze Erfahrungsnetzwerke, also Schemata aufzubauen, in die immer wieder neue Erfahrungen eingegliedert werden können. Gelingt dies nicht, können die gegebenen Schemata ausgeweitet oder müssen korrigiert werden, was in unterschiedlichem Tempo und Schwierigkeitsgrad möglich ist. Gefühlsmäßige Schemata, also Erfahrungen und Erinnerungen, sind schwerer zu verändern als solche, die auf logischer Basis entstanden sind. Damit ist Verhalten gemeint, das sich auf Sachwissen bezieht.

Verfügt der Mensch über ein einzigartiges Rüstzeug, um sich weiterzuentwickeln und Schwierigkeiten elegant, ja sogar oft genial zu bewältigen, so steht er dennoch immer wieder vor Blockaden oder bleibt bei seinem Verhalten, obwohl es objektiv gesehen langfristig zu seinem oder unser aller Schaden ist. Je komplizierter eine Maschine, desto fehleranfälliger ist sie – anscheinend trifft dies auch auf den Menschen immer wieder zu. Seine Aufmerksamkeit erfasst nur einen Teil, sie gleicht dem Strahl einer Taschenlampe, weshalb es zu einer Auswahl von Wahrgenommenen kommt. Dies geschieht nach unterschiedlichen Kriterien. Auch die persönlichen Erfahrungen, die Schemata, steuern mit, was auf welche Weise aufgenommen und was übersehen wird. Das Gewählte unterliegt schließlich der subjektiven Bewertung, weshalb wir alle Verzerrungen und Täuschungen ausgeliefert sind. Wir sehen das, was wir erwarten. Genau diese Tatsache sollten wir uns aber stets vor Augen halten, vor allem im Umgang mit anderen Menschen. Dies bedeutet, dass unsere Wahrheit nicht unbedingt für andere als gleiche Wahrheit Gültigkeit besitzt.

Dies ist als Aufruf zu mehr Toleranz zu verstehen, was bedeutet, die Fähigkeit zu üben, sich in andere hineinzuversetzen und unterschiedliche Meinungen und Aspekte nebeneinander existieren lassen zu können. Wir sind ebenso dazu aufgerufen, unsere eigenen inneren Richtlinien, unser Wertsystem und somit unsere Schemata zu hinterfragen, gegebenenfalls zu entrümpeln und auszubauen.

Richten wir nun den Blick nach vorne: Im folgenden Teil möchte ich Ursachen für psychische Probleme detaillierter unter die Lupe nehmen, um im Anschluss daran Wege aus dem verlorenen Ich und zu neuer Stärke aufzuzeigen.

Wenn die Psyche unrund läuft – Ursachen für psychische Probleme

Wenn wir den Menschen an sich betrachten, so ist er mit einzigartigen Fähigkeiten ausgestattet, die ihn prinzipiell zu einem Wunder der Natur machen. Seine Flexibilität, sein Denken über sich selbst und die Welt, seine Möglichkeit zu planen und somit seine eigene Zukunft zumindest in gewissem Rahmen zu beeinflussen, seine Fähigkeit, eine Sache auch umzuwerten, und vieles mehr verleihen ihm prinzipiell Überlegenheit der Tierwelt gegenüber und bahnen auch den Weg zur Möglichkeit, bis zu einem gewissen Grad frei zu sein.

Dennoch läuft es nur allzu oft anders, indem der Mensch einerseits seine Fähigkeiten im weitesten Sinne gegen sich und seine Umwelt verwendet oder andererseits diese erst gar nicht erkennt und sie brach liegen lässt, weil ihm möglicherweise bereits in der Kindheit der Zugang dazu blockiert wurde. Es scheint so, als verhielte es sich wie bei einer voll automatisierten, intelligenten Maschine, die im Vergleich zu einfacheren Exemplaren massiv störungsanfällig ist. Gleichzeitig konkurrieren Intelligenz und tierische Impulsivität miteinander, in etwa so, als wäre ein hoch technisierter, starker Motor in einer zarten, wackeligen „Ente" eingebaut, die weder mit den PS noch sonst irgendeinem Schnickschnack etwas anfangen kann. Wie ist das zu verstehen?

Einerseits ist der Mensch intelligent genug, um zum Mond oder bald auch zum Mars zu fliegen. Er hat das technische Know-how, um den Einfluss der Natur zu seinen eigenen Gunsten zu nutzen. Andererseits startet er damit auch Projekte, die er schließlich nicht mehr unter Kontrolle hat, oder er ignoriert einfach langfristige Folgen, da oft lediglich das Prinzip „Was ich gleich haben kann, möchte ich auch gleich – und davon möglichst mehr als die anderen. Denn ich bin der Chef!“ vorherrscht. Stoffe, wie beispielsweise Plastik, werden nach dem Verschwinden des Menschen noch ewig auf der Erde vorhanden sein. Dennoch werden derartige Langzeitfolgen von Verantwortlichen einfach verleugnet. Umweltkatastrophen, Erkrankungen und humanitäre Schandflecke verschiedensten Ausmaßes sind also die Folge. Der Mensch gleicht dem „Zauberlehrling“: „Die Geister, die ich rief, werde ich nicht mehr los!“

Der Mensch ist befähigt zu planen, was bedeutet, dass er sich Gedanken über eine mögliche Zukunft machen kann. Die Kehrseite der Medaille sieht so aus, dass er auch mit Ängsten kämpft, die ihm nicht grenzenlos zum Vorteil gereichen, da die Lebensqualität sehr darunter leiden kann. Er quält sich aus Angst vor dem Älterwerden und fürchtet im Vorfeld Krankheit und Tod. Oft höre ich: „Immer diese Gedanken über alles Mögliche! Menschen, die sich nicht so viel überlegen oder analysieren können, tun sich sicher leichter als ich!“ Eine Aussage, die ich nur bei Menschen stützen kann, die unter einem Übergewicht an negativen Gedanken leiden und sich aus diesem Sorgenstrudel kaum befreien können.

Ist der Mensch prinzipiell zu intelligent, um mit seiner Vergänglichkeit zurechtzukommen in dem Sinne, dass er sich verschiedenste Gedanken über seine Zukunft machen kann, wobei er mit den Ergebnissen seiner Überlegungen schlecht fertig wird? Der Mensch sieht sein Ende als den einzigen wirklich sicheren Ausgang seines Lebens, was ihn dahingehend beunruhigt, weil es sich um ein noch nie gelüftetes Geheimnis handelt, das auch er Zeit seines Lebens nicht lüften und auch nicht kontrollieren kann. Warum muss das Leben aufhören? Wohin gehen wir dann? Was passiert, wenn wir kein Leben geführt haben, das „gut genug“ für das „Himmelreich ist?“ Winkt uns das „Fegefeuer“? Droht uns ein Abstieg in eine tiefere Stufe in der Kette der Wiedergeburten? Ist nach dem Sterben alles aus? Können wir uns überhaupt vorstellen, nicht zu existieren? Wie schwer ist es, für den Menschen, Ungewissheit von diesem Kaliber zu ertragen! Er sucht nach Erklärungen, Beweisen oder zumindest Hinweisen. Entsprechende Religionsbekenntnisse können diese Unsicherheit auf ein erträgliches Maß lindern. Im Laufe der letzten Jahrzehnte haben aber viele Menschen derartige, in förderlichem Maße gelebte Orientierungen verloren, die einem Gefühl der Sinnlosigkeit Vorschub leisten. Das ist also wieder eine Quelle, die dazu führen kann, das Ich zu verlieren. So manche versuchen, sich quasi in „Ersatzreligionen“ wie der Esoterik zu finden, um den verlorenen Halt wiederzuerlangen.

Der Mensch ist an sich genial, aber zu unvollkommen, um mit anderen in Frieden zu leben. Er fürchtet sich vor anderen Menschen, meidet oder bekämpft sie. Intelligenz gekoppelt mit den Gesetzen des Dschungels bringt Krieg, im Großen wie im Kleinen. So bleibt der Mensch „kurzsichtig“, obwohl er in die Zukunft blicken und langfristige Folgen abschätzen könnte!

Wenn wir ehrlich sind, werden wir zugeben müssen, dass auch bei uns selbst die Psyche immer wieder unrund läuft und wir mehr oder weniger damit beschäftigt sind, sie zu warten und in Gang zu halten – denn wer ist schon vollkommen? Wir kämpfen darum, entweder nicht zu sehr unter uns selbst oder unter anderen zu leiden. Die stützende, vertrauenswürdige weltumspannende Gemeinschaft stellt leider keine Selbstverständlichkeit dar. Denn, wir können uns nicht darauf verlassen, dass wir bedingungslos von Nachbarn, den Leuten auf der Straße oder auch aus aller Welt Hilfe erhalten, wenn wir in Not sind. Hilflosigkeit sowie leider auch oft Gleichgültigkeit und Profitgier stehen einer besseren Welt immer noch im Wege.

Diese menschliche Grundproblematik spiegelt sich also in unserem Alltag wider. Kein Wunder, dass wir manchmal einfach nicht mehr weiterwissen: „Ich habe ständig Angst, dass jemand einbricht, obwohl wir alarmgesichert sind!“, „All die Jahre ist immer alles gut gegangen und ich habe immer normal gelebt. Jetzt fühle ich eine innere Leere ...“, „Früher hat das Fortgehen am Wochenende Spaß gemacht, da wir als ganze Gruppe unterwegs waren, aber jetzt will keiner mehr. Die meisten haben eine Familie. Jetzt sind meine Wochenenden einsam und frustrierend.“

„Früher hatte ich kein Problem, Frauen kennenzulernen. Ich habe sie alle rumgekriegt. Jetzt will ich eine Beziehung, aber in den Lokalen werde ich nicht mehr fündig!“, „Wie und wo soll ich jemanden kennenlernen? Ich mag nirgends hingehen, wo ich niemanden kenne, und alleine will ich das schon gar nicht!“

„Ich kann niemandem vertrauen und daher kann ich mich auf niemanden einlassen“, „Ich habe alles, was man zum Glücklichsein braucht: eine Wohnung/Haus, ein schönes Auto, eine Partnerschaft und erwachsene Kinder. Aber ich bin unzufrieden.“

„Egal wo ich bin, ich ecke überall an“, „Ob in der Arbeit, daheim oder im Freundeskreis: Überall bin ich als helfender Engel unterwegs. Aber wenn ich einmal etwas brauche ...“, „Obwohl alles nach außen hin gut läuft, habe ich das Gefühl, auf der Stelle zu treten. Irgendwie komme ich nicht weiter! Die Zeit läuft davon und mir rieselt das Leben durch die Finger. Es besteht nur aus gut funktionierender Routine – kann das schon alles gewesen sein?"

„Wenn ich so auf mein Leben zurückblicke, denke ich mir, dass ich alles anders hätte machen sollen. Nur immer Arbeit, Arbeit, Arbeit, keine Urlaube und nur immer alles für die Kinder. Dabei habe ich noch die Schwiegermutter im Haus ertragen müssen. Heute würde ich alles anders machen, aber jetzt bin ich mit 65 schon zu alt, um etwas zu ändern."

„Ja, die Aufnahmsprüfung habe ich geschafft, ich habe aber sicher nur Glück gehabt. Ich habe Angst davor, die Ausbildung nicht zu schaffen. Denn wenn ich einmal eine Prüfung nicht schaffe, habe ich den Beweis dafür, dass ich unfähig bin!"

„Ich traue mich nicht ins Freibad, weil ich zwei Kilo zugenommen habe. Wenn ich mich nicht perfekt fühle, gehe ich nicht raus und hasse mich. Man muss doch perfekt sein, um einen Partner für eine Beziehung kennenzulernen!"

Diese Beispielliste ließe sich endlos fortsetzen. Wir haben es hier also lediglich mit einer „Kostprobe" an Möglichkeiten zu tun, die uns das Leben versalzen oder uns überhaupt in unserer Lebensqualität blockieren können. Diese Beispiele sind Standardproblemstellungen in der psychotherapeutischen Praxis und sind so zusammengestellt, dass bereits kleine Hinweise auf mögliche Ursachen erkennbar werden. Auslöser für psychische Probleme finden wir beispielsweise in der unzureichenden Bewältigung von Entwicklungsaufgaben, in einem mangelhaft eingerichteten Werkzeugkoffer, der unpassende oder auch einseitige Problembewältigungsstrategien und unzureichende soziale Kompetenz aufweist, sowie in ungünstigen Erfahrungsnetzwerken (Schemata), die mit ungünstigen Denk- und Bewertungsgewohnheiten verbunden sind.

Ich möchte Sie nun dazu einladen, mit mir gemeinsam eine Auswahl von Faktoren unter die Lupe zu nehmen, welche die Entstehung von Problemen fördern. Neben all dem gibt es natürlich Auslöser, die in chronischer Belastung durch Krankheit, Krieg, Gefangenschaft, Naturkatastrophen und sonstigen Ausnahmezuständen zu suchen sind. Auf diese wird hier nicht eingegangen, da es sich um Bereiche handelt, die gesonderte Beachtung benötigen.

15. „Altmodisch sein": Mangelhafte Flexibilität und Einseitigkeit

Wir haben gehört, dass eine wesentliche Stärke des Menschen in seiner Flexibilität liegt. Dennoch bevorzugen wir es meist, den gewohnten Weg zu gehen, auch wenn er sich als nicht wirklich günstig oder sogar schädlich erweist. Warum ist das so?

Selbstverständlich kann diese Frage nicht pauschal beantwortet werden, da diese Einseitigkeit sowohl auf banale wie auch auf schwerwiegende Ursachen zurückzuführen ist, die individuell zu prüfen wären. Bleiben wir vorerst bei der einfacheren Form der Einseitigkeit: Was kann uns dazu bewegen, unseren Stil nicht zu verändern? Ein kleines Beispiel aus der Natur: Vögel können bekanntlich fliegen. Dennoch ist zu beobachten, dass viele bei Witterung von Gefahr erstmal abwarten und zuerst auch versuchen, wegzulaufen. Warum wohl? Weil sie offensichtlich Energie sparen wollen. Jeder unnütze Start wird vermieden, da er Kalorien verbraucht, die sich der Vogel erst wieder beschaffen muss. Auch wir Menschen neigen dazu, den bekannten Weg zu gehen, und behalten ihn auch so lange wie möglich bei, selbst wenn er unbefriedigend verläuft. Wir wissen so wenigstens, dass er zuverlässig unbefriedigend ist, was zumindest ein bisschen das Gefühl von Sicherheit und Kontrolle bewirken kann, da bei versuchten Veränderungen schließlich auch Schiffbruch erlitten werden könnte. Also versuchen Menschen häufig, sich mit Dingen abzufinden, die eigentlich prinzipiell veränderbar wären. Wie verhalten Sie sich eigentlich, wenn Sie schon unter Zeitdruck auf dem Weg zu einem bekannten Ort sind? Nehmen Sie eher den gewohnten Weg oder riskieren Sie eine mögliche Abkürzung, die Sie nicht kennen und bei der sie nicht sicher wissen, ob Sie auf diesem neuen Weg tatsächlich schneller am Ziel sind, weil Sie keine Ahnung haben, ob Sie für die Straße vielleicht einen Jeep bräuchten, Sie einfach nur sehr langsam fahren werden können oder die Strecke ein jähes Ende hat und Sie neben steilen Felsen einerseits und Abgrund andererseits reversieren müssten. Umgesetzt auf die „Trägheit" des Menschen hinsichtlich der Veränderung seiner Lebensumstände oder Verhaltensweisen bedeutet dies, dass er sich mehr oder weniger unsicher ist, ob er über das entsprechende Werkzeug verfügt, die Veränderungen erfolgreich zu bewerkstelligen, oder ob er mit den Ergebnissen im Endeffekt insofern klarkommen wird, dass es sich wirklich um eine nachhaltige Verbesserung handelt.

Sicherheit stellt eines der menschlichen Grundbedürfnisse dar und wird daher auch ungern aufgegeben. Oft fühlen sich Menschen erst dann, wenn sich Körper und Psyche mit lästigen oder bedrohlich anmutenden Symptomen lauthals melden und das Leben einschränken, wachgerüttelt und bemerken, dass etwas falsch läuft und sie etwas ändern sollten – nur was? Gar nicht so wenige bevorzugen allerdings weiterhin den „sicheren" Weg der Krankheit, die breite Forststraße vor dem unsicheren Weg der Gesundheit, der das Verlassen eines Wegs und somit Veränderung abverlangt. So manche bevorzugen zum Beispiel eher die Tablette gegen Diabetes, als zu versuchen, durch Disziplin in der Ernährung eventuell doch noch von den Tabletten wegzukommen. Hierzu sind natürlich viele verschiedene Beispiele denkbar, Tatsache ist aber, dass neue Wege den Aufbau neuer Gewohnheiten mit sich bringen, wobei der Ausgang dessen und die damit einhergehenden Gefühle nicht wirklich vorhersagbar sind.

Als Beispiel möchte ich Ihnen eine Person beschreiben, die auf der Suche nach einem Partner ist. Sie bevorzugte dafür in früheren Jahren immer Lokalbesuche. Nun, mit dreißig oder vierzig Jahren wird derselbe Weg wohl nicht zum Erfolg führen, zumindest nicht in typischen Abendlokalen, da das Publikum dort viel jünger ist. Andere Alternativen, wie verschiedenste Freizeitbeschäftigungen, die in der Gruppe durchgeführt werden oder die zumindest den Kontakt zu anderen Menschen bahnen – vom Klettern bis zur Hundeschule und kulturellen Unternehmungen – werden wahrscheinlich von mehr Erfolg gekrönt sein.

Oder ein Ehepaar, das lange Zeit, nach eigenen Angaben, gut miteinander gelebt hat, verfällt in eine Krise, da sich die Bedürfnislage eines Partners verändert hat, die Ehe aber auf gleiche Art und Weise weiter läuft und somit langweilig oder unbefriedigend wird. Die Kinder, um die sich alles gedreht hat, sind aus dem Haus oder es gab gar keine Kinder und der Beruf oder der Hausbau standen im Vordergrund. Das soll alles gewesen sein? Ein oder beide Partner erleben dieses alltägliche Einerlei als zermürbend. Einer der beiden sucht sich ein Hobby, der andere Partner wendet sich ab, Streitereien häufen sich und die Gefahr der Entfremdung erhöht sich zusehends. Immer gleich auf sich verändernde Situationen und Bedürfnisse zu reagieren, führt zu einer Kluft zwischen dem, was ist, und dem, was sein sollte. Günstig wäre es in diesem Fall, über seine Gefühle, Bedürfnisse und Ziele nachzudenken und am besten miteinander darüber problemlösungsorientiert zu sprechen und zu planen. Dies setzt einen mittlerweile schon öfters vorgestellten guten Werkzeugkoffer mit sozialen Fertigkeiten voraus!

Solchen sowie auch anderen Problemen können einfache blinde Flecken, aber auch gröbere und umfassendere innere Blockaden zugrunde liegen.

Ganz zu Beginn dieses Buchs schenkten wir der „Kunst des Wegwerfens“ unsere Aufmerksamkeit. Wir alle sind immer wieder damit beschäftigt, in unseren vier Wänden Ordnung herzustellen, auszumisten, Altes auszusortieren, das kaputt ist oder einfach den Bedürfnissen nicht mehr entspricht. Der Kleiderkasten muss regelmäßig durchforstet werden, um neuer Mode Platz zu machen. Manchmal fällt es schwer, alte Stücke, die aber einfach nicht mehr passen, weil wir älter geworden sind, zugenommen haben oder die einfach altmodisch sind, wegzugeben. Ebenso verhält es sich mit Schreibtischladen oder Werkzeugkästen. Wenn wir in uns den Satz hören: „Das habe ich immer so gemacht“ und dies als Begründung für eine offensichtlich unpassende Lösung herhalten soll, wird es dringend Zeit, die eigenen Werte und Lebenssätze auf Tauglichkeit zu überprüfen. Auch die Psyche braucht ihr Service und ein gültiges „Pickerl“, sonst laufen wir Gefahr, unnötige Lebenspannen heraufzubeschwören!

16. Unpassendes „Werkzeug“

Probleme im Umgang mit Gefühlen und Belastungen: „Nicht wahrhaben wollen“

Wie wir in einem früheren Kapitel bereits gesehen haben, ist es nicht gleichgültig, wie wir mit Belastungen und ihren begleitenden Gefühlen oder Veränderungen umgehen. Reagiert der Mensch auf veränderte oder chronisch belastende Situationen immer gleich, so wird seine Strategie früher oder später nicht mehr von Erfolg gekrönt sein, weil er sein Verhalten nicht an die aktuellen Anforderungen der Lebenssituation anpasst.

Bei der Abhandlung der verschiedenen Bewältigungsstrategien (Abwehr- und Coping-Mechanismen) zeigte sich, dass sich der offene, klare Umgang mit Gefühlen und äußeren Belastungen als am günstigsten herausstellte. Aber: Um offen mit einem Problem umzugehen, müssen wir die Bereitschaft zeigen, dieses auch bewusst wahrzunehmen. Erst dann sind wir imstande, auch auf bewusster Ebene Strategien einzusetzen, die das Problem direkt entschärfen sollen.

Erinnern wir uns an das Beispiel mit der Waschmaschine: Jemand, der zwar einen Wasserfleck auf der Decke sieht, aber nicht wahrhaben will, dass dieser von einem gröberen Problem verursacht worden ist, wird dieses auch nicht oder einfach erst viel später lösen können, wenn sich bereits erschwerende Folgeerscheinungen und Komplikationen dazugesellt haben.

Oder: Jemand, der weiterhin vom Katalog bestellt oder wiederum den neuesten Fernseher kauft, ohne auf sein Konto zu sehen, wird ein böses Erwachen nicht verhindern können.

Dieses „Nicht wahrhaben wollen“ sowie das Herunterspielen von Belastungen finden wir auch im Bereich der Alltagsroutine: Menschen, die beruflich und/oder privat mehr als gefordert und eventuell auch sehr engagiert sind, übergehen oft erste Anzeichen der Überforderung. Sie wollen es nicht wahrhaben, dass Körper und Psyche bereits auf Reserve fahren. Insofern behandeln Menschen ihr Auto oft besser als sich selbst, und zwar deshalb, weil sich Autos konsequenter verhalten: Ist das Benzin aus, bleibt es kompromisslos stehen. Wir werden uns daher davor hüten, die Benzinanzeige zu ignorieren. Beim Menschen „geht allerdings immer noch etwas", so lange, bis er erkrankt.

Auch zwischenmenschliche Beziehungen können von ungünstigen Coping-Strategien belastet sein: Gegenseitiges Entwerten, um selbst besser dazustehen, wird Bindungen nicht gerade stärken! Andernfalls können Kränkungen, die man vor sich selbst herunterspielt, bewirken, dass diese wie ein Keim in uns zu wachsen beginnen und nach und nach eine Beziehung zerstören, die bei offenem Ansprechen und Lösen der Kränkung Bestand hätte haben können.

Mangel an sozialen Kompetenzen

Wie bereits ausgeführt wurde, gehören zu sozialen Fertigkeiten verschiedene Teilfertigkeiten eines sehr weiten Felds. Ein Mensch ist deshalb selten einfach sozial kompetent oder eben nicht, sondern er verfügt über bestimmte soziale Fertigkeiten, obwohl er in anderen Bereichen Mängel aufweist. Sozial unsicher zu sein bedeutet zum Beispiel nicht, dass der Betroffene nicht über ein gutes Selbstwertgefühl hinsichtlich seiner beruflichen, sportlichen oder sonstigen Fähigkeiten verfügt. Auf diese Weise ist es möglich, diverse Lücken zumindest auszugleichen. Ein Mann, dem es schwer fällt, auf Frauen zuzugehen, kann sich eventuell durch seine sportlichen Fähigkeiten, Interessen und Kontakte Zugang zur Frauenwelt verschaffen.

Dennoch ist nicht zu bestreiten, dass ein Mangel an sozialen Fertigkeiten psychische Probleme verursachen kann. Zeigt jemand zum Beispiel Scheu davor, Wünsche zu äußern oder Forderungen zu stellen, so lässt er sich von anderen lenken, erreicht seine Ziele nicht und nimmt übermäßige Nachteile in Kauf. Jemand, der nicht standhaft bei seinem „Nein" bleibt, wird sich ebenfalls den Wünschen anderer beugen und zum Beispiel Dinge kaufen, die er nicht will, weil er sich nicht gegen den Verkäufer stellen will. Er wird Gefahr laufen, sich zu Gefälligkeiten überreden zu lassen, die ihm zum Nachteil gereichen, wie zum Beispiel ungünstige Dienste übernehmen, spontanes Babysitten, obwohl er sich gerne mit jemandem zum Kino getroffen hätte und obwohl es sich um keine Notsituation handelt, etc. Konflikte scheuen oder aber sie stets zum Eskalieren zu bringen, gefährdet auf Dauer Beziehungen.

Ein negatives Bild von sich selbst kann bewirken, dass sich der Betroffene keine Fehler verzeiht und sich selbst nicht gut genug ist. Das blockiert wiederum den Umgang mit anderen, da er sich nicht erlaubt, eigene Wünsche zu äußern oder auch mal durchzusetzen. In der Therapie höre ich in diesem Zusammenhang immer wieder von ethischen Bedenken, sich so wichtig zu nehmen, statt nachzugeben und dem anderen ausnahmslos seinen Willen zu lassen.

Ein unzureichend oder ungünstig ausgestatteter Werkzeugkoffer kann also dazu führen, dass Belastungen und Probleme nicht entsprechend gelöst werden, weshalb die Lebensqualität massiv leidet.

Der Mangel an sozialen Fertigkeiten führt, auf einen Nenner gebracht, entweder dazu, von anderen bestimmt zu werden, was die Erreichung eigener Vorstellungen und Ziele behindert, oder zu rücksichtslosem, kompromisslosem Verhalten, was die Ablehnung und Ausgrenzung durch andere begünstigt. Soziale Kompetenzen bestimmen also unsere persönliche Freiheit und das Ausmaß der Integration in unsere soziale Umwelt und in die Gesellschaft stark mit.

17. Blockierende Selbstgespräche: „Sich selbst k.o. schlagen"

So manche Person greift sich dann und wann auf den Kopf und fragt hinter vorgehaltener Hand: „Oh weh, ich habe mich dabei ertappt, als ich mit mir selber sprach! Bin ich nun verrückt?" Prinzipiell kann ich Sie hier gleich beruhigen! Das Denken begleitet uns ein Leben lang und gleicht einer inneren Sprache, die uns dabei helfen soll, die Umwelt und auch unser eigenes Erleben zu ordnen und auch zu bewerten. Wenn wir kleine Kinder beobachten, so können wir feststellen, dass sie oftmals ihre Handlungen laut kommentieren, ja sich sogar Anweisungen geben, etwas Bestimmtes zu tun: „Tina geht die Stufen hinunter ... Tina muss sich anhalten, sonst Wehweh!" Im Laufe der Entwicklung automatisieren sich diese Anweisungen und werden zu einem inneren Dialog. Besonders bei anstehenden Entscheidungen wird diese uns stets begleitende innere Stimme erlebbar, da wir Vor- und Nachteile gegeneinander abwägen. Somit ist es durchaus üblich, dass wir immer wieder dazu tendieren, auch „hörbar" mit uns selbst zu sprechen. Das hat an sich nichts mit psychotischen Symptomen zu tun.

Wenn wir uns überlegen, wie stark wir darauf reagieren, ob andere Menschen uns nun freundlich, provokant, aggressiv, abwertend oder liebevoll und wertschätzend begegnen, so liegt es auf der Hand, dass es nicht gleichgültig ist, wie unser eigener innerer Dialog abläuft, wie wir also zu uns sprechen. Verfügen wir über ein gutes Selbstwertgefühl, liegt es nahe, dass wir uns selbst gegenüber ein freundschaftliches, stützendes Verhältnis aufgebaut haben. Wir werden unsere innere Stimme als „besten Freund" wahrnehmen, der uns in kritischen Situationen tröstet, beschwichtigt und produktive Lösungen vorschlägt. Die innere Stimme wird uns Fehler zugestehen, uns liebevoll auf andere Alternativen hinweisen und Chancen geben, etwas besser zu machen. Was aber, wenn nicht? In meiner Arbeit mache ich tagtäglich die Erfahrung, dass sich Menschen selbst die größten Feinde sind und ihre innere Stimme auf Zerstörung und Kränkung des eigenen Ichs eingestellt ist. Auch für den Fall, dass die daraus folgenden Blockaden nicht so krass ausfallen sollten, können uns unsere inneren Richtlinien, also Wertsysteme ziemlich im Weg stehen, auch wenn dies lange Zeit nicht so war. Bei veränderten Gegebenheiten und Anforderungen kann es sein, dass unsere Leitsätze irgendwann nicht mehr helfen, sondern uns den Weg absperren. Zum Beispiel hat der innere Satz „Du musst alles perfekt im Griff haben, darfst keine Schwächen zeigen und keine Fehler machen" sein Gutes, solange ein Mensch imstande ist, von der Art und dem Umfang der Anforderungen seinem inneren Gesetz zu entsprechen. Ein guter Schüler wird sich leichter tun, keine Fehler zu machen und sich zu organisieren. Er erlebt sich als selbstwirksam und baut seinen Selbstwert aufgrund seiner Erfolge und der Fähigkeit zur Selbstkontrolle auf. Sollte es auch vom Elternhaus her nötig sein, früher Selbstständigkeit zu erlangen, da es sich beispielsweise um eine kinderreichere Familie, materielle Engpässe, kranke Eltern,

Geschwister oder Ähnliches handelt, kann eine derartige Einstellung des jungen Menschen in dieser Lebensphase bis zu einem gewissen Grad hilfreich sein. Dieses Bild von sich selbst, alles immer schaffen, beeinflussen zu können und unter Kontrolle zu haben, kann ein gutes Gefühl mit sich bringen. Solche Menschen haben auch oft das Bild von sich, dass sie besonders belastbar sind, was wohl häufig stimmen mag. In der Folge laden sie sich standardmäßig zu viel auf und werden auch von ihrer Umwelt beladen, da sie als besonders stark und organisiert wahrgenommen werden. Alles das kann Jahre oder sogar Jahrzehnte gut und erfolgreich laufen, bis die innere Überzeugung, alles im Griff zu haben, erschüttert wird. Da es zu einer chronischen Überforderung kommt, in der alles immer noch einigermaßen ausbalanciert ist, und die Betroffenen mit zusammengebissenen Zähnen vieles gerade noch meistern, kommt es zu ersten Symptomen, die aber vorerst immer wieder übergangen werden: Reizbarkeit, schlechter Schlaf und damit einhergehende Mattigkeit. Irgendwann meldet sich der Körper beispielsweise durch erhöhte Infektanfälligkeit, die wiederum an den Kräftereserven nagt. Das dichte Alltagsprogramm gewährt kaum Pausen, Unterstützung wird nicht angeboten oder auch nicht gesucht oder nicht angenommen. Vom körperlichen und psychischen Konto wird von Kraftfressern mehr abgebucht, als von den kargen Kraftquellen wieder eingezahlt wird – der Weg zum Ausbruch eines Burnout ist damit geebnet. Bleibt der Betroffene starr bei seinem Stil und dem inneren Satz „Du musst immer alles im Griff haben und darfst keine Schwächen zeigen und Fehler machen“, kommt es unweigerlich zum Zusammenbruch. Oft ist die Kränkung dieser Menschen sehr groß, da ihr inneres Bild der eigenen Möglichkeiten zerbrochen ist. Sie, die sie immer alles meisterhaft geschafft haben, die sich nie kleinkriegen haben lassen und für andere vielleicht oft Rettungsanker oder Berater waren, sollen sich die Schwäche eingestehen, dass sie nicht mehr weiterkönnen oder wissen? Das scheint nahezu unmöglich!

Mit oder ohne Burnout trifft dies auch sehr oft auf Angstpatienten zu. Die eigene Anforderung, alles immer im Griff zu haben, es anderen recht zu machen und sich zu viel aufzuladen, kann dazu führen, dass sich vermehrt Stresssymptome des vegetativen Nervensystems entwickeln: Herzklopfen, Schweißausbrüche, Schwindel und vieles mehr. Kann sich ein Mensch die Herkunft dieser oft heftigen Empfindungen nicht erklären, schaukeln sich Betroffene häufig bis zu einer Panikattacke hoch, da sie plötzlich das Gefühl des absoluten Kontrollverlusts erleben (ich könnte durchdrehen, umfallen, einen Herzinfarkt kriegen, mich fürchterlich blamieren, ...). Der Körper tut, was er will – eine unangenehme Erfahrung für jemanden, der sonst immer alles im Griff hat! Sie entwickeln Angst vor der Angst, die ihr bisher erfolgreiches Leben massiv einzuschränken beginnt.

Wenn wir uns ansehen, weshalb gerade jetzt diese Schwierigkeiten auftreten, so finden wir häufig ein mehr oder weniger zufälliges Zusammentreffen verschiedener Belastungen, größere aber auch kleinere Dinge, die „aus der Reihe fallen", also ungeplant eintreten. Dazu zählen Krankheit, Jobverlust, Reparaturen, Chefwechsel, Tod eines Haustiers, Veränderungen in der Familie wie auch aktuelle Entwicklungsaufgaben von Familienmitgliedern und vieles mehr, die somit zu einer zu starken Überlastung führen. Blicken wir auf die Biografie und das Wertsystem, also auf die inneren Sätze von Betroffenen, so haben sie mit dieser Lebensveränderung ihre uneingeschränkte Gültigkeit verloren. „Niemand kann alles im Griff haben, es können unvorhergesehene Dinge passieren, die wir nicht gleich meistern können. Niemand schafft es, hundertprozentig perfekt zu sein, es gibt immer bei allem ein gewisses Restrisiko." Diese Einsichten nützen vorerst meist wenig, da sich Gefühle, wie wir gehört haben, nur langsam verändern. Mit Sorgfalt und der nötigen Zeit kann dieser innere Leitsatz so an die Anforderungen angepasst werden, sodass er stützt und nicht blockiert.

Ein weiteres Beispiel: Ein Schüler, der seine ganze Ausbildungszeit hindurch beinahe ausschließlich die Note „Sehr gut" bekommt, genießt hohes Ansehen, hat aber eines nicht gelernt: den Umgang mit Misserfolg und Kritik im Leistungsbereich. Dies kann zur Folge haben, dass der Eintritt ins Berufsleben eine wesentlich größere Entwicklungsaufgabe ist als für Menschen, die gelernt haben, auch mit den Schattenseiten ihrer Leistung umzugehen. Da niemand fehlerlos sein kann, muss es auch zu unperfekten Leistungen kommen. Deshalb sollte unser Werkzeugkoffer dementsprechend ausgestattet sein, um mit solchen „narzisstischen Kränkungen" umgehen zu lernen. Unser Musterschüler und -student muss sich ab dem Eintritt ins Arbeitsleben vom klaren Notensystem für immer verabschieden. Die Unsicherheit, die dadurch entsteht, dass ab jetzt durch kein so eindeutiges Feedback seine Leistung bewertet wird, kann das Bild von sich selbst erschüttern. Die innere Stimme, das Wertsystem sich selbst gegenüber, wann bin ich erfolgreich, wann nicht und was passiert, wenn ich erfolglos bin oder jemand anders mir überlegen ist, muss förmlich umgebaut und erweitert werden, da das gute Selbstwertgefühl im Hinblick auf Leistung Gefahr läuft, völlig in sich zusammenzubrechen.

Wir sehen, welchen Einfluss die innere Stimme und somit auch die inneren Leitsätze auf unser Verhalten, Erleben und dadurch auch auf unsere Lebensplanung haben. Es ist daher auch nicht egal, wie Erfolge und Misserfolge verbucht werden: Wir haben die Wahl, beispielsweise absolvierte Prüfungen der eigenen Fähigkeit zuzuschreiben oder aber dem Zufall, der bekanntlich nicht zu lenken ist. Im Fall von Misserfolg können wir eher dazu neigen, ihn der eigenen Unfähigkeit oder aber einer unglücklichen Begebenheit zuzuschreiben. Dieser persönliche Umgangsstil (er wird in der Fachsprache auch „Attribuierung" genannt) beeinflusst nachvollziehbar, ob wir uns als selbstwirksam erleben und uns somit die Fähigkeit zuschreiben, anstehende Probleme lösen zu können oder eben nicht. Dies beeinflusst unsere Planung, was wir uns zutrauen und was nicht, ob wir für uns erstrebenswerte Ziele tatsächlich verfolgen oder nicht und ob wir Gefahr laufen, psychisch zu erkranken oder eben nicht. Menschen mit einem prinzipiell schlechten Selbstwertgefühl sowie auch Depressive verfügen nur allzu oft über einen solch ungünstigen Attribuierungsstil. Aufgrund dieses Stils werden Erfahrungen in bestehende Schemata integriert und selbsterfüllende Prophezeiungen bestätigen den Betroffenen im ungünstigen Fall das negative Bild, das sie von sich haben.

Hier sind sie wieder, die Erfahrungen, bei denen es sich um stützende und schützende Schemata oder aber um massive Kränkungen und Verletzungen handelt, die mit jeder vorprogrammierten, selbst gestalteten Erfahrung erneut aufgerissen und somit bestätigt werden.

18. Das Ich, das sich in Lebensfallen verliert

Wir haben uns in einem früheren Kapitel mit Wahrnehmung und der Entwicklung von Erfahrungsnetzwerken auseinandergesetzt. Diese Schemata sollen uns dabei helfen, bei begrenzter Wahrnehmungsfähigkeit in Kombination mit den drei beschriebenen Formen des Lernens, Struktur und Ordnung in unser Leben zu bringen. Neben hilfreichen Schemata können sich allerdings auch ungünstige Muster entwickeln. Jeffrey Young hat diese herausgearbeitet, benannt und in diesem Zusammenhang die sogenannte „Schematherapie“ entwickelt, die darauf abzielt, in der Kindheit entstandene Lebensfallen aufzuspüren und zu überwinden. Im deutschsprachigen Raum befasst sich insbesondere der Psychiater Eckard Roediger intensiv mit der Schematherapie und ihrer Weiterentwicklung.

Unter Lebensfallen verstehen wir ein Muster, das in der Kindheit entsteht, sich während des ganzen Lebens eines Menschen immer wieder auf selbstschädigende Art und Weise zeigt und seinen Ursprung darin hat, welches Erfahrungsnetzwerk wir mit unserer Familien oder mit anderen Kindern aufgebaut haben. Wir wurden eventuell verlassen, kritisiert, übermäßig beschützt, missbraucht, misshandelt oder sind ausgeschlossen worden.

Natürlich läuft keine Kindheit „perfekt“ ab und das muss sie auch gar nicht. Die Voraussetzung für eine gute Entwicklung besteht aber darin, dass sie „gut genug“ verlaufen ist. Was sollte in der kindlichen Entwicklung jedoch möglichst nicht passieren? Kinder sind von ihren Eltern absolut abhängig. Die größte Qual besteht in der Ausübung brutaler oder gefühlskalter, vernachlässigender Macht dem Kind gegenüber. Jede Form von Missbrauch und Misshandlung gehört hier dazu. Die Auswirkungen davon erfahren eine zusätzliche Verstärkung, wenn sich der andere Elternteil dabei passiv oder hilflos verhält. Ist Ihnen diese Kränkung nicht widerfahren, sind Sie zumindest, was das anbelangt, zu beglückwünschen. Wie würden Sie sich fühlen, wenn Sie geschlagen oder genötigt werden und Ihr Partner steht tatenlos daneben oder verlässt den Raum, um nicht zusehen zu müssen? Danach tut er dann womöglich auch so, als wäre nichts gewesen … Könnten Sie ihm noch vertrauen?

Schwierig ist es auch, wenn Eltern gefühlsmäßig distanziert, also unerreichbar waren und von ihrem Kind erwarten, dass im Leben nur die Leistung zählt und man nur danach zu trachten hat, Überdurchschnittliches zu erreichen. Welches Bild würden Sie von der Welt bekommen? Was, denken Sie, müssten Sie erfüllen, um die Liebe Ihrer Eltern zu gewinnen, von denen Sie immerhin mit Leib und Leben abhängig sind?

Starke Verunsicherung bringen auch fortwährende Streitigkeiten der Eltern mit sich. Sie zeigen damit ihre Grenzen und ihr Unvermögen, gravierende Probleme zu lösen. Was würde in Ihnen vorgehen, wenn Sie als Kind die Ohnmacht Ihrer Eltern, die das Maß aller Dinge darstellen und die Sie lieben, miterleben müssten? Was würden Sie tun, damit sich die beiden vertragen? Welches Bild würden Sie von der Welt bekommen, wenn sich die Menschen, von denen Sie völlig abhängig sind, gegenseitig niedermachen oder sogar bedrohen?

Ein Kind ist auch erschwerenden Bedingungen ausgesetzt, wenn ein oder beide Elternteile krank, depressiv oder süchtig sind. Im Laufe des Älterwerdens übernimmt das Kind gar nicht so selten die Elternfunktion für vorhandene Geschwister oder es kommt sogar frühzeitig zu einem Rollenwechsel, indem der Elternteil zum Kind wird. Wie würden Sie sich fühlen, wenn Ihre Eltern ihre Aufgabe, „der Fels in der Brandung“ zu sein, nicht erfüllen wollen oder können? Inwieweit könnten Sie sich in der Folge überhaupt noch auf jemanden verlassen?

Oder aber: Kinder werden „gefesselt“, wenn die Beziehung zu ihren Eltern als gefühlsmäßige Verstrickung erlebt wird. Von Anfang an und über die Jugend hinaus wird hier das Gefühl provoziert, dass das Kind für die Eltern da zu sein hat und dass es ihm zum Beispiel selber gut gehen muss, damit es den Eltern gut geht, oder es darf ihm nicht gut gehen, wenn es den Eltern schlecht geht. Es kann auch passieren, dass das Kind einen Elternteil quasi ersetzen muss, indem es persönliche Probleme dieses Elternteils hören und besprechen soll oder auch Unternehmungen anstelle des Partners mitmacht. Manche Betroffene übernehmen sogar die Rolle eines Familientherapeuten, um Konflikte zu schlichten und das Beziehungssystem zu erhalten. Dies kann so weit gehen, dass das nun erwachsene Kind es kaum wagt, sich vom Elternhaus zu lösen, da es nicht riskieren will, dass Eltern ihre Konflikte nicht mehr lösen können.

Wären Sie in solchen familiären „Gesetzen" gefangen, welche Gefühle würde dies in Ihnen auslösen? Überforderung? Wären Sie frei genug, Ihr Leben nach Ihren Vorstellungen zu gestalten?

Eine weitere Belastung kann auch darin bestehen, dass ein Elternteil in übertriebenem Maß um die Sicherheit des Kindes bemüht und besorgt ist. Verschärfend kann auch eine Angsterkrankung des Elternteils hinzukommen. Vielleicht fürchtet er sich davor, allein zu sein, nimmt das Kind deshalb auch zu sich ins Bett und weint sogar vor Angst. Prinzipiell klammerte sich der Elternteil an das Kind und lässt keine Absicherungen aus. Wie würden Sie sich fühlen, wenn ein Elternteil, von dem Sie abhängig sind, der Sie beschützen und Ihnen die Angst nehmen sollte, Ihnen zeigt, wie viele Gefahren ständig auf Sie lauern? Welches Bild hätten Sie wohl von der Welt, wenn diejenigen, die es ja wissen müssen, selber unter Angst leiden? Wie frei würden Sie sich in die Welt hinaus bewegen?

Ebenso fatal ist es, wenn Eltern ihr Kind unaufhörlich kritisieren und nichts gut genug ist. Wie würden Sie darauf reagieren, wenn Ihre Bemühungen, Leistung zu erbringen, ständig fehlschlagen? Welches Bild würden Sie von sich bekommen und welche Zukunftsperspektiven würden Sie für sich sehen? Wie gut könnten Sie sich vorstellen, erfolgreich und selbstbestimmt Ihr Leben zu führen?

Für Kinder – in der Folge auch für die Eltern – ist es eine große Erschwernis, wenn es kein konsequentes Setzen von Grenzen gibt. Wenn Sie nicht beigebracht bekommen, welches Verhalten in Ordnung ist und welches nicht, wie gut könnten Sie sich im Leben orientieren? Würden Sie nicht ständig anecken und wüssten nicht warum? Welche Gefühle würde es in Ihnen auslösen? Vielleicht unter anderem Wut auf Ihre Umwelt?

Man sagt, Kinder können sehr grausam zueinander sein – wie es Menschen eben generell sein können. Wenn nun ein Kind wiederholt und/oder auf besonders prägende Art von seinen gleichaltrigen Spielgefährten oder Schulkollegen gehänselt oder auf sonst eine Art abgelehnt und ausgegrenzt wird, schlägt sich diese Erfahrung als massive Kränkung nieder. Wie würden Sie sich in so einer Situation fühlen, in der Sie keine Unterstützung zu erwarten haben? Wie fühlt es sich an, nicht dazuzugehören? Wie würden Sie sich selbst sehen und welche Gefühle tauchen auf, wenn Sie in die Zukunft mit all ihren Anforderungen blicken?

Ich möchte Sie herzlich dazu einladen, sich in die genannten Bedingungen zu versetzen, falls Sie sich nicht ohnehin da oder dort selbst wiedergefunden haben. Es braucht wohl nicht übermäßig viel Einfühlungsvermögen, um diese skizzierten Situationen als tiefe Kränkungen und Verunsicherungen zu erkennen, die für Kinder schlichtweg Gift sind.

Um einem Kind eine gute psychische Entwicklung in Richtung seelischer Gesundheit zu gewährleisten, sollten folgende Grundbedürfnisse erfüllt und als Grundpfeiler gegeben sein: Als Eltern sind wir dazu aufgefordert, Grundsicherheit, Verbundenheit mit anderen, Autonomie, Selbstachtung, Selbstausdruck und realistische Grenzen zu leben und zu vermitteln.

Sehen wir uns doch diese Eckpfeiler der gesunden psychischen Entwicklung genauer an und betrachten, welche Fallen sich bei Nichterfüllen dieser Grundbedürfnisse einschleichen können.

Misstrauen und Verlassenheit statt Grundsicherheit

Der hier beschriebene Eckpfeiler für seelische Stärke, die Erfüllung des Bedürfnisses nach Grundsicherheit, deckt sich am besten mit den bereits genannten ersten Entwicklungsaufgaben des Menschen, nämlich mit dem Erleben von Bindung und Beziehung zur Bezugsperson (auch das Urvertrauen wurde hier bereits thematisiert). Diese Grundsicherheit baut sich bereits im Säuglingsalter auf, kann aber natürlich auch entsprechend unerfüllt bleiben. Da der Säugling in seinem Überleben absolut abhängig ist, kennt er vor allem Gefühlsqualitäten wie Zufriedenheit und Todesangst. Das Erleben von Sicherheit, dass seine Bedürfnisse unverzüglich und vor allem regelmäßig erfüllt werden, er also gefüttert, getröstet und liebevoll umsorgt wird, sich schlichtweg auf die Bezugspersonen verlassen kann, stellt die Basis unseres Umwelterlebens dar. Menschen, deren Bedürfnis nach dieser Grundsicherheit nicht erfüllt wurde, da sie missbraucht, misshandelt oder im Stich gelassen worden sind, erleiden dabei die tiefste Schädigung. Denn wenn das Fundament nicht stabil ist, wird das ganze Haus wackelig und unsicher sein!

Alkoholismus eines Elternteils leistet beispielsweise einem solchen Mangel an Sicherheit Vorschub, da unter anderem diese Menschen aufgrund ihrer Basisproblematik nicht zuverlässig für ihre Kinder da sein können. Sie sind psychisch labil, reagieren oft unvorhersehbar oder auch traumatisierend, indem es beispielsweise auch leider immer wieder dazu kommt, dass Kinder in der Nacht von einem betrunkenen Elternteil geweckt und geschlagen werden oder aber die Schläge auf den anderen Elternteil miterleben müssen. Eltern sollten für ihr Kind körperlich wie auch gefühlsmäßig da sein, sodass es sich auf die Eltern verlassen kann. Das Kind erfährt diese sichere Ordnung dabei nicht nur an sich selbst, sondern auch darin, wie die übrige Familie sich zueinander verhält. Bekommt es selbst die entsprechende Fürsorge, erlebt aber in der Familie ansonsten Streit, Abwertung und Gefühlskälte, so wird das Kind fürchten müssen, diese derzeit erlebte Fürsorge und Geborgenheit früher oder später zu verlieren. Deshalb ist es von enormer Wichtigkeit, dass die Austragung von Konflikten in einem angemessenen Rahmen bleibt und Konfliktlösung sowie Versöhnung ihren sicheren Platz haben. Eltern sind für Kinder allmächtig, hilflose Eltern sind hingegen massiv verunsichernd.

Fehlt Menschen diese Grundsicherheit, so sprechen wir von den Lebensfallen Verlassenheit, Misstrauen und Missbrauch. Solche Menschen fühlen sich in der Folge nirgends sicher. Die Palette reicht von der Angst, dass jederzeit etwas Schreckliches passieren kann, bis hin zu der Sorge, von geliebten Menschen verlassen zu werden. Dieses Gefühl, allein zu sein, kann dazu führen, dass solche Menschen sich besonders stark an andere klammern, wodurch aber die Wahrscheinlichkeit, tatsächlich verlassen zu werden, steigt. Stehen Missbrauch und Misshandlung im Vordergrund, so kann die Angst vor Verletzungen Betroffene dazu veranlassen, sich hinter einem Schutzwall von Misstrauen zu verbergen, da sie damit rechnen, verlassen, hintergangen, gedemütigt etc. zu werden. Diese als Kind erlebten Szenen des Verlassen-Werdens oder des Missbrauchs und der Misshandlung wiederholen sich also im Laufe des Lebens dadurch immer wieder – sie werden quasi reinszeniert – da dieses Erfahrungsnetzwerk (Schema) durch eigenes Verhalten immer wieder bestätigt wird und der Betroffene in seiner eigenen tragischen „realen Welt" lebt. Ich erlebe öfters, dass Betroffene nach derartigen Erfahrungen während ihrer Kindheit in verschiedenste zwischenmenschliche Beziehungen geraten, in der es zu Übergriffen oder Ausbeutung in verschiedensten Bereichen kommt: dominante „Freunde", die alles besser wissen und über den Betroffenen bestimmen, überschrittene persönliche Grenzen, wie unangemeldete Besuche in späteren Abendstunden, chronische Belastung durch persönliche Probleme anderer, wenig Freiraum in der Familie – und dennoch alles das gekoppelt mit Schuldgefühlen des Betroffenen selbst, wie sie bei Opfern üblich sind. Von klein auf wird solchen Menschen von ihrer Umgebung direkt oder auch indirekt eingetrichtert, dass sie minderwertig, schlecht oder ohnehin selber an allem Schuld seien. Diese Gefühle sind uralt, zäh und schwer beeinflussbar. In früheren Kapiteln haben wir bereits gesehen, dass gerade Schemata, die unsere Gefühlswelt anbelangen, tief in unsere Erfahrungswelt und in unser Erleben eingegraben sind. Sie lassen sich nicht einfach wegdiskutieren. Gut gemeinte Sätze wie „Du brauchst dich nicht schuldig zu fühlen" wirken leider nur wie ein Tropfen im Vergleich zu einem Wasserfall.

Wie wir sehen, laufen wir Menschen mit einer Art Brille durch das Leben, die durch unsere Erfahrungen geformt wurde. Wir sehen, was wir gewohnt sind zu sehen. Die kindlichen Erlebnisse werden in der Folge auf das weitere Beziehungsleben übertragen. Der Weg heraus ist sehr schwierig, aber prinzipiell machbar.

Emotionale Entbehrung und soziale Isolation statt Verbundenheit mit anderen

Die Erfüllung dieses Grundbedürfnisses, ein weiterer Eckpfeiler für psychische Stärke, beruht auf der Erfüllung des Grundbedürfnisses Verbundenheit mit anderen. Es bezieht sich auf das Fühlen von Vertrautheit und die Fähigkeit, sich auf andere einlassen zu können.

Wir unterscheiden die Form von Verbundenheit, wie wir sie zu nahestehenden Personen wie Familienmitgliedern oder engen Freunden empfinden können, und die Form der sozialen Verbundenheit, die ein Gefühl der Zugehörigkeit zu größeren Gruppen meint. Voraussetzung für das Gefühl dazuzupassen, ist das Erleben von Liebe, Aufmerksamkeit, Einfühlungsvermögen, Wertschätzung, Verständnis und Unterstützung durch die Familie. Dies setzt voraus, dass die Eltern auch gefühlsmäßig greifbar sind und Zugang zu ihrer eigenen Gefühlswelt haben.

Erlebt ein Kind Mangel hinsichtlich dieses Grundbedürfnisses, so läuft es Gefahr, in die Lebensfallen der emotionalen Entbehrung und der sozialen Isolation zu gleiten. Das kann zur Folge haben, dass Betroffene davon überzeugt sind, nie genug Liebe zu bekommen, und Beziehungen deshalb oberflächlich halten, da Vertrautheit nicht gewagt oder auch nicht gefühlt werden kann.

Bei sozialer Isolation vermeiden Betroffene Kontakte zu anderen, da sie sich als unerwünscht oder als nicht dazupassend empfinden. Sie haben das Gefühl, nicht gut genug für andere Menschen zu sein. „Was soll ich dort? Da gehe ich nicht hin, weil ich eh niemanden kenne und sicher nicht unterhaltsam genug bin. Die wollen sicher niemanden so Faden dabei haben, wie ich es bin!" Sie fühlen sich zu unerfahren, zu hässlich oder gar langweilig und stellen sich selbst ins „Out". Natürlich erleben sie dadurch immer wieder eine Bestätigung für ihre Überzeugung im Hinblick auf sich selbst. Jemand, der keiner Einladung folgt oder sich in Gesellschaft stets nur im Hintergrund hält und nach außen hin kein Interesse an Gesprächen signalisiert oder auf Gesprächsangebote nicht eingeht, wird irgendwann nicht mehr wahrgenommen. Diese Erfahrung gibt dem Betroffenen fatalerweise wiederum recht! Andererseits muss diese Lebensfalle nicht so offensichtlich für die Umwelt zum Ausdruck kommen. Menschen können nach außen hin gut integriert wirken, finden für sich aber keinen wirklichen Draht zu den Leuten, da sie sich selbst generell als zu „anders" wahrnehmen. „Ich finde keine Menschen, mit denen ich auf einer Wellenlänge bin!"

Abhängigkeit und Verletzbarkeit statt „Autonomie"

Der Eckpfeiler der Autonomie, als Voraussetzung für ein psychisch gesundes Leben, beinhaltet das Gefühl und die Zuversicht, sich von den Eltern lösen und als unabhängiges Individuum mit eigener Identität in der Welt bestehen zu können. Das bezieht sich auf das Treffen eigener Entscheidungen, wirtschaftliche Unabhängigkeit sowie die Fähigkeit, sich ein Leben nach eigenen Plänen und Vorstellungen aufbauen zu können. Dies gelingt am ehesten, wenn Eltern ihr Kind dazu ermuntern und dahin gehend fördern, Verantwortung zu übernehmen und auch selber Entscheidungen zu treffen, ohne es dabei zu überfordern. Es ist notwendig, das Kind dort abzuholen, wo es in seiner Entwicklung steht, und ihm den Rücken zu stärken. Eltern bringen ihren Kindern alles bei, was für ein wirtschaftlich unabhängiges Leben erforderlich ist: Umgang mit Taschengeld, Erfüllen von altersgemäßen Aufgaben daheim, Alltagsfertigkeiten wie telefonieren, Zimmer aufräumen, Hausaufgaben selbstständig erledigen, Schultasche selber packen, sowie die unterstützende und fördernde Konfrontation mit Konsequenzen, wenn die Abmachung nicht eingehalten oder etwas vergessen wurde. Es ist unumgänglich, die Ansichten der Kinder ernst zu nehmen und sie im Sinne einer entsprechenden Entwicklung in Richtung Selbstständigkeit zu begleiten. Es gilt hier der Grundsatz, den wir auch von Maria Montessori kennen, nämlich zu helfen, um es selbst tun zu können. Diese Selbstständigkeit ergibt sich nicht einfach, es muss für Betroffene sozusagen Gründe geben, sie zu entwickeln. So ist es zu erklären, dass ein Sechzigjähriger noch nie Kaffee gekocht hat und es erst lernen muss, wenn die Notwendigkeit dafür bislang nicht gegeben war. Fehlen basale Fertigkeiten, die Selbstständigkeit im Alltag fördern, so ist leicht vorstellbar, wie sich auch unterschwellige Ängste von Abhängigkeit und Minderwertigkeit einschleichen können. Kinder, die überbehütet wurden, fühlen sich als Erwachsene weiterhin abhängig und unfrei. Tritt die Lebensfalle der Abhängigkeit in den Vordergrund, so suchen betroffene Erwachsene bevorzugt nach starken Partnern – sofern sie sich überhaupt eine Partnerschaft zutrauen – die Eltern ersetzen können oder sollen, und leben kaum ihr eigenes Leben, sondern das des Partners. Wenn ängstliche Eltern vermitteln, dass die Welt fast ausschließlich aus Gefahren besteht und man sich ständig davor in Acht nehmen muss sowie der erfahrene Rat der Eltern das einzig Richtige ist, lernt das Kind, sich verletzlich zu fühlen. Das Schema Verletzbarkeit behindert den Erwachsenen schließlich dabei, sich in der Welt frei zu bewegen und sein Leben gemäß den eigenen Wünschen zu verwirklichen, da er primär damit beschäftigt ist, für seine Sicherheit zu sorgen.

Übertriebene Ängste können dabei in unterschiedlichen Bereichen auftreten: Angst vor Erkrankungen, Naturkatastrophen, Überfällen oder auch vor existenziellem Ruin. Dass es sich bei solchen Problemen um früh entstandene ungünstige Schemata handelt, erkennen Sie daran, dass Sie diese Ängste nicht einfach wegdiskutieren können. Mit Aussagen wie „Du brauchst keine Angst vor dem Fliegen haben.“, „Ihr habt ja ohnehin eine Alarmanlage.“, „So starke Erdbeben oder Unwetter kommen bei uns kaum vor.“ werden Sie auf Granit beißen. Betroffene wollen eine Garantie für ihre Sicherheit, die es aber nicht gibt. Es kann also nichts sicher genug sein. Derartige Ängste bewirken meist ausgeprägtes Vermeidungsverhalten, was bedeutet, dass Betroffene Situationen, die ihre Ängste auslösen können, möglichst umgehen. Die Einschränkung solcher Menschen in ihrem Alltagsleben kann beachtliche Ausmaße einnehmen: Nicht auf den Berg gehen, denn da könnte man sich verletzen oder sich eine Lungenentzündung holen. Nicht wegfliegen, denn man könnte abstürzen, entführt werden oder am Urlaubsort erkranken und vieles mehr.

Unzulänglichkeit und Versagen statt Selbstachtung

Der Eckpfeiler der Selbstachtung ist gegeben, wenn wir von Anfang an, also von der Familie und in der Folge von Gleichaltrigen, vermittelt bekommen, dass wir wertvoll sind und deshalb geliebt und geschätzt werden.

Bei gehäufter Kritik geht das Gefühl der Selbstachtung verloren und wird zum Beispiel durch die Empfindung von Scham überlagert. Wenn ein Kind selten etwas gut genug machen kann und immer ein Makel an ihm gefunden wird, sei es durch Schimpfen, Demütigung durch Auslachen und Bloßstellen oder auch durch Ignoranz, wird das Kind dieses Erfahrungsnetzwerk als Schema übernehmen und sich selbst demgemäß in Zukunft im Sinne eines ungünstigen inneren Dialogs behandeln. Das kann im Extremfall alle Lebensbereiche, also beruflich wie privat, betreffen. Die daraus resultierenden Lebensfallen äußern sich in Form eines tiefen Gefühls von Unzulänglichkeit und Versagen. Das Gefühl, minderwertig zu sein, gleicht ebenfalls einer Kränkung mit „Tiefenwirkung".

Unzulänglichkeit und Versagen können im Vorfeld auch die Lebensfallen Misstrauen und Missbrauch aufweisen. Dies ist so zu verstehen, dass sich, wie wir wissen, missbrauchte Kinder oft selbst für ihre Misere verantwortlich fühlen, da sie sich als nicht liebenswert und damit auch unzulänglich erleben. Dies kann auch der Grundsein, dass sich sexuell missbrauchte Kinder oft nicht trauen, jemandem von den Übergriffen zu erzählen, da sie meinen, selbst daran Schuld zu sein, dass ihnen das passiert, da es beispielsweise auf den Missbrauchenden verführerisch gewirkt hat. Die Tatsache, Opfer zu sein, löst Schamgefühle aus. Zudem gesellt sich noch die Furcht oder leider oft die Tatsache, im Falle des Verrats des Täters und dem damit einhergehenden „Vertrauensbruch" womöglich wieder alleine dazustehen. Aber auch im Fall von Ehestreitigkeiten und Trennungen führen Kinder die elterlichen Probleme auf sich selbst zurück. „Wäre ich wichtig genug, würden sich meine Eltern nicht scheiden lassen. Papa kann mich nicht lieb haben, wenn er von mir weggeht!"

Unterwerfung und überhöhte Standards statt Selbstausdruck

Unter dem Eckpfeiler des Selbstausdrucks verstehen wir die Freiheit, unsere Gefühle, Wünsche und Bedürfnisse zum Ausdruck zu bringen. Wird dieses Basisbedürfnis gefördert bzw. ist es in der Familie erlaubt, all seine Gefühle zu zeigen, ohne dafür bestraft oder beschämt zu werden, sind wir eher imstande, unsere Bedürfnisse und Neigungen zu empfinden. Dies wiederum unterstützt uns bei Entscheidungsprozessen, für die es unumgänglich ist, zu spüren und in der Folge zu wissen, was man will und was man nicht will. Mit einem Wort: Auch das Empfinden von Wünschen sowie das Treffen von Entscheidungen sollte trainiert werden. Wird ein Kind allerdings im Selbstausdruck blockiert, kann es sein, dass es in die Lebensfallen der Unterwerfung und der überhöhten Standards gleitet. Das Kind erlebt, dass es sich für seine Gefühle schämen muss, da es bei der Äußerung seiner Bedürfnisse erlebt, dass es damit Schlimmes anstellt: „Reiß dich zusammen! Wenn wir auf Besuch sind, darf dir nicht langweilig sein; das gehört sich einfach nicht!“ Hierzu zählt übrigens auch der bekannte Fußtritt unter dem Tisch, wenn aus dem Kindermund unerwünschte Worte heraussprudeln könnten.

Die Eltern reagieren auf das kindliche Verhalten, das nicht ihren Vorstellungen entspricht, wenig einfühlsam, sondern viel mehr verärgert, sogar depressiv oder in sonst einer Weise einschränkend und bestrafend. Aus diesem Grund erfährt das Kind, dass es seine Gefühle und Bedürfnisse zugunsten anderer oder auch von Arbeit in den Hintergrund stellen sollte, um sich mit seiner Umwelt zu arrangieren. Schnappen die Lebensfallen zu, dann stellt der nun Erwachsene die Wünsche anderer in den Vordergrund. Er opfert sich auf, ohne dafür etwas zu bekommen und ohne das Leben genießen zu können. Er jagt einem erhöhten Anspruchsniveau, also einer oft unerreichbaren Erwartung an sich selbst nach, wobei es sein kann, dass diese Maßstäbe auch auf andere Menschen übertragen werden. Erfüllen diese die Erwartungen nicht, kommt es beim Betroffenen zu Enttäuschung und Ärger, der wiederum unterdrückt wird oder vereinzelt auch impulsiv hervorbrechen kann. Wir treffen in diesem Bereich häufig auf Workaholics (die vielfach unter einem Burnout leiden), aber auch auf manche Depressive, da diese Menschen oft nicht gelernt haben, sich Freude im Leben zu erlauben. In der Praxis erlebe ich gehäuft, dass Betroffene lediglich Anforderungen an sich stellen, weshalb es für solche Menschen weniger Kraftquellen gibt oder sie diese gar nicht wahrnehmen. Dafür aber gibt es umso mehr Kraftfresser: Verpflichtungen, Kränkungen durch andere oder sich selbst, erschwerte Lebensumstände etc. Der Mensch ist zäh und hält unter schlechten, auszehrenden Bedingungen lange durch. Ich stelle meinen Patienten, die meinen, unter allen Umständen für immer durchhalten zu können oder zu müssen, gerne folgende Frage: „Wie ist das mit Ihrem Auto? Tanken Sie es ab und zu oder verlangen Sie von ihm dasselbe wie von Ihnen?" Auf diese Frage folgt meist ein verlegenes Lächeln und die Erklärung, dass das Auto sonst nicht mehr fahren würde. Wir behandeln das Auto offensichtlich doch oft besser als uns selbst, da es kompromisslos stehen bleiben würde, wenn es nicht alles das bekommt, was es braucht! Dies regt in der Regel sehr zum Nachdenken an!

Ihr Gefühlsausdruck ist möglicherweise abgestumpft, da es ja scheinbar keinen Sinn macht, Gefühle zu zeigen. Oder aber es wird ein sehr angepasstes, emotional kontrolliertes Verhalten gezeigt, um ja keine unerwünschte Regung bei sich zu zeigen und in der Folge auch nicht bei anderen auszulösen.

Daraus wird wiederum ersichtlich, welche Komplikationen sich ergeben können. Entwicklung bedeutet, Entscheidungen zu treffen, und dies ist nur möglich, wenn wir auch negative Gefühle zulassen können. Nicht zu spüren, was man will, bedeutet, das menschliche Grundpotenzial der Flexibilität nicht nutzen zu können, da der Betroffene von sich verlangt, für das Wohl anderer sein eigenes Unwohl zu ertragen. Es ist ein Dilemma, das Überlastungsreaktionen wie Burnout, psychosomatische Funktionsstörungen oder Erkrankungen und anderes begünstigt. Weiters ist zu beachten, dass es zu einem Konflikt zwischen eigenen Plänen kommen kann. „Ich würde schon manchmal in der Gruppe meine Meinung vertreten, die sich von den Ansichten anderer Gruppenmitglieder völlig unterscheidet, aber ich kann es nicht, da ich es ihnen recht machen und sie nicht verletzen will!" In diesem Fall existieren folgende Pläne, die für den Betroffenen wichtig sind, einander aber ausschließen. Ein Plan könnte etwa lauten: „Sag deine Meinung, auch wenn du provozierst, gehe deinen eigenen, für andere vielleicht unüblichen Weg", der andere Plan: „Passe dich an, sodass du niemanden verärgerst; deine Wünsche sind nicht so wichtig!"

Selbstverständlich bedeutet die Fähigkeit, eigene Bedürfnisse zu berücksichtigen, nicht die Tatsache, sich anderen gegenüber rücksichtslos zu verhalten und über Leichen zu gehen. Dies würde obendrein auch dem Gemeinschaftsgefühl widersprechen.

Anspruchshaltung statt realistischer Grenzen

Einen weiteren Eckpfeiler für psychische Stärke finden wir im Akzeptieren von realistischen Grenzen. Hier finden wir das Gegenstück zum vorherigen Grundbedürfnis des Selbstausdrucks. Die Erziehung sollte dem Kind nahebringen, dass jeder noch so wichtige Freiraum seine Grenzen hat. Dies bedeutet, dass Eltern vereinbarte Abmachungen konsequent einhalten, auch wenn das Kind mit

Wutausbrüchen versucht, diese doch noch zu umgehen. Auf diese Art und Weise lernt das Kind, sich an Regeln zu halten und seinen gefühlsmäßigen Ausdruck in gewisse annehmbare Bahnen zu leiten, da Wutausbrüche nicht zum Ziel führen. Es bedeutet auch, dass das Kind, wie schon weiter oben in einem anderem Zusammenhang erwähnt, altersgerechte Verantwortung übernehmen sollte: Die Hausübung wird selbst geschrieben, die Schultasche selbst gepackt, die Jausenreste werden nach der Schule selbstständig aus der Schultasche genommen und vieles mehr. Der Plan, wann die Hausübung gemacht wird und wann Freizeit ist, unter welchen Umständen das Kind ein bestimmtes, besonderes Spiel spielen darf, wird gemeinsam festgelegt und eingehalten. Im Kaufhaus wird nicht jederzeit ein Geschenk gekauft, damit das Kind diszipliniert bleibt. Es gehört zur Realität des Lebens, dass wir nicht jederzeit alles haben und uns alles so richten können, wie wir es wollen. Ein Gewinn besteht schon darin, dass das Kind sich frühzeitig in der Welt mit ihren Regeln und Anforderungen besser orientieren kann. Die Konsequenzen für sein Verhalten werden dadurch eher vorhersagbar.

Prinzipiell gilt es in diesem Zusammenhang auch, Kindern frühzeitig beizubringen, welche Konsequenzen ihr Verhalten für andere mit sich bringt. Es lernt auf diesem Wege, andere nicht unnötig zu kränken oder körperlich zu verletzen. Die Fähigkeit, Rechte und Freiheiten anderer zu respektieren, kann also sehr früh erworben werden. Die Befähigung, die Sichtweise anderer zu übernehmen, sich also einfühlen zu können, stellt, wie wir bereits gesehen haben, eine wesentliche menschliche Grundfertigkeit dar, die zu den wesentlichsten sozialen Fertigkeiten zählt und geübt werden sollte.

Menschen, die grenzenlos oder inkonsequent erzogen worden sind, weisen in unterschiedlichem Ausmaß Schwierigkeiten hinsichtlich der Lebens- und Alltagsbewältigung auf. Es fällt ihnen zum Beispiel besonders schwer, sich für die Erledigung von Alltagspflichten und sonstiger Routinearbeit aufzuraffen. Diese Pflichten werden nicht als lästig empfunden, sondern von Betroffenen eher als untragbar abqualifiziert und stark verzögert oder gar nicht erledigt. Menschen, die in dieser Lebensfalle gefangen sind, haben Probleme, langfristig gesetzte Ziele zu erreichen, da sie nicht gelernt haben, den dafür notwendigen Aufwand zu tragen. Dieses selbstschädigende Verhalten kann sich auch auf andere Bereiche, wie beispielsweise die Gesundheit, übertragen. Die Schwierigkeit, unangenehme Gefühle zu ertragen und auf geeignete Weise zu bewältigen (mittels des oftmals erwähnten Werkzeugkoffers), lässt kurzfristige Belohnungen stets erstrebenswerter wirken als langfristige. Dies bedeutet, dass es zu verstärktem Essen trotz Übergewicht, Rauchen oder Alkohol- oder Drogenmissbrauch kommen kann.

Betroffene dieser Lebensfalle neigen häufig dazu, die eigenen Bedürfnisse zulasten anderer Menschen in den Vordergrund zu stellen, weshalb sie oft als egoistisch oder narzisstisch bezeichnet werden. Die Komplikationen, zu denen das frühzeitige, prägende Erleben von Inkonsequenz führen kann, liegen auch in diesem Fall bis zu einem gewissen Grad auf der Hand: Egoistische Menschen werden sich schwer tun, sich erfolgreich in eine Gruppe einzugliedern, da ihre Wünsche von anderen unberücksichtigt bleiben. Häufig werden sie ausgegrenzt oder schlussendlich gar verlassen. Beim Vollbild dieser Lebensfalle schiebt der Betroffene die Schuld stets auf andere, anstatt sich selbstkritisch zu beurteilen und gegebenenfalls an sich selbst Veränderungen vorzunehmen.

19. „Auf der Strecke bleiben": Ungelöste Entwicklungsaufgaben

Entwicklung hat seine Basis im lebenslangen Lösen von Problemen. Somit sind wir von Anfang an gefordert, Entwicklungsaufgaben, die sich wie eine Art Parcours durch unser Leben ziehen, zu begegnen und sie möglichst erfolgreich zu bewältigen.

Im vorigen Kapitel haben wir uns damit auseinandergesetzt, was passieren kann, wenn die psychischen menschlichen Grundbedürfnisse unerfüllt bleiben. In der Folge wollen wir nun ein Licht darauf werfen, welche Diskrepanzen entstehen können, wenn ein Mensch seine Entwicklungsaufgaben nicht löst.

Als Erinnerung seien hier einige dieser Entwicklungsschritte und -aufgaben in Anlehnung an Havighurst im Überblick nochmals kurz erwähnt: die Erfahrung von Bindung (wie verhält sich die Umwelt mir gegenüber?), Veränderungen durch Mobilität (Kriechen und Gehen lernen), Erfahrungen mit anderen Erwachsenen und Gleichaltrigen, Spracherwerb, spontanes Spiel, Entwicklung der Feinmotorik und das Erlernen von Arbeitshaltung und Gruppenarbeit in der Schule. Im Jugendalter werden folgende Aufgaben relevant: Entwicklung einer eigenen Identität, die Ablösung vom Elternhaus, Ausbildung eines eigenen Wertsystems, zentrale Bedeutung der Gleichaltrigengruppe als Übungsfeld für soziale Fertigkeiten und als Basis für Erfahrung mit Gruppenregeln, Liebesbeziehungen und wegweisende Berufsentscheidung. Im Erwachsenenalter kommen hinzu: wirtschaftliche Unabhängigkeit, Anschaffung eines eigenen Wohnbereichs, partnerschaftliche Bindung, Familiengründung, Kindererziehung oder Ersatz dieser Entwicklungsaufgabe durch andere verantwortungsvolle Tätigkeiten, Finden eines persönlichen Lebensstils, alltägliche Routine, Haushalt, Kindererziehung, Auszug der Kinder aus dem Elternhaus, berufliche Karriere, im Alter Übernahme neuer Rollen (z.B. Großeltern werden), Umgang mit gesundheitsbedingten Einschränkungen, Umgang mit Begrenztheit des Lebens, Entwicklung einer Haltung zum Tod und der Verlust von Lebenspartnern.

Zumindest für die Phasen der Kindheit und Jugend gilt: Je früher die nicht oder nur teilweise gelöste Entwicklungsaufgabe anzusiedeln ist, desto schwerwiegender sind die Folgen bei „Nichterfüllung“, da es zur Versäumnis von so manchen wichtigen Erfahrungen und Fertigkeiten kommt, die für die Bewältigung späterer Aufgaben nötig wären.

Die Entwicklungsaufgaben des Erwachsenenalters sind nicht so strikt in der Abfolge festgelegt und haben auch teilweise einen größeren Spielraum: Das heißt, dass zum Beispiel nicht jeder ein Haus bauen muss, um gut entwickelt zu sein. Pläne können hier sehr individuell aussehen. Jemand, der seine Kraft und sein Engagement in große oder kleinere Sozialprojekte investiert, aber keine eigene Familie gründet, löst seine Entwicklungsaufgaben auf einer ganz persönlichen Schiene. Im Zentrum steht die Möglichkeit zur inneren Weiterentwicklung, die nach außen hin unterschiedliche „Fassaden“ zeigen kann und sich einer pauschalen Bewertung entzieht.

Es ist eine Tatsache, dass gerade die Ausbildung von Lebensfallen die Lösung verschiedener Entwicklungsaufgaben behindert oder gar blockiert. Je nachdem, welche Falle zum Tragen kommt, wird die Bewältigung bereits früherer oder auch erst späterer Aufgaben in Mitleidenschaft gezogen. Wird ein Kind zu sehr behütet, so fällt dies vielleicht erst im Jugendalter oder in all seiner Tragweite überhaupt erst im Erwachsenenalter ins Gewicht, nämlich dann, wenn es darum geht, wirtschaftlich unabhängig zu leben.

Im Gegensatz dazu fällt, wie wir ja wissen, die Erfahrung mit unzureichender, unverlässlicher zwischenmenschlicher Bindung besonders weitreichend und gravierend aus. Nur das Erleben von tragfähiger, bedingungslos liebevoller Bindung ab der Geburt bringt ein Gefühl von Grundsicherheit mit sich (allgemein bekannt als „Urvertrauen“). Ihr Fehlen verursacht Schwierigkeiten im Lösen aller weiteren Anforderungen. Diese tiefste Kränkung erschüttert die Basis, ja das Fundament der psychischen Entwicklung. Wenn das Fundament nicht trägt, ist das Gebäude der menschlichen Psyche instabil und unsicher.

Das folgende Leben ist davon gekennzeichnet und schränkt den Menschen in seiner freien Entwicklung ein, da nicht seine natürlichen Neigungen und Ziele für seine Entscheidungen maßgeblich sind, sondern Misstrauen und Angst vor der Welt sowie davor, allein gelassen zu werden. Mehr noch: Da so manche Entwicklungsaufgaben unzureichend oder gar nicht erfüllt werden, gesellen sich im Laufe der Zeit weitere Lebensfallen dazu.

In den folgenden Beispielen werden wir deshalb wiederum auf Lebensfallen stoßen, die bereits im vorigen Kapitel beschrieben wurden, da sie mit den Entwicklungsaufgaben in Wechselwirkung stehen und deshalb nicht gesondert betrachtet werden können.

Ein Beispiel: Ein Baby kommt zur Welt. Es ist das Dritte im Bunde und die Schwangerschaft war eigentlich ungeplant. Die Mutter ist alleinerziehend, dementsprechend überfordert und auch depressiv, das versucht sie oft mit Alkohol zu bekämpfen. Die beiden anderen Kinder benötigen die ganze Aufmerksamkeit, weshalb sie das Baby häufig und lange schreien lässt oder aber es auch unsanft behandelt. Die Mutter ist prinzipiell abgehetzt und genervt, Unterstützung hat sie keine. Der kleine Mensch lernt, dass er sich nicht darauf verlassen kann, dass die Mutter für ihn zuverlässig da ist und ihn bedingungslos liebt. Das Kind erwirbt das Gefühl, nicht wertvoll genug zu sein und erlebt auch nicht, dass man es liebevoll umsorgt. Von nun an wird das Leben von diesem Kind durch die Brille des Misstrauens und der Angst betrachtet. Es sitzt in der fundamentalsten Lebensfalle.

Im Kindergarten trennt es sich schwer von der Mutter, es kann sich kaum beruhigen oder trennt sich auch ohne Protest und sichtbare Beunruhigung. Wie wir in einem früheren Kapitel über die „Entwicklungsaufgaben" bereits gesehen haben, steht das Kind aber tatsächlich enorm unter Stress, was durch erhöhte Kortisol-Werte im Speichel belegt werden kann. Die Rückkehr der Mutter nimmt das Kind scheinbar kaum wahr. Im Schulalter, in dem es unter anderem darum geht, in Gruppen gemeinsames Spiel und Zusammenarbeit zu lernen, fällt wiederum der Kontakt zu anderen ins Gewicht. Wird das Kind nicht durch extrem ausgleichende, positive Erfahrungen wie einen tollen und engagierten Lehrer und einer gut geführten Kindergruppe aufgefangen, besteht die große Wahrscheinlichkeit, dass dieses Kind durch seine Erwartungen, verlassen zu werden, sich erneut durch verschiedene ungünstige Erlebnisse bestätigt fühlt und sich möglicherweise in irgendeiner Form zu anderen distanziert. Vielleicht zieht es sich zurück oder macht durch auffälliges Verhalten auf sich aufmerksam. Es lässt sich auf niemanden ein und gehört nicht wirklich dazu. Es hat daheim auch kein Gefühl der Verbundenheit gelernt. Es hat vielleicht Angst davor, in die Schule zu gehen, weil es befürchtet, die Mutter hole es nicht ab oder sei nicht zu Hause, wenn es von der Schule kommt. Oder aber das Kind wird wegen schlechter Leistungen kritisiert und erhält kein Lob. Neuerliche tiefe

Kränkungen graben sich dann immer wieder in die junge Seele ein.

Das Jugendalter, in dem sich das Kind zum Erwachsenen ausformen soll, ist gespickt mit Entwicklungsaufgaben. Am Ende des Jugendalters sollte ein autonomer Erwachsener mit eigener Identität stehen, der sich wirtschaftlich selbst erhalten und eigenständig Entscheidungen treffen kann und es auch wagt. Er ist gewappnet für die Entwicklungsaufgaben und Anforderungen, die das Erwachsenenalter mit sich bringt.

Dazu gehören auch die Ausstattung des persönlichen Werkzeugkoffers zur Bewältigung von Anforderungen und Belastungen sowie der Ausbau sozialer Fertigkeiten.

Das Wertsystem, die innere Richtlinie, was gut oder schlecht ist, stabilisiert sich mit Beginn dieser sehr wesentlichen Lebensphase. Die Bedeutung der Gleichaltrigengruppe (der sogenannten „Peer-Group") nimmt im Vergleich zum Elternhaus nun massiv zu. Wie sehr, glauben Sie, dass sich ein von Grund auf misstrauischer Jugendlicher tatsächlich auf Gleichaltrigengruppen einlassen und seine Möglichkeiten nutzen kann? Inwieweit ist ein misstrauischer Mensch bereit, tiefe Beziehungen anzustreben, wenn er doch damit rechnet, verlassen zu werden? Schafft er es nicht, sich einen tragfähigen Freundeskreis aufzubauen, so gleitet er immer mehr ins Out. Er steht am Rande, unternimmt wenig und gehört einfach nicht dazu. Einsamkeit und weitere Unsicherheit sind die Folge. Soziale Fertigkeiten, die dabei helfen sollen, Fragen wie zum Beispiel „Was muss ich tun, um jemanden kennenzulernen?" zu beantworten, sind unzureichend vorhanden, was die ohnehin schon negativen Gefühle zusätzlich verstärkt. Die Partnerwahl wird also auch mangels Gelegenheit erschwert, Chancen werden kaum genützt aus Angst, abgewiesen zu werden. Das alles kann wiederum die Ablösung vom Elternhaus erschweren – je nachdem, wie es um den Haussegen bestellt ist. In diesem Fall zögern sich Partnerwahl und in der Folge auch die Familiengründung hinaus oder beides wird überhaupt ausgeschlossen.

Möglicherweise ist der Jugendliche aber doch dazu bereit und auch imstande, sich in einer Gleichaltrigengruppe zu integrieren, jedoch ohne die letzte Konsequenz, wirklich Nähe zu riskieren. Dies zeigt sich auch in der Partnerwahl, in der immer etwas Distanz bleibt. Im Prinzip wiederholt der Betroffene auch hier wieder seine Erfahrung, indem er Partner sucht, die möglicherweise gefühlskalt sind oder ihn in sonst irgendeiner Weise schlecht behandeln, sodass das Gefühl, missbraucht zu werden, wieder bestätigt wird. Schlägt die Lebensfalle der Verlassenheit zu, kann dies dazu führen, dass der Betroffene unter der Angst leidet, verlassen zu werden, weshalb Beziehungen im Vorfeld entweder auf Distanz gehalten – dazu können auch Dreiecksbeziehungen zählen – oder gemieden werden, um sich den erwarteten Trennungsschmerz zu sparen. Eine weitere Möglichkeit besteht im ängstlichen Klammern an Partner, um nicht verlassen zu werden. Leider erreichen Betroffene damit nur allzu oft das Gegenteil. Andererseits gibt es durchaus klammernde Menschen, die dennoch günstiges Sozialverhalten in Richtung Anbahnen und Aufrechterhalten von Kontakten zeigen, indem sie sehr häufig mit ihren Freunden zusammen sind, da sie sich sonst einsam und ängstlich fühlen.

Ebenso kann es passieren, dass sich der Jugendliche aus Angst oder Widerstand vor den Anforderungen des Erwachsenwerdens und -seins insofern abwendet, dass er sich in eine „negative Identität“ flüchtet. Er zeigt Widerstand gegen alles, was die Gesellschaft fordert, und lebt dies möglicherweise mit einer Gruppe von Leidensgenossen auch aus. Ein „provokant“ anderes Äußeres, Schule schwänzen, Drogen, Alkohol oder auch Jugendkriminalität können die Folge sein. Auf diese Art und Weise soll eine persönliche Form von Autonomie erreicht werden, eine Unabhängigkeit von der Gesellschaft mit ihren untragbaren Anforderungen und Gesetzen. In diesem Falle wurden entweder Wünsche des Kindes stark und gefühlskalt unterbunden oder keine Grenzen gesetzt.

Man kann sich bestimmt vorstellen, dass aufgrund dieser Lebensfallen die Entwicklungsaufgaben des Erwachsenenalters wesentlich schwerer lösbar sind, auch wenn es vielleicht sogar nach außen hin gar nicht immer so scheint. Die Auflösung oder zumindest ihre Linderung kann allerdings unter Umständen als Voraussetzung dafür gelten, dass mit der Geburt eigener Kinder nicht wieder alles von vorne beginnt und die Schemata weitergegeben werden.

Die Entstehung der Lebensfalle der Anspruchshaltung entsteht oft dann, wenn von Kindheit an inkonsequent erzogen und somit unzureichend Grenzen gesetzt worden sind. Das Kind hat in der Folge nicht gelernt, neben der Erfüllung eigener Bedürfnisse auch auf die Wünsche und Gefühle anderer zu achten. Dadurch entwickelt sich ein egoistischer Mensch, der möglicherweise nicht so sehr unter sich selbst, sondern bei dem viel mehr seine Umgebung unter ihm leidet. Er eckt im Extremfall bereits in der Kindheit bei anderen Gleichaltrigen an, da nur das zu passieren hat, was er will, und seine Eltern dies auch unterstützen – vielleicht sogar mit der Begründung und dem Lebenssatz „Man muss sich im Leben durchsetzen, sonst kommt man zu kurz!“ Dieses Beispiel zeigt, wie pauschal innere Sätze, die wir oft jahrzehntelang völlig unkritisch in uns tragen, sein können und die dann am falschen Platz zu allgemein Verwendung finden. Sicher: Durchsetzungsvermögen ist nötig, aber nicht unbegrenzt, nicht immer und nicht bei jedem. Um nicht zu kurz zu kommen, brauchen wir im Endeffekt auch die anderen, die uns nur dann unterstützen, wenn wir nicht permanent ihre Grenzen überschreiten.

Im Endeffekt bleiben solche Menschen bereits in der Jugend allein, da sie sich nicht in eine Gemeinschaft einordnen können. Die Entwicklungsaufgaben, die mithilfe der Gleichaltrigengruppe gelöst werden könnten, bleiben zumindest zum Teil offen. Zwar fixiert der egozentrische Jugendliche sein eigenes Wertsystem, das aber wenig Gemeinschaftssinn beinhaltet, jedoch werden Freundschaften und Partnerschaften aufgrund des ausbeuterischen Verhaltens aufgekündigt – es sei denn, es findet sich ein Partner mit dem Schema der Selbstaufopferung.

Bei anderer Ausprägung und Kombination kommt es weniger zu ausbeuterischem, egoistischem Verhalten, sondern eher zu einer Form von Disziplinlosigkeit, da das Kind sich unzureichend überwinden musste, seinen Pflichten nachzukommen. Dies kann dazu führen, dass der Betroffene zwar über Wünsche verfügt, sie aber aufgrund von Inkonsequenz nicht verwirklicht. „Ich wäre gerne besser in meinem Job! Dafür müsste ich aber verschiedene Kurse besuchen und das ist zu mühsam.“, „Ich bin stark übergewichtig, habe Bluthochdruck und beginnenden Diabetes, aber ich habe es noch immer nicht geschafft, täglich einen Spaziergang zu machen.“ Auf diese Weise bleiben der gewünschte Lebensstil und vieles andere mehr unerfüllt. Anstehende Veränderungen werden hinausgeschoben, was wiederum einer basalen Unzufriedenheit mit sich selbst Vorschub leistet.

Ein anderes Beispiel: Nehmen wir an, ein Kind wird überbehütet aufgezogen und vor allen Gefahren ängstlich abgeschottet. Dem Kind wird von Anfang an ein Bild von der Welt vermittelt, das vor Gefahren nur so strotzt und in der Vorsicht das oberste Gebot ist. Das Kind wird möglicherweise immer wieder aufgrund übertriebener Vorsicht am spontanen Spiel und am Experimentieren gehindert. Je nach Schwerpunkt der Ängstlichkeit traut es sich beim Turnen weniger als andere, weshalb es vielleicht auch keine besondere Geschicklichkeit entwickelt oder diese einfach unterschätzt und sich vieles nicht traut. Möglicherweise wird es dadurch auch von anderen ausgelacht oder ist schlichtweg bei vielen kindlichen Abenteuern nicht dabei.

Im Jugendalter geht es nun auch für den Überbehüteten ans Eingemachte. Die gefährliche Welt mit seinen unvorsichtigen Menschen, dem schlechten Einfluss durch andere Jugendliche oder seinen Krankheiten, lässt den nun Jugendlichen nur bedingt experimentieren. Er wird vielleicht sogar von seinen Eltern hinsichtlich des Kontakts mit Gleichaltrigen aus Sorge im weiteren Sinne eher zurückgehalten, dass ihm nichts zustößt oder er in schlechte Gesellschaft kommt. Der Jugendliche löst sich unzureichend von den Eltern ab, da er aufgrund der Lebensfallen der Abhängigkeit und Verletzlichkeit zu wenig wagt, seinen eigenen Weg zu gehen, und in seinen Entscheidungen im Bann seiner Eltern bleibt. Es kann so weit kommen, dass das „Hotel Mama" stabil und für immer vom nun erwachsenen Kind gebucht bleibt. Die Lebensfalle der Abhängigkeit und Verletzlichkeit ist treffsicher zugeschnappt.

In späteren Beziehungen übernimmt möglicherweise der Partner die Rolle der Eltern, in der der Betroffene vermehrt das Leben seines Partners lebt statt das eigene. Der Partner bestimmt, ob und wohin auf Urlaub gefahren wird, bis hin zu beruflichen und sonstigen familiären Entscheidungen. Ein abhängiger Erwachsener wird nur schwer die Entwicklungsaufgabe des persönlichen Lebensstils erreichen können, da die Abhängigkeit selbst den Stil bestimmt. Was passiert nun, wenn es zu Trennung oder Tod des Partners kommt? Neben der naturgemäßen Trauer gesellen sich weitere Schwierigkeiten dazu, da der Partner nun Aufgaben übernehmen soll, von denen er womöglich keine Ahnung hat: Wäsche waschen, kochen, Bankgeschäfte und anderes. Bei einer Trennung kommt oft als Komplikation der Verlust des gemeinsamen Freundeskreises hinzu, da abhängige Menschen nicht selten ihre eigenen Freunde für die Partnerschaft aufgeben. Sie können sich vorstellen, dass sich prinzipielle Abhängigkeit als Lebensfalle auch im Alter ungünstig auswirkt, da gerade dieser Lebensabschnitt für eine erfolgreiche Bewältigung Flexibilität und Eigenständigkeit fordert.

Wagen wir noch einen Blick ins Erwachsenenalter: Ein Erwachsener, der es verabsäumt, einen stabilen persönlichen Lebensstil zu entwickeln, indem er seine Pläne verwirklicht (z.B. Anschaffen eines Eigenheims, Gründen einer Familie etc.), wird sich möglicherweise nach einiger Zeit einsam fühlen, da der Freundeskreis bereits in eine weitere Lebensphase eingetreten ist und sich somit Distanz einstellt. Ein Dreißigjähriger, der sein Freizeitverhalten als Single eher wie ein Zwanzigjähriger gestaltet und am Wochenende durch Lokale zieht, wird dies irgendwann alleine tun, da seine Freunde wegen ihrer Familie keine Zeit mehr haben, vom Hausbau zu müde sind oder einfach nicht wollen, da sich die Wertigkeiten verschoben haben und sie „aus dem Alter raus sind“. Vielleicht schließt der Dreißigjährige nun Kontakt zu Jüngeren, um sein Verhalten beizubehalten, wird mit diesen in seinem Denken und in seinen Perspektiven aber wahrscheinlich wenig gemeinsam haben. Es entsteht das Gefühl der inneren Leere und der Orientierungslosigkeit.

An sich planen Menschen ihr Leben hinsichtlich bestimmter Phasen. Viele dieser Lebensetappen und Entwicklungsaufgaben drängen sich förmlich auf: Kindergarten, Schule, Ausbildung, Berufseintritt und Aufbau einer eigenen Existenz, Familienplanung, Hausbau oder größere Wohnung, Kindererziehung etc.

Allerdings stelle ich immer wieder fest, dass viele Menschen nach diesen angeführten Aufgaben über keine oder nur eine sehr schwammige Planung der weiteren Abschnitte verfügen, was bei der steigenden Lebenserwartung immer bedenklicher wird. Die quasi letzte Phase im menschlichen Leben ist mit dem „Ruhestand“ festgelegt, was auch immer das bedeuten mag. Meist wird diese Phase mit der Abwesenheit von beruflicher Arbeit und mit der Freiheit, das zu tun, was man will, gleichgesetzt. Wie schwer es ist, plötzlich zu tun, was man will, wenn man vielleicht nie gelernt hat, eigene Wünsche auszuleben, möchte ich hier nur am Rande erwähnen. Erst wenn viel ungeplante Zeit vorhanden ist, wird die Hilfe, die eine vorgegebene Tagesstrukturierung mit all ihren manchmal lästigen Terminen und Verpflichtungen über all die Jahre mit sich gebracht hat, bewusst.

Das Gefühl, alle wesentlichen Aufgaben erfüllt und keinen wirklichen Plan für die Zukunft zu haben, kann außerdem zusätzlich lange vor der eigentlichen Pensionierung auftreten – es wird gerne als „Midlife Crisis“ bezeichnet. Solche Phänomene können aber durchaus bereits bei Dreißigjährigen auftreten, die ihre Kinder früh bekommen und die Familienplanung und den Hausbau bereits abgeschlossen haben. In solch jüngeren Lebensphasen drängt sich in der Folge eine Phase der Neuorientierung auf, die im Vergleich zur Jugendphase allerdings mehr Freiwilligkeitscharakter aufweist, sofern die verschiedenen Lebensbereiche im Lot sind. Der Drang nach Optimierung und Entwicklung lässt den gesunden Menschen demnach nicht ruhen, bis er eine neue Aufgabe gefunden hat. Sei es in Form eines neuerlichen Berufseintritts, beruflicher Karriere oder einer andersartigen Neuerungsmöglichkeit. Sollte die Notwendigkeit einer Neuorientierung für den Betroffenen nicht klar sein oder Ratlosigkeit hervorrufen, kann es zu psychischen Problemen, wie etwa zu depressiven Verstimmungen, kommen.

Bei älteren Menschen fällt die weitere Lebensplanung, wie gesagt, oft recht schwammig aus und genau darin liegt häufig das Problem. Immer wieder höre ich von Menschen, die mit etwa sechzig Jahren in eine Krise geraten, die an sich als „Pensionsschock" in der Bevölkerung bekannt ist. Dennoch sind Betroffene oft sehr verwundert oder reagieren auf so manche Lebensveränderung planlos. Haben sie ihre Entwicklungsaufgabe, Großeltern zu sein, erfüllt, da die Enkelkinder bereits ihre eigenen Wege gehen, bleibt eine Lücke, die das Gefühl, nicht mehr gebraucht zu werden, verursacht. Nun ist absolute Flexibilität und Neuorientierung angesagt.

Wenn wir bedenken, dass die Lebenserwartung um die achtzig Jahre oder sogar darüber liegt, wird klar, wie wichtig und auch angebracht eine gute, erfüllende, an das Alter angepasste Planung ist, die Aufgaben und Interessen beinhaltet. Untersuchungen bestätigen außerdem, dass ein geistig reges Leben und die entsprechende Übernahme von Verantwortung Lebensqualität und -dauer erhöhen und Depressionen entgegenwirken können. Es ist auch erwiesen, dass Alter allein kein Auslöser für Depression darstellt.

Wir sehen also, dass der Weg des Menschen von Geburt an bis zum Erwachsenen und letztendlich bis zum Lebensende vom ihm eine Menge an Anpassungsleistungen fordert, was bedeutet, dass er einerseits Veränderungen in Gang setzen, die ihn selbst oder auch seine Situation betreffen, oder aber sich auch fügen muss. Dies zeigt, dass sich im Laufe der Lebensspanne immer wieder Neuorientierung aufdrängt, die folglich Entscheidungsprozesse in Gang setzt.

Ein Beispiel für die Lebensfalle der Unterwerfung: „Meine Gefühle und Wünsche waren eigentlich immer gleichgültig. Es war nur wichtig, dass alles andere in der Familie funktionierte. Ich wurde nicht gefragt, ob ich vielleicht lieber auf den Spielplatz wollte als mit zum Einkaufen, sondern ich wurde einfach nur überall hin mitgenommen. Ich habe mich furchtbar gelangweilt, aber ich musste es ertragen. Gemeinsame Unternehmungen orientierten sich nur an den Wünschen der Eltern. Ich musste immer höflich, nett und zuvorkommend sein, obwohl ich das bei anderen Kindern nicht so beobachtete. Höflichkeit hatte einen übertriebenen Stellenwert. Wenn ich schließlich mit Kindern spielte, gab ich prinzipiell nach, um keinen Streit zu provozieren. Ich tat fast immer das, was die anderen wollten. Auch später kam ich anderen stark entgegen, auch wenn ich dadurch Nachteile hatte. Wurden meine aufwändigen Bemühungen nicht geschätzt, kränkte es mich sehr – was es bis heute tut." In etwa auf diese Weise kann man sich Standardverläufe der Lebensfalle Unterwerfung vorstellen. Entwicklungsaufgaben werden insofern erschwert, als sich bei Sozialkontakten vermehrt Enttäuschungen einstellen, da die sozialen Fertigkeiten im Sinne von Durchsetzen der eigenen Wünsche und Bedürfnisse zu wenig zur Entfaltung kommen. Erschwerend kommt auch die Tatsache hinzu, dass Gefühle und dadurch auch eigene Wünsche möglicherweise nicht mehr gefühlt werden, da das Grundbedürfnis des Selbstausdrucks von Kind auf unerfüllt blieb. Halten wir uns nun das Jugendalter vor Augen, wird es schwierig sein, eigene Ziele zu formulieren und durchzusetzen, beispielsweise im Bereich der Berufswahl und der Vorstellungen, wie und wo der später Erwachsene leben möchte.

Zusammenfassend können wir festhalten: Insbesondere die ungünstigen Schemata, also die Lebensfallen behindern oder blockieren sogar die Bewältigung von Entwicklungsaufgaben. Dies kann dazu führen, dass der Betroffene bestimmte Entwicklungsschritte in seinem Leben nicht vollziehen und somit auch verschiedene Bedürfnisse nicht erfüllen kann. Je früher so eine Stagnierung passiert, desto umfassender sind meist die Spätfolgen.

Besonderes Augenmerk ist dabei auf die Entwicklungsaufgaben des Jugendalters zu legen. Die Ablösung vom Elternhaus dient der Möglichkeit, selbstständig zu leben und Entscheidungen zu treffen. Dies gilt als Voraussetzung, ein Leben als tatsächlich eigenständiger, verantwortungsbewusster Erwachsener zu leben. Die Gleichaltrigengruppe hilft ihm dabei als „Minigesellschaft", in der er sich erproben und im weiteren Sinne auch selber finden kann. Da der Jugendliche nun die Eltern nicht mehr als das Maß aller Dinge sieht, sondern auch infrage stellen und ihre Aussagen in seiner Beurteilung abwägen kann, ist er auf dem Weg, sich ein eigenes Wertsystem aufzubauen. Es ist seine innere Richtschnur für das, was gut und was schlecht ist. Die heutige starke Verunsicherung hinsichtlich moralischer Werte und oft fehlende philosophische und religiöse Orientierung erschweren diesen Entwicklungsschritt.

Fehlt die Ablösung vom Elternhaus, so bleibt der Jugendliche in seiner Entwicklung zurück, da er den Schritt hinaus, zum eigenen persönlich wie wirtschaftlich unabhängigen Weg, gar nicht oder nur erschwert gehen kann. So mancher Jugendliche bleibt in der schützenden Burg des Elternhauses verhaftet und bleibt weiterhin „Jugendlicher". Er leidet meist unter Einsamkeit, da er wenige Kontakte hat, sowie unter Angst davor, einsam zu bleiben, da die Fertigkeiten, Menschen kennenzulernen, ungenügend trainiert sind. Psychische Störungen wie Depressionen sind gerade dann häufig anzutreffen, da sich der Jugendliche die zufriedenstellende Bewältigung seiner Zukunft oft nicht vorstellen kann. Macht sich Hoffnungslosigkeit breit, ist auch auf mögliche Selbstmordgefahr zu achten.

Die Entwicklungsaufgabe Berufstätigkeit kann aufgrund von Versagensängsten weit hinausgezögert werden, was wiederum die Gründung einer Familie hemmt, da der Betroffene zu stark mit seinem Problem beschäftigt ist und sich auch aus Scham keine Partnerschaft zutraut. Kommt über lange Zeit keine Partnerschaft zustande, hemmt dies oft aus Scham oder auch aus Angst vor Zurückweisung – da es „endlich klappen sollte" – die weitere Partnersuche. Viele bleiben in diesem Kampf von Sehnsucht nach einer Partnerschaft und der Angst davor verhaften und blockieren durch diese Fixierung andere mögliche Wege, ein erwachsenes Leben zu führen. Zu stark drückt diese nicht erfüllte Entwicklungsaufgabe auf das Selbstwertgefühl. Das Sammeln neuer Erfahrungen, Neugier und flexibles Problemlösen sind gebannt.

Wollen wir die Folgen unzureichender Bewältigung der Entwicklungsaufgaben auf einen Nenner bringen, so haben wir unterm Strich einen wesentlichen Verlust zu beklagen: den Verlust von Freiheit!

Wir haben auch in den Ausführungen gesehen, wie die Bewältigung der Entwicklungsaufgaben mit vorhandenen Lebensfallen in Wechselwirkung steht und dass auch in der Folge weitere ungünstige Schemata im Sinne eines Lawineneffekts dazukommen können.

Natürlich kann – wie immer – nicht alles vereinheitlicht werden. So mancher rettet sich auf gefinkelte Art und Weise aus seinem Dilemma heraus – zum Glück! Man kann nie wissen, welchen vielleicht rettenden prägenden

Ereignissen oder Menschen jemand begegnet. Ja, es gibt sie noch, die Wunder!

Dennoch ist es notwendig, sich seiner eigenen Betriebsblindheit bewusst zu werden und hellhörig zu sein: Bei uns selbst und ganz besonders bei unseren Kindern!

20. Das lahmgelegte menschliche Rüstzeug

In den vergangenen Kapiteln haben wir uns mit verschiedenen Ursachen für psychische Probleme auseinandergesetzt. Im Endeffekt können wir aber daraus schließen, dass keiner der einzelnen Punkte wirklich gesondert betrachtet werden kann, da eines das andere ergibt und wiederum in Wechselwirkung zueinander steht. Ursache und Wirkung sind nicht immer klar auseinanderzuhalten. Schemata beinhalten meist problematisches Denken und einen ungünstigen inneren Dialog. Das alles bremst wiederum die sozialen Fertigkeiten und dies die Lösung von Entwicklungsaufgaben, was wiederum Schemata aktiviert.

Sie werden sich nun vielleicht fragen, wie es so weit kommen kann, dass der Mensch nicht imstande ist, sich einfach aus ungünstigen Entwicklungswegen herauszumanövrieren, indem er sie erkennt und dagegen steuert? Wo sind sie, die so einzigartigen menschlichen Fähigkeiten? Was ist mit seiner Zähigkeit und seinem Rüstzeug?

Wenn wir nun versuchen, andere genannte Ursachen für psychische Probleme mit der Lösung von Entwicklungsaufgaben in Beziehung zu setzen, wird klar, wie solche Komplikationen entstehen können. Riskieren wir einen Blick darauf und betrachten alles nochmals im Zeitraffer: Veränderte Lebensumstände und Anforderungen verursachen psychische Spannungen, die als größere oder kleinere Belastung empfunden werden. Um diese Spannungen zu lindern und zu bewältigen, also Lösungen für anstehende Probleme zu finden, setzt der Mensch seinen Werkzeugkoffer (Abwehr- und Coping-Strategien) ein. Als Grundlage dafür dient das menschliche Rüstzeug: Dieses besteht aus der lebenslangen Fähigkeit, über sein eigenes Denken und Handeln nachzudenken (Introspektion), in einer „produktiven Unzufriedenheit" (Neugier, Drang alles zu optimieren) und in seiner Flexibilität im Denken, Bewerten und Problemlösen.

Um dieses grundsätzlich vorhandene Rüstzeug nutzen zu können, braucht der Mensch als Voraussetzung innere Stärke. Er erhält seine innere Stärke durch die Erfüllung der bereits genannten Grundbedürfnisse: Grundsicherheit, Verbundenheit, Autonomie, Selbstachtung, Selbstausdruck und realistische Grenzen.

Bleibt die Erfüllung dieser Grundbedürfnisse aus, kommt es zu einer tiefgreifenden Kränkung. Dies bedeutet Einschränkung und somit im Extremfall Verlust von Freiheit und Flexibilität.

Wie ist das zu erklären? Die Aufmerksamkeit des Menschen ist begrenzt und richtet sich auf für ihn Wesentliches und vor allem Bekanntes, er nimmt bevorzugt das wahr, was er von seinem Erfahrungsnetzwerk (Schema) her kennt. Er sieht das, was er erwartet. Ein durch Lebensfallen blockierter Mensch wurde in seiner kindlichen Entwicklung auf unterschiedliche Art und Weise eingeschränkt und begegnet den Lebensanforderungen und somit Entwicklungsaufgaben mit einem Tunnelblick der Kränkung und Angst. Oder erleben Sie sich in niedergeschlagener, ängstlicher Stimmung als besonders flexibel? Es ist auch erwiesen, dass Depressive in ihrem Denken über geringe Flexibilität verfügen. Auch im Erleben von starker Nervosität und Angst kennen wir aus dem Alltag, dass wir nicht mehr klar denken können. Bekannt sind ebenfalls „Blackouts“ bei Prüfungen.

Der Mensch bewertet seine Erlebnisse gemäß seiner Lebensfalle und bestätigt sie dadurch wiederholt selber, weshalb die an sich gegebene Fähigkeit, eine Sache auch von einer anderen Seite her zu betrachten und infrage zu stellen, nicht eingesetzt werden kann.

Dazu kommt noch die Neigung des Menschen, wie bereits erwähnt, Veränderungen soweit wie möglich zu umschiffen oder zu übersehen, da zumindest kurzfristig Anstrengung vermieden werden kann. Dies kann wiederum dazu führen, dass die Utensilien aus dem Werkzeugkoffer (Abwehr- und Coping-Strategien) bevorzugt werden, die nicht auf die Bewältigung der realen Situation abzielen, sondern eher den Zweck haben, die Realität zu verzerren, diese also zum Beispiel zu verdrängen, zu verleugnen oder herunterzuspielen. Übrig bleibt aber meist ein Gefühl, „dass da etwas ist, das nicht so rund läuft …“

Zusammenfassend können wir festhalten, dass Ursachen für psychische Probleme, besonders aber die Lebensfallen, einen gemeinsamen Nenner aufweisen, der den Menschen in seiner grundlegenden Zähigkeit und Genialität beinahe lahmlegen kann: Ein zutiefst verletzter, in sich verlorener Mensch – auf welcher Ebene ihm das auch immer angetan wurde – ist mehr oder weniger blockiert und fühlt sich sehr häufig in sich verloren. Das in ihm an sich angelegte Rüstzeug, das ihn auf unserem Planeten so einzigartig macht, kann er eigentlich nützen. Erinnern Sie sich? Das Kind, das sich mehrmals am Tag das Köpfchen anstößt oder mal eine Stufe hinunterplumpst, entwickelt keine Tisch- oder Stiegenphobie. Der blockierte Erwachsene aber wagt sich vielleicht kaum unter Menschen, aus

Angst vor Zurückweisung und dem Gefühl des Verlorenseins! Neben der Neugier fehlt auch der Zugriff auf flexibles Handeln. Immer wieder erfolgen dieselben Verhaltensweisen trotz langfristig ungünstiger Konsequenzen. Lebenslanges Lernen wird zumindest in den betroffenen Bereichen wenig eingesetzt. Erfahrungen werden am ehesten wieder als Bestätigung an das bestehende Schema angepasst. Stillstand ist die Folge. Betroffenen wurde entweder niemals entsprechendes Werkzeug vermittelt oder aber es ist ihnen nicht möglich, es zu verwenden, so wie der „Angepasste“ vielleicht sehr gut dazu imstande wäre, ein Konfliktgespräch zu führen, sein Schema der Unterwerfung es ihm aber nicht erlaubt. Oder aber der Betroffene spürt lediglich, dass ihm Wesentliches fehlt, das er zwar als Keim oder Anlage in sich hätte, es aber nicht kennt und auch demzufolge nicht beim Namen nennen kann.

Wenn wir alles das bedenken, so zeigt dies auf eindringliche Weise, welche Verantwortung Eltern und auch Pädagogen, sei es im Kindergarten, Schule oder Hort, auferlegt ist. Wir sollten niemals müde werden, uns vor Augen zu halten, dass Kinder unser wichtigstes, aber auch schützenswertestes und gleichzeitig verletzlichstes Gut darstellen. Sie können nicht genug Liebe bekommen und sollten von Anfang an unsere Zeit und unsere volle Aufmerksamkeit genießen.

Als Eltern und Pädagogen sind wir gefordert, Kindern Stärke gemäß der dargestellten Grundpfeiler oder Grundbedürfnisse (Grundsicherheit, Selbstachtung, Autonomie, Verbundenheit mit anderen, Selbstausdruck und realistische Grenzen) sowie geeignetes Werkzeug zu vermitteln, um sich in der Welt sicher und glücklich zu fühlen, um schließlich mit unabwendbaren Kränkungen und Schwierigkeiten möglichst effektiv umgehen zu können.

Im folgenden und letzten Kapitel wollen wir uns mit möglichen Wegen beschäftigen, die uns unsere Stärke wieder zurückgewinnen oder sie auch neu aufbauen lassen. Mit der eindringlichen Hervorhebung der Verantwortung von Eltern will ich nicht „einfach" Schuld zuschieben. In den meisten Fällen können wir aber zumindest davon ausgehen, dass Eltern ihre Kinder lieben und für sie das Beste wollen. Sie erziehen ihre Kinder nach ihrer Philosophie und nach ihrem besten Wissen und Gewissen sowie nach ihrem eigenen Vermögen, denn auch sie hatten Eltern, die wiederum Eltern mit bestimmten ungünstigen Schemata hatten! Wir wissen, dass Schemata über mehrere Generationen im Sinne von Modelllernen und aktiver Erziehung weitergegeben werden können.

Natürlich werden Eltern gegenüber Kränkungen wach, sofern sie nicht ohnehin allgegenwärtig sind. Es geht auch nicht darum, Kränkungen im Sinne von „Vergessen" zu vergeben – dies ist nicht der Punkt. Aber wir alle sind, ob wir wollen oder nicht, gefordert, mit den Karten zu spielen, die wir nun einmal haben. Wäre in uns nicht die Grundfähigkeit vorhanden, unter widrigsten Umständen doch noch zu bestehen, wären wir alle – körperlich wie psychisch – wohl längst ausgestorben. Möglicherweise hat die Menschheit ihr eigenes „Backup-System" eingebaut.

Auf der Suche nach dem verlorenen Ich

„Damit das Mögliche entsteht, muss immer wieder das Unmögliche versucht werden.“
(HESSE)

Es schließt sich der Kreis, unser Spaziergang durch die vielfältige und oft bizarre Welt der Psyche neigt sich dem Ende zu. Wir können den Beginn und auch den Verlauf unseres gemeinsamen Wegs überblicken. Alles wirkt von hier aus ein wenig anders, wie es eben so ist, wenn man eine Sache von einer oder mehreren anderen Seiten betrachtet. Viele Fragen wurden beantwortet. Vielleicht drängt sich in Ihnen aber eine wesentlich größere Frage auf. Denn nun haben Sie das eine oder andere erfahren, aber was nun?

Zu Beginn setzten wir uns mit dem Wesen der Entwicklung, wie sie in der Natur und folglich auch beim Mensch vom Grundprinzip her vonstatten geht, auseinander. Die Natur ist Entwicklung pur und beherrscht die Kunst des Wegwerfens perfekt. Sie belastet sich nicht mit Merkmalen, die einem Lebewesen nicht gut tun, sondern entscheidet und sortiert aus, was einer Pflanze, einem Tier oder einem Menschen zuträglich sein könnte. Auch der Mensch gehorcht diesem Entwicklungsprinzip, indem er mithilfe seiner „produktiven Unzufriedenheit“ und Neugier immer in Bewegung bleibt, um für sich und seine Umwelt möglichst alles so zu optimieren, dass es zum Vorteil gereicht. So hat er sich auf krasse Weise weiterentwickelt und konnte prinzipiell seine Überlebenschancen auf dieser Welt stark verbessern. Er ist kein „Freiwild“ mehr, gleicht körperliche Schwächen mittels Intelligenz aus und kann aktiv Krankheiten und Beschwerden zu einem großen Teil heilen oder zumindest lindern.

Sein spezielles Rüstzeug, das ihn auszeichnet, besteht vor allem in der Flexibilität seines Gehirns und in der Fähigkeit, ein Leben lang durch Problemlösen oder auch Modelllernen zu profitieren. Erfahrungen können somit weitergegeben werden. Es hat gereicht, dass das Rad ein Mal erfunden wurde, das muss nicht in jeder Generation aufs Neue passieren. Der Mensch beobachtet, hortet, sortiert aus und verwirft das, was nicht mehr nötig ist oder einfach nicht mehr in die Zeit passt. So ist die Dampflok der Diesel- und E-Lok gewichen und dient mittlerweile bloß als Attraktion für Nostalgiefahrten – zumindest in unseren Regionen.

Der menschliche Werkzeugkoffer, der aus verschiedenen Bewältigungsmechanismen (Abwehr- und Coping-Strategien) sowie sozialen Fertigkeiten besteht, hilft ihm, mit verschiedensten Aufgaben und Belastungen fertig zu werden, vor allem auch mit seiner Gefühlwelt umzugehen und sich zu entfalten. Entwicklung bedeutet lebenslanges Lösen von Problemen. Der Mensch durchläuft während seines Lebens unterschiedliche Lebensphasen, die auch mit der Lösung entsprechender Entwicklungsaufgaben einhergehen.

Alles das klingt gut und vermittelt den Eindruck, dass der Mensch tatsächlich perfekt an sein Leben, seine Möglichkeiten und seine Umwelt angepasst ist. Wie wir es allerdings täglich erleben, entspricht dies nicht der Realität: Unzureichend bleibt der Versuch des Menschen, sich zu seinem und dem Vorteil der Gemeinschaft und seiner

Umwelt zu entwickeln. Denn wir treffen auf Krieg, Missbrauch, Missgunst und Einsamkeit. Oft wird der Mensch in seiner Genialität sein schlimmster Feind, den er auch am meisten fürchtet: Alarmanlagen, Zäune, Exekutive, Aufrüsten, hungern lassen, Verletzungen, Kränkungen, Umweltverschmutzung und Klimaerwärmung. Manchmal scheint es so, als würde der Mensch an einer Autoimmunerkrankung leiden, weshalb er sich selbst psychisch wie physisch zerstört. Zumindest aber kennt er oft seine Potenziale und Möglichkeiten zu wenig oder nützt sie nicht, so als wäre er mit einem komplexen Gerät beschäftigt, von dem er nicht weiß, was es alles kann und von dem er auch die Gebrauchsanweisung noch nicht gelesen hat. Er tut fast alles dafür, um kurzfristig positive Konsequenzen zu erwirtschaften, ohne ausreichend an Spätfolgen zu denken, obwohl er die Fähigkeit dazu hätte.

Wenn es mir gelungen ist, mit diesem Buch bis jetzt zumindest ein wenig Betroffenheit zu erzeugen, hat es schon einen Teil des Zwecks erfüllt. Vielleicht haben die letzten Kapitel dazu geführt, dass Sie in dem einen oder anderen sich oder jemanden, den Sie kennen, wiedergefunden haben. Womöglich verstehen Sie jetzt besser, warum Sie manchmal genau dieses Verhalten zeigen oder weshalb Sie sich manchmal so fühlen, wie Sie sich eben fühlen. Vielleicht sind Sie sogar schockiert über die umfassenden Folgen von Lebensfallen und erkennen vielleicht sogar Ihre eigenen Blockaden. Betroffenheit steht als wichtige Voraussetzung am Beginn jeder Lösung und Veränderung, führt diese allein aber noch nicht herbei: Also, was nun?

Wenn wir uns all die verschiedenen Formen von Kränkungen, die uns im Laufe des Lebens einholen und auf uns einwirken, betrachten, so bleibt eines klar: Was geschehen ist, ist nun einmal geschehen und kann nicht rückgängig gemacht werden, selbst wenn wir so tun, als wäre alles in

Ordnung, so entspricht dies nicht der Realität, sondern oft nur einem verzweifelten Versuch, die Wunden zu ignorieren.

Wenn nun Geschehnisse nicht rückgängig gemacht werden können, welche Chancen haben wir, unsere Kränkungen tatsächlich zu lindern und das Ruder vielleicht doch noch herumumzureißen, um den entstandenen oder sich ankündigenden Blockaden zu entgehen? Kann es überhaupt funktionieren, sich aus einer Falle zu befreien?

21. Bereitschaft, sich selbst unter die Lupe zu nehmen

Vorerst geht es darum, die eigene Betriebsblindheit auszuschalten. Sie meinen, dass Sie kein bisschen blind sind? Sie haben zumindest – wie jeder andere Mensch auch – einen Blinden Fleck, obwohl Sie den Eindruck haben, die Welt um sich herum vollständig wahrzunehmen. Ich lade Sie dazu ein, folgendes kleine Experiment durchzuführen:

Schließen Sie das linke Auge und berühren Sie das Kreuz mit Ihrer Nase. Entfernen Sie sich anschließend ganz langsam, fixieren Sie weiter das Kreuz und beobachten Sie dabei im Augenwinkel den danebenstehenden Punkt. Nach ein paar Zentimetern werden Sie feststellen, dass der Kreis im Augenwinkel für kurze Zeit verschwindet.

Da ist er, Ihr Blinder Fleck, die Stelle, an dem der Sehnerv aus dem Auge austritt, und der Ihnen wohl noch niemals aufgefallen ist, auch dann nicht, wenn Sie von ihm wissen sollten. Der Blinde Fleck wird entweder vom Gesichtsfeld des anderen Auges ergänzt oder das Gehirn „dichtet“ einfach Informationen dazu.

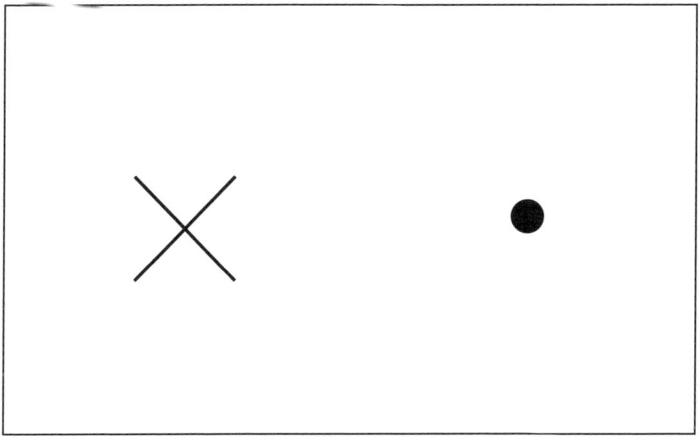

Dieses kleine Experiment möchte ich in seiner Aussage nun im übertragenen Sinne verstanden wissen: Zu meinen, alles vollständig und unverzerrt wahrzunehmen, entspricht nun einmal nicht der Realität. Außerdem haben wir im Kapitel über die menschliche Wahrnehmung gesehen, wie viel das Gehirn ausblendet, um sich auf ein paar wesentliche Elemente zu konzentrieren.

Ähnlich verhält es sich nun auch mit der Wahrnehmung von uns selbst und anderen Menschen. Wir sind uns oft selber mehr oder weniger fremd und können mit unseren Regungen, Gedanken und Wünschen wenig anfangen. Ebenso wenig verfügen wir von vornherein über das Wissen, wie uns andere Menschen einschätzen.

Wie bereits erwähnt, sind angehende Psychotherapeuten sogar dazu verpflichtet, intensive Selbsterfahrung durchzuführen, um sich selbst besser zu verstehen, eigene Blinde Flecken zu entdecken und Kränkungen aufzuarbeiten, um professionell helfen zu können. Sonst wäre die Gefahr zu groß, dass eigene Problembereiche in die Therapie hineinwirken – und das fatalerweise womöglich noch so, dass es unbemerkt bleibt.

Die Gefahr der Betriebsblindheit betrifft also auch Menschen, die an sich über gute Fähigkeiten und die Bereitschaft dazu verfügen, über sich nachzudenken und sich in andere einzufühlen. Deshalb bleibt die Entscheidung bei uns, ob wir bereit sind, tatsächlich hinzuschauen, um zu erkennen, wo und auf welche Weise wir blockiert sind und wie wir diesen Stillstand überwinden können.

22. Gründe, optimistisch zu sein

Wir haben gesehen, dass das menschliche Rüstzeug lahmgelegt werden kann. Wenn der Mensch aufgrund verschiedenster Kränkungen in Lebensfallen gerät, werden seine ureigensten Grundfähigkeiten blockiert, sodass er seine Entwicklungsaufgaben schwer, spät oder gar nicht lösen kann und quasi auf der Stelle tritt. In sich verlorene, verletzte Menschen glauben nicht, dass Sie an sich und an Ihrer Lage etwas verändern können. „Ich bin eben so und kann nicht aus meiner Haut!" Wahrscheinlich haben Sie solche oder ähnliche Sätze bereits gehört oder vielleicht sogar selber ausgesprochen? Menschen, die sich nicht zutrauen, grundsätzlich Veränderbares zu verändern, glauben nicht an die Möglichkeit, ein Leben lang zu lernen oder trauen es sich selbst einfach nicht zu. Depressive, aber auch Menschen in akuten Krisensituationen fühlen sich häufig verloren und zeigen aus diesem Grund auch oft wenig Flexibilität in ihrem Denken, Handeln und Problemlösen. Wenn sie noch nicht resigniert haben, so versuchen sie immer wieder denselben Weg, der wie das „Amen“ im Gebet zu den ohnehin bereits bekannten Kränkungen führt. Wenn jemand von einem anderen nahestehenden Menschen schon jahrelang Verständnis und Unterstützung möchte und dies niemals bekommt, so führen wiederholte Versuche, eben das zu erhalten, zu neuerlichen Enttäuschungen. Die Sehnsucht, positive Zuwendung von dieser Person zu bekommen, scheint so groß zu sein, dass der Betroffene es auf stereotype Art und Weise immer wieder versucht und daran scheitert.

Dennoch: Wenn wir von einem lahmgelegten menschlichen Rüstzeug sprechen, so heißt es nicht, dass diese Fähigkeiten nicht dennoch vorhanden wären. Es kann nur etwas lahmgelegt werden, was auch existiert. Was verlegt wurde, kann auch wieder gefunden werden – und genau das ist der Punkt! In Therapien kann es wunderbar sein, mitzuerleben, wie ein vorerst von der Umwelt eingeschränkter und in sich gefangener Mensch die Fesseln ablegt und sichtlich aufblüht. Er findet Freude daran, sich auf andere Weise zu erleben und Neues auszuprobieren, um seinen Erfahrungsschatz zu erweitern. Es ist eine Wohltat, mitzuerleben, wie Wunden zu heilen beginnen und der Betroffene anfängt, wieder oder vielleicht sogar das erste Mal selbstständig einen neuen Weg zu gehen.

Machen wir uns doch auf die Suche nach unserem Rüstzeug und nehmen es noch einmal unter die Lupe!

Flexibilität und Kreativität

Vielleicht behaupten Sie, dass Sie keines von beidem sind – weder flexibel, noch kreativ. Sie kennen kreative Menschen und auch solche, die sich rasch und flexibel auf eine andere Situation einstellen können. Wohlgemerkt: Kreativität, wie sie hier gemeint ist, hat nichts mit künstlerischem Talent im Bereich der Malerei oder der Musik zu tun, sondern mit der Fähigkeit, Problemlösungen auf vielfältige oder auch auf unkonventionelle Weise herbeizuführen. Es geht also um die Kunst des Lebens!

Ich kann Ihnen versichern, dass Sie im Grunde beides in sich tragen. Falls Sie geneigt sind, dies völlig von der Hand zu weisen, so fragen Sie, sofern greifbar, Ihre Eltern oder andere Personen, die Sie als Kind erlebt haben. Vielleicht erinnern Sie sich aber auch an Erzählungen über sich oder aber Sie wissen selber noch über manche Ihrer kindlich-kreativen Heldentaten zu berichten. Kindern sagt man große Flexibilität, Kreativität und Zielgerichtetheit nach. Jedes Kind hat seine Ziele klar vor Augen und tut beinahe alles, um diese zu erreichen.

Auch Sie werden versucht haben, einen begehrten Gegenstand von einer Anrichte herunterzuholen, Erwachsene um den Finger zu wickeln, bis sie doch nachgeben oder vielleicht auch im Badezimmer mit viel Sorgfalt und Fantasie einen Stausee anzulegen. Ich konnte bei meinem Sohn auch niemals sicher sein, ob er einen verschlossenen Gegenstand nicht doch öffnen kann. Ich erinnere mich gut, als er, noch im Kinderwagen sitzend, in einem Kaufhaus eine original verschlossene Trinkflasche von einer Verkäuferin in die Händchen gedrückt bekam, mit dem Zusatz: „Die bekommt er sicher nicht auf!“ Es dauerte keine Minute und er hatte sie offen! Auch die alte Elternweisheit, „wenn Kinder still sind, sollte man dringend nachsehen“, wird Sie wohl überzeugen. Nun, Sie waren ganz bestimmt genauso! Auch Sie werden mit Sand, ein paar Steinen und Zweigen ganze Geschichten erfunden haben, ohne zu überlegen, ob diese nun gut genug sind oder nicht.

Ich kann Sie nur herzlich dazu einladen, im Spiel versunkenen Kindern zuzusehen und zuzuhören. Ich werde auch nicht müde, meine vierjährige Tochter dabei zu beobachten, wenn sie mit Buntstiften oder Essbesteck – was eben gerade zur Hand ist – „Mutter, Vater, Kind" spielt. Kinder sind imstande, Dinge auch von einer anderen Seite zu betrachten und vielfältig einzusetzen.

Auch Sie waren dazu imstande, auch Sie waren ein im Spiel versunkenes Kind! Vielleicht wurden Sie schließlich blockiert oder aber hatten das Glück, Ihre Lebensfähigkeiten entfalten zu dürfen.

Wir können also davon ausgehen, dass wir alle über Flexibilität und Kreativität im Sinne von Anpassungsfähigkeit und vielfältiger Problemlösung verfügen und eine heute vielleicht starre Haltung mit Kommentaren wie „Mir fällt nichts ein … ich bin nicht kreativ" nur Ausdruck einer inneren Blockade sind. Der Bereich der Wahrnehmung zeigt uns in gewissem Sinne, dass es uns möglich ist, Dinge auf verschiedene Art und Weise zu interpretieren: So gibt es sogenannte Vexierbilder, also Bilder, die je nach Betrachtungsweise in ihrer Bedeutung wechseln. Vielleicht verfügen Sie über die Möglichkeit, auf das Internet zuzugreifen und können sich dort nach Lust und Laune an diesen interessanten Sehphänomenen erfreuen. Hohen Bekanntheitsgrads erfreut sich beispielsweise das Vexierbild der „alten Frau", die gleichzeitig auch als eine junge, zur Seite blickende Dame gesehen werden kann. Ebenso bekannt ist das Vexierbild „Pokal oder Profile". Wir sind dazu imstande, zwischen beiden Wahrnehmungsmöglichkeiten hin- und herzuschalten.

Wie bereits in einem früheren Kapitel erwähnt, verfügt der Mensch über flexible Nervenverbindungen. Er ist von Natur aus nicht auf starre Verhaltensprogramme fixiert, wie wir es bei den meisten Tierarten vorfinden. Dies ermöglicht dem Menschen eine freiere Entwicklung und größere Anpassungsfähigkeit. Ein Rüstzeug, das ihn in der

Evolution zu einem einzigartigen, zähen Wesen gemacht hat.

Natürlich, alles was brach liegt, neigt auch dazu, einzurosten oder sich nicht voll zu entwickeln. Ein Same, der von trockener Erde bedeckt ist, wird erst keimen, wenn er mit Wasser und Sonne in Berührung kommt. Ein an sich sportlich äußerst talentierter Mensch wird seine Stärke erst zur Entfaltung bringen, wenn er dementsprechend trainiert und sich ernährt.

Insofern kann sich der Mensch auch darin üben, Probleme kreativ und selbstständig zu lösen. Er kann sich dazu erziehen, eine Sache von mehreren Seiten zu betrachten, bevor er vorschnell zu alten, unbewährten Strategien greift. Wie verhalten denn Sie sich, wenn Sie eine Wohnung, ein Haus, ein Auto oder auch nur einen kleinen Ziergegenstand für die Wohnung auswählen? Kaufen Sie Ihr zukünftiges Zuhause ausschließlich nach der Beschreibung des Maklers? Sie werden das Haus oder die Wohnung betreten, werden von Raum zu Raum schlendern, aus allen Fenstern sehen, den Ausblick vom Balkon beurteilen, das Haus von oben, unten, von rechts und links aus betrachten, da alles von einem anderen Blickwinkel anders aussieht und vielleicht sogar etwas anderes bedeutet. Auch beim Autokauf werden Sie das auskosten, eine Probefahrt beanspruchen, das Auto auf Vor- und Nachteile und die optische Gefälligkeit von allen Seiten überprüfen. Auch der kleine Ziergegenstand wird in die Hand genommen und genau auf Aussehen, Gewicht und Material geprüft, gedreht und gewendet, ja so lange, bis auch das Preisschild entdeckt wurde. Wie stark der Drang in uns ist, alles von mehreren Seiten aus zu betrachten, sieht man, wenn man mit kleinen Kindern ein Kaufhaus mit bunter, kleiner, glänzender Ware besucht. Sie werden garantiert in Stress kommen, da Sie damit beschäftigt sein werden, die Kinder davon abzuhalten, diese verführerischen Dinge zu erhaschen, um damit zu spielen. Eltern werden erfinderisch bei der Bewältigung solcher Einkäufe. Ich selbst habe den Besuch solcher Geschäfte, um für Geburtstage von Freunden einzukaufen, in die Jausenzeit meiner Kinder verlegt. Zufrieden bleiben sie in ihrem Wagen sitzen, knabbern an ihrem Gebäck und können so den zahllosen niedlichen Püppchen, Blümchen, Ketten usw. widerstehen. Nun weiß ich genau, dass ich in etwa zehn Minuten Zeit habe, in Ruhe etwas auszusuchen.

Natürlich gibt es eine ganze Menge an Alternativen. Gerade Eltern sind darin ständig gefordert, Kreativlösungen ausfindig zu machen, und das oft möglichst rasch.

Aber man muss keine Kinder haben, um gefordert zu sein, es sei denn, Menschen unterfordern sich selbst und beschreiten immer dieselben Lösungswege. Schade, denn der Mensch ist lernfähig – ein Leben lang! Genau genommen ist es auch gar nicht als so großes Glück oder ein Zeichen von großer Tüchtigkeit zu beurteilen, wenn wir immer mit ein und derselben Strategie zum Ziel gelangen – im Gegenteil! Je vielfältiger unsere Strategien, desto widerstandsfähiger wird auch unsere Seele. Erinnern wir uns an das Beispiel des immer erfolgreichen Schülers und Studenten, der niemals gelernt hat, mit Misserfolg oder anderen Anforderungen umzugehen, oder denken Sie an Berichte von an sich sehr erfolgreichen, meist ruhigen Schülern, die sich das Leben nehmen, da sie nicht gelernt haben, mit ihren Selbstzweifeln und Ängsten umzugehen. Verwendet man immer dieselbe Strategie, verliert man die Sensibilität für den Umgang mit veränderten Anforderungen.

Sollten Sie also an etwas scheitern, dann verwenden Sie dieses Leid auf die Weise, dass es für Sie nicht umsonst ist. Es liegt an uns selbst, daran zu wachsen und daraus zu lernen, um für künftige Problemstellungen und Schwierigkeiten besser gewappnet zu sein.

Sollten Sie bemerken, dass Ihr Leben nur mehr mit ein und derselben Sache vollgestopft ist, sollten Sie sich ernsthaft fragen, wie lange Sie dies beibehalten wollen. Häufig finden wir diese Unmäßigkeit gerade im Berufsleben: An allen Ecken und Enden gibt es Aufträge und Termine. Es kann sehr befriedigend sein, wenn man das Gefühl vermittelt bekommt, unabkömmlich zu sein. Doch diese Freude ist trügerisch und endet nicht selten im Burnout. Statt zu welchen Mittelchen auch immer zu greifen, um immer mehr desselben ertragen zu können und sich dabei vorzumachen, dass Veränderungen umgangen werden können, sollten wir auf unser innerstes Bauchgefühl hören, das uns vorwarnt, sollten wir ein und denselben Weg zu lange gehen, ohne auf unsere Reserven und anderen Lösungsmöglichkeiten zu hören.

Lebenslange Lernfähigkeit

Der Mensch verfügt, wie bereits mehrfach erwähnt, über ein ungeheures, ja unvorstellbares Netzwerk von Nervenzellen und Nervenverbindungen. Es steckt voller Dynamik und reagiert auf uns in dem Sinne, dass es sich auf die Art und Weise entwickelt, wie wir es verwenden! Diese letzte Aussage sollten wir uns alle auf der Zunge zergehen lassen. Halten Sie ruhig ein wenig inne, um diese Worte in ihrer Bedeutung auf sich wirken zu lassen.

Neben den Nervenbahnen, die Information weiterleiten, gibt es auch solche, die die Rolle eines „Verkehrsleitungssystems" haben. Sie stellen die Weichen und bestimmen, wo welche Information in welchem Tempo geleitet werden soll. Dieses System steuert also unsere Eindrücke, unsere Wahrnehmung und unser Verhalten. Häufig verwendetes Verhalten bildet dabei regelrechte Autobahnen aus. Aber wie weiß das Gehirn, was es speichern soll und was nicht?

Gehen wir zurück zum Kapitel, in dem wir uns mit der „Angst als Motor unserer Entwicklung" beschäftigt haben. Der Mensch ist imstande, sehr lange über Schwierigkeiten und Hindernisse hinwegzusehen, in dem er sie verleugnet. Er möchte es nicht wahrhaben, dass es so nicht weitergehen kann. Seine Beschützerin, die sich zu Unrecht bei uns großer Unbeliebtheit erfreut, hat einen konkreten Namen: Angst. Diese Schutzemotion bringt das noradrenerge System in uns auf Touren, das den Körper dermaßen in seiner Funktion ankurbelt, dass die Wahrnehmung rasch vonstatten geht und der Mensch in seiner Gesamtheit auf Flucht oder Kampf entsprechend vorbereitet wird. Setzt der Mensch die entsprechende Reaktion und führt sie zum Erfolg, so erlebt er dadurch eine kontrollierte Stressreaktion – viel mehr noch: Hat er durch diesen Lösungsweg das Ziel erreicht und sinkt die Angst, so wird er dem Werkzeugkoffer mit der Etikette „wirksam" hinzugefügt. Hätte er diesen Mechanismus nicht eingebaut, so wäre er mit dieser Haltung längst von der Erdkugel verschwunden, weil er aufgefressen, erfroren, ertrunken oder sonst etwas wäre.

Das menschliche Gehirn verfügt über ein Belohnungssystem, das erfolgreiche Denk- und Verhaltensmuster verstärkt und abspeichert. Erinnern wir uns: Wenn ein von uns gesetztes Verhalten positive Folgen hat oder auch negative Konsequenzen wegfallen, so erhöht sich die Wahrscheinlichkeit, dieses Verhalten wiederzuverwenden. Alles das, wovon wir uns gefühlsmäßig berühren lassen, speichert das Gehirn rasch und sicher ein. Berührt uns etwas nicht – wie zum Beispiel das langweilige Thema eines Vortrags – so haben wir alle Mühe, derartige Inhalte aufzunehmen und sie uns zu merken. Sich von nichts erschüttern oder berühren zu lassen und stets „cool“ zu bleiben, bedeutet also nicht automatisch persönliche Stärke! Ungerührtheit kann unter Umständen Lernprozesse blockieren. Natürlich gilt auch hier das gesunde Mittelmaß, denn zu starke Emotionen können ebenfalls zu Blockaden führen.

Zurück zur Stressreaktion: Sollte die Lösungssuche nicht von Erfolg gekrönt sein, so kommt es zu einer unkontrollierten Stressreaktion, die zur Folge hat, dass bestehende Nervenverbindungen und unproduktive „Autobahnen“ erschüttert und aufgelöst werden, um eingefahrene Wege durch neue ersetzen zu können. Diese Reaktion des Gehirns, wie wir sie auch bei Depressionen finden können, hat also den Sinn, Neuanfänge zu ermöglichen.

Was bedeutet dies alles nun für die Wiedererlangung Ihrer Stärken? Welche Gründe für berechtigten Optimismus können wir nun zusammenfassen? All diese Erkenntnisse zeigen auf, dass wir uns darauf verlassen können, dass: unser Gehirn in seiner Komplexität und Genialität die beste Sicherheit ist, die wir haben, weil wir uns darauf verlassen können, dass das Gehirn ein Leben lang lernfähig bleibt und wir unsere Sichtweisen und Strategien an neue Situationen anpassen können und immerwährend Neues versuchen und zum Erfolg gelangen können. Dadurch können vorhandene Blockaden wieder überwunden werden, wenn wir beginnen, die Fähigkeiten unseres Gehirns ausüben zu lassen. Wir können uns auch auf den Sinn unserer Gefühlswelt verlassen. Vor jeder nötigen Veränderung steht als Schutz die Emotion Angst. Ohne sie würden wir den Bedarf an Veränderung nicht bemerken und auch nicht darauf reagieren. Wir könnten nicht dazulernen. Lassen Sie sich von Ihrer Umwelt und auch von sich selbst „berühren“! Wir können uns durch die Genialität des Gehirns aus kurzfristigen Sackgassen oder auch komplexeren Lebensfallen herausmanövrieren, da wir uns selbst hinterfragen und flexible Lösungen finden können, wenn wir wollen. Das Rüstzeug Flexibilität und Kreativität sollte wie ein wichtiger Schatz behandelt und als Gegengewicht zur Eintönigkeit und Einseitigkeit gepflegt werden.

Der erste Schritt auf dem Weg zurück zur verlorenen Stärke besteht also im Bewusstsein, dass wir über die Grundausstattung verfügen, die wir für die Bewältigung des Lebens mit seinen unterschiedlichen Anforderungen brauchen.

23. Grundvoraussetzungen, um Bewegung in das verloren geglaubte Ich zu bringen

Kränkungen blockieren und hemmen uns, das zu tun, was uns gut täte und uns auch helfen würde, Wünsche und für uns wichtige Ziele zu erreichen. Jemand, der ungern unter Menschen geht, weil er weitere nachhaltige Kränkungen fürchtet, hat meist keinen Freundeskreis, der für ihn da sein und ihm Sicherheit geben könnte. Damit bleibt er auch mit all den anderen Alltagsschwierigkeiten auf sich allein gestellt und erhält weder Zuspruch noch sonst eine Unterstützung. Er leidet unter Einsamkeit und blockiert sich dabei mit seiner Angst selbst, den Wunsch nach Gemeinschaft zu erfüllen.

Um die Stärke zu erlangen, für uns notwendige Wünsche zu erfüllen und dahingehende Veränderungen einzuleiten, bedarf es klarer Ziele und eines Plans, wie diese verwirklicht werden können.

Verwenden wir das Beispiel der Entstehung oder Renovierung eines Hauses: Bevor dieses Projekt umgesetzt werden kann, sollte geklärt werden, ob das Vorhaben finanziell umsetzbar, ein entsprechendes Grundstück vorhanden ist und nach welchen Gesichtspunkten gebaut werden soll. Daran anschließend erfolgt die Klärung, wer welche Aufgaben zu erfüllen hat, welches Material und Werkzeug zum Einsatz kommen soll, und vieles mehr.

Diese Vorgehensweise können wir auf die Lösung psychischer Blockaden übertragen. Die Grundvoraussetzung, die Frage, ob das Lösen innerer Blockaden prinzipiell möglich ist, konnten wir bereits aufgrund unseres Rüstzeugs mit einem klaren „Ja" beantworten. Wir wissen aber um die menschliche Trägheit, was Veränderungen anbelangt. Veränderungen sind mit Kraftaufwand verbunden, daran kommen wir nun einmal nicht vorbei.

Die Bereitschaft, sich im Kampf gegen eigene Blockaden und Verletzungen anzustrengen

Wenn ein Auto im Schnee stecken bleibt, werden Sie vorerst genau hinsehen müssen, worin das Problem genau besteht. Sie werden Kraft, Intelligenz und möglicherweise auch die Hilfe eines anderen benötigen, um es wieder zum Fahren zu bringen. Wie auch immer, Sie werden auf jeden Fall aktiv werden müssen.

Wenn Sie Gewicht verlieren wollen, brauchen Sie einen tauglichen Weg, weniger Kalorien bei gleichzeitig vollwertiger Ernährung zu sich zu nehmen. Versuche, sich der unerwünschten Kilos ohne Bereitschaft und Aufwand zu entledigen, werden kaum von Erfolg gekrönt sein.

Ebenso verhält es sich bei der Lösung psychischer Blockaden oder hinderlicher Verhaltens- und Denkmuster: Ohne einer klaren Bereitschaft, genauer hinzusehen, wo das Problem liegt, und einen vielleicht unbekannten oder auch etwas aufwändigeren Weg zu versuchen, ist es schwer möglich, jahrelang eingefahrene Verhaltensmuster und gut etablierte Blockaden zu lösen. Manche Menschen entscheiden sich aus dem Grund dafür, in ihrer eigenen Welt zu bleiben und sich mit dem Gegebenen abzufinden, weil sie sich nicht vorstellen können, grundsätzliche Veränderungen in sich bewirken zu können. Jeder Mensch verfügt über dieses Potenzial. Oft braucht es aber Hinweise, wie dieses Rüstzeug zu verwenden ist! Außerdem ist Kraftaufwand nötig, wenn wir etwas bewegen wollen. Umdenken, verarbeiten und bewältigen bedeutet anspruchsvolle Hirnarbeit! Da der Mensch seine Erfahrungen im Gehirn als „Autobahnen" etabliert hat, gilt es nun, „Umfahrungen" zu bauen, um Blockaden aufzulösen oder zu überlagern. Können Sie sich vorstellen, dass Nervenbahnen sich sozusagen grundlos, also ohne gezielten Energieaufwand so verschalten und neu bilden, wie wir sie brauchen würden? Wenn eine neue Straße gebaut werden soll, so wird dieses Unterfangen nur sinnvoll sein, wenn es einen Plan und ein klares Ziel gibt, um auch dort zu landen, wo man hin will. Deshalb brauchen wir auch den klaren Entschluss, das „Know-how" der Umsetzung und die Bereitschaft, gezielt Kraft aufzuwenden, um unsere psychischen Blockaden zu überwinden.

Ein Stein im Schuh besteht auch darin, dass viele Menschen verlernt oder auch unzureichend erlernt haben, ihre Gefühle wahrzunehmen und mit ihnen umzugehen. Gefühle haben leider oft einen schlechten Ruf und werden mit Schwäche gleichgesetzt, allerdings zu Unrecht. Prinzipiell sollten wir mit unseren Gefühlen Frieden schließen, weil sie uns zeigen, ob wir auf einem guten Weg sind oder nicht. Hören Sie auf Ihr Bauchgefühl! Oft genügt es, sich neben all der Hektik einen Freiraum von etwa fünfzehn Minuten zu schaffen, um nachzufühlen, ob unsere

Psyche „rund läuft“ oder ob sie das nicht tut, was uns beunruhigt, ängstigt, ärgert, traurig macht und so weiter. Wenn wir dies regelmäßig tun, können wir auf Blockaden, deren Lösung wir instinktiv hinausschieben oder die sich einfach ankündigen, stoßen. Dies ist sicher nicht immer angenehm, doch langfristig gesehen erhöhen wir damit die Wahrscheinlichkeit, für uns wesentliche Dinge zu verändern oder Entscheidungen zu treffen. Prinzipiell ist der Mensch dafür eingerichtet, Entscheidungen zu treffen. Hätte er diese Fähigkeit nicht, wäre er auf dieser Welt schon längst ausgestorben! Neben all der Anstrengung können derartige Erkenntnisse aber auch sofort zu großer Erleichterung führen, vor allem dann, wenn sich im großen inneren Durcheinander plötzlich Möglichkeiten auftun oder ein bisher für unmöglich erachteter Weg nun doch gangbar erscheint. Derartige Befreiungen können bei Betroffenen richtige Kraftexplosionen freisetzen!

Nehmen Sie sich täglich zumindest fünfzehn bis dreißig Minuten als ganz persönlichen Raum für sich und lassen Sie den Tag oder die vergangene Woche Revue passieren. Machen Sie eine Standortsbestimmung und prüfen Sie, ob Sie auf dem richtigen Weg sind, und welche persönlichen unerledigten Dinge Sie belasten oder auch nur belästigen. Reden Sie mit nahestehenden Personen über Dinge, die Sie beschäftigen, diskutieren und reflektieren Sie! Hören Sie nicht auf, miteinander zu reden!

Eine bewährte Methode besteht auch darin, eine Art Tagebuch zu führen oder aber sich auf einem Stück Papier, das Sie danach auch zerstören können, alles von der Seele zu schreiben. Schreiben erzielt nachweislich therapeutische Effekte und kann dabei helfen, Gegebenheiten von verschiedenen Seiten zu betrachten und Ordnung in die eigene Gedankenwelt zu bringen. Sollten Sie sich im künstlerisch-kreativen Bereich Ausdruck verschaffen können, so nützen Sie diese Möglichkeit der Selbsthilfe für sich!

Ich möchte Sie wirklich herzlich dazu einladen, sich auf sich selbst einzulassen und für sich etwas zu tun. Immerhin sind Sie mit niemandem so lange und unaufhörlich zusammen wie mit sich selbst! Da wäre es schon ganz günstig, sich ein wenig besser kennenzulernen und vor allem, mit sich auszukommen!

Das Ziel vor Augen

Sie stehen im Stau. Kilometerlange Blechlawinen erstrecken sich vor Ihnen und wollen einfach nicht in Bewegung kommen. Dazu kommt noch, dass Sie sich nicht ganz sicher sind, ob sie auf dem richtigen Weg sind. Bald liegen die Nerven blank, die Kinder beginnen zu quengeln. Sie hören im Radio ganz gespannt die Mitteilungen des Verkehrsdiensts – aussichtslos! Aber zum Glück können Sie bei der nächsten Abfahrt eine andere Route wählen – nur noch 200 Meter, dann haben Sie es geschafft!

Es ist eine Tatsache, dass uns Klarheit und die Aussicht auf das Ziel Kraft geben können, besser durchzuhalten. Wenn wir wissen, wie lange wir noch auf das Essen warten müssen, wie weit es noch bis zur Berghütte ist, oder dass die Rettung bereits unterwegs ist, können wir in uns unglaubliche Energien mobilisieren.

Leidet ein Betroffener zum Beispiel unter Panikattacken, so kann die Verzweiflung solche Ausmaße annehmen, dass sogar der Wunsch, tot zu sein, ernsthaft ins Zentrum rückt. Die Aufklärung über die Erkrankung, die klare Zielsetzung und die Schritte, die zur Erreichung nötig sind, lassen aber wieder die Hoffnung keimen und bringen Betroffene dazu, konkret und gezielt an ihrem Problem zu arbeiten. Viele schaffen den Weg soweit, dass sie vorher vermiedene Situationen wieder angstfrei bewältigen können oder mit auftretenden Angstsymptomen stark verbessert umgehen können, ohne in Panik zu verfallen: einkaufen gehen, Auto fahren, das Benutzen von Lift, U-Bahn, Flugzeug und vieles mehr.

Viele Menschen fühlen sich aber in sich selbst nicht wohl, irgendetwas passt nicht so recht. Manche finden sich damit ab, können aber oft gar nicht formulieren, was ihnen fehlt und wissen somit gar nicht so konkret, womit sie sich eigentlich abfinden. Oder aber sie sehen ihre Wünsche und Vorstellungen ohnehin als unerfüllbar an. Es schmerzt besonders dort, wo grundlegende Bedürfnisse, wie jene nach Beziehung und Nähe, Autonomie, Kreativität und Spaß, das Gefühl, kompetent und begehrt zu sein, nicht erfüllt wurden und werden – wenn Lebensfallen zugeschnappt sind.

Manche versuchen, auf irgendeine Art und Weise ihre psychische Befindlichkeit zu verbessern, ohne dass sie sich tatsächlich an einem konkreten Ziel orientieren. Dies kann sich so äußern, dass Menschen alle Mittel, die anderen in irgendeiner Form gut tun, ebenfalls in Anspruch nehmen: Ein Yoga-Kurs hier, spezielle Massagen da, diverse Tropfen, Vitamine dort sollen alles abrunden. Gerade bei leistungsorientierten Menschen kann der Wochenplan mit selbstfürsorglichen Aktivitäten vollgespickt sein. Ob ein bestimmter Weg für einen Menschen der richtige ist, wird dadurch ersichtlich, ob er tatsächlich zielgerichtet ist. Wir sollten uns immer fragen: Was genau wollen wir mit welcher Aktivität an Selbsthilfe erreichen? Ein wahlloses Konsumieren von Gesundheits-, Antistress- und sonstigen Angeboten trägt nicht unbedingt zur Erfüllung dessen bei, was einer betroffenen Person tatsächlich fehlt. Irgendwann, früher oder später wird das eine oder andere wieder aufgegeben, weil sich nichts geändert hat.

Es kann auch nicht „sich“ etwas ändern, sondern wir müssen und dürfen unseren Weg und somit uns selber verändern, um glücklicher zu werden. Niemand darf dies für uns tun! Allerdings werden wir nur imstande sein, aus unseren Fahrrinnen und Lebensfallen auszubrechen, wenn wir sehr genau wissen, welches Ziel wir vor Augen haben. Solange wir nicht wissen, wohin es gehen soll, werden wir alte, vertraute Wege weiterschlendern oder uns darauf vorwärts quälen, weil der Schuh uns drückt.

Alte Schätze müssen wiederentdeckt und gepflegt und Unbrauchbares muss aussortiert werden. Nicht nur das Wegwerfen, sondern auch Neuinvestitionen und Restaurierungen sind nötig!

Wir können uns also selber unter die Lupe nehmen, genau hinsehen und konkrete Ziele formulieren: Was möchte ich erreichen? Was muss ich dafür lernen, dass ich dieses Ziel erreichen kann? Hier ein Beispiel dazu: „Mein Ziel besteht darin, die Lebensfalle der Abhängigkeit zu bewältigen, ich will autonomer sein. Ich möchte mich nicht immer darauf verlassen, dass andere meine Alltagsprobleme lösen, und auch lernen, selbstständig Entscheidungen zu treffen. Warum verlasse ich mich auf andere? Weshalb vermeide ich es, Entscheidungen selbst zu treffen? In der Kindheit habe ich gelernt, dass Irrtümer nicht sein dürfen. Deshalb wurden mir verschiedene Pflichten abgenommen, damit alles seine Ordnung hat und rasch erledigt ist. Jetzt habe ich Probleme damit, Fehler zu machen. Ich würde mir Fehlentscheidungen übelnehmen und lange nicht darüber hinwegkommen. Außerdem würde ich mich vor anderen blamieren, wenn ich etwas nicht weiß, was ich schon längst wissen müsste. Ich brauche also folgendes Werkzeug, um dieses Ziel zu erreichen: Übung im Lösen von Alltagsproblemen und Faktenwissen. Außerdem wird es nötig sein, mein Denkmuster in dem Sinn zu verändern, dass ich mir vor Augen halte, dass jeder, der Entscheidungen trifft, gleichsam Gefahr läuft, sich falsch zu entscheiden. Niemand kann alles immer richtig entscheiden. Außerdem sind Entscheidungen selten völlig richtig oder völlig falsch. Wer kann außerdem in die Zukunft blicken und wissen, welche Entscheidung tatsächlich die bessere sein wird? Ich muss damit umgehen lernen, dass es für nichts eine absolute Sicherheit gibt und ich Ungewissheit tolerieren muss. Außerdem brauche ich Übung, um Entscheidungen sicherer treffen zu können. Wenn sich eine Entscheidung als ungünstig erweist, werde ich mich nicht innerlich zur Schnecke machen, sondern es in der Rubrik ‚Erfahrungen' einordnen."

Wir können für jeden Bereich derartige Ziele und Teilziele mit dem dazugehörigen Werkzeug aufstellen und an unsere Bedürfnisse und Notwendigkeiten anpassen. Ziele bieten Menschen klare Perspektiven, wohin sie ihre Kräfte richten können und was sie im Anschluss zu erwarten haben.

Der Wille, diese Ziele erreichen zu wollen

Wenn nun ein Ziel klar vor Augen steht, bleibt noch immer die Entscheidung offen, ob wir tatsächlich motiviert genug sind, die Anstrengung auf uns zu nehmen, um es auch zu erreichen. Nicht immer ist dieser Wille tatsächlich gegeben. Ein Grund besteht darin, dass der Mensch Hindernissen und damit verbundenen Veränderungen so lange wie möglich aus dem Weg geht. Es besteht demnach auch immer ein Widerstand gegen das Verlassen des gewohnten Verhaltensmusters, was sich auch in Therapien regelmäßig zeigt.

Viele Menschen kommen mit dem Wunsch, lästige Symptome verschiedenster Art loszuwerden, in die Therapie. Wir alle suchen nach raschen und möglichst bequemen Wegen, unsere Ziele, sofern wir sie klar vor Augen haben, zu erreichen. Allerdings bedarf es einer klaren Entscheidung, ein Problem wie es zum Beispiel eine Lebensfalle ist, zu lösen, da es Kraftaufwand und klare Initiative bedeutet. Dies gilt für jeden Fall, ob Sie es nun im Rahmen einer Psychotherapie tun oder nicht! Wenn wir bedenken, dass lebenslanges Lernen mit dem Ausbilden von Nervenzellen und deren Verbindungen untereinander zusammenhängt, wird klar, dass es sich dabei um anspruchsvolle, gezielte Hirnarbeit handelt. Immerhin geht es darum, angelegte Erfahrungen und Schemata durch neue Erfahrungen zu überlagern! Dies kann also nicht aus dem „Nichts" ohne unser aktives Zutun passieren.

Weiters läuft es bei psychischen Veränderungen oft ähnlich wie bei Hausrenovierungen: Eigentlich sollen nur die Fliesen im Badezimmer erneuert werden. Darunter zeigen sich allerdings alte Leitungen, die dringend ausgetauscht werden müssen. Dies hat Stemmarbeiten zur Folge, die bis ins andere Stockwerk führen, weshalb auch dort die Fliesen aufgebrochen werden müssen. Die kaputte Leitung hat einen Wasserschaden angerichtet, daher muss auch die Mauer erneuert werden!

Im Endeffekt erkennen Betroffene im Laufe der Therapie, weshalb diese lästigen Symptome entstanden sind und wie sich alles zusammengebraut hat. Nun haben sie den Überblick und verstehen, dass die Symptome lediglich die Spitze des Eisbergs ausgemacht haben. Durch Erkennen und Bewältigen erzeugender und aufrechterhaltender Bedingungen für die Symptome und andere Probleme schaffen es Betroffene, das Steuer im Leben wieder gänzlich selbst zu übernehmen. Nicht alle sind jedoch bereit dafür, diesen Weg auf sich zu nehmen.

Ein weiterer wesentlicher Grund, der die Motivation

schmälern kann, Blockaden zu überwinden, liegt sehr oft an der Tatsache, dass die Ziele zu hoch gesteckt, zu komplex oder es schlichtweg zu viele auf einmal sind. Wenn jemand sein mäßiges Übergewicht reduzieren will und sich vornimmt, niemals mehr abends etwas zu essen, obwohl das abendliche Essen einen wichtigen Programmpunkt im Tagesablauf darstellt, der Lebensqualität bedeutet, so wird es schwer sein, dauerhaft dieses Verhalten aufrechtzuerhalten. Unter anderem schon deshalb wird auch eine dauerhafte günstige Umstellung der Ernährung propagiert, die der Betroffene auch mag und möglichst leicht umsetzen kann. Ebenso ist es ein ungünstiger Kraftaufwand, sich anfallende Aktivitäten von nun an in den frühesten Morgenstunden einzuteilen, wenn Sie zu den absoluten „Morgenmuffeln" gehören, da für das Überwinden persönlicher Neigungen zu viel Kraft verschwendet wird. Auch bei der Einteilung von Lernstoff sollten schwerpunktmäßig die Zeiten optimal individuell ausgenützt werden, in denen das Lernen am besten funktioniert. Bei der Erstellung von Zielen sollten wir uns immer die Frage stellen, wozu wir tatsächlich bereit sind und wie lange wir diese Veränderung auch durchhalten können. Wie kann ich mir am besten entgegenkommen, um den Erfolg möglichst zu sichern? Im genannten Fall würde es wohl erfolgversprechender sein, das abendliche Essen zwar „abzuspecken" und mit gesünderen Lebensmitteln anzureichern, anstatt es völlig wegzulassen. Gerade bei der Erstellung von realistischen Zielen ist es wichtig, auf uns selbst einzugehen und sie maßgeschneidert und sehr konkret zu formulieren. Wenn wir von uns verlangen, alles, also zu vieles auf einmal und zu unkoordiniert zu verändern, so werden wir nicht spüren, ab wann und was wir tatsächlich begonnen haben umzusetzen, was wiederum an der Motivation nagt: Wenn Sie geplant haben, das ganze

Haus zu putzen, werden Sie mit weniger Motivationsproblemen kämpfen, wenn Sie in dosierten Schritten vorgehen, die Ihnen auch Ihre Fortschritte sichtbar machen. Es ist für die Motivation besser, erst einmal einen Arbeitsgang abzuschließen, anstatt viele Dinge anzufangen und im Endeffekt erschöpft vor halbfertigen Arbeiten zu stehen und daran zu verzweifeln. Also: Fenster putzen, fertig. Was geht sich noch aus? Saugen und Aufwaschen klappt auch noch und die Wäsche waschen. Boden mit einer Politur einlassen – geht sich nicht mehr aus; Kästen ausräumen – muss vertagt werden. Blumen umtopfen ebenso. Wir schöpfen Kraft aus Erfolgserlebnissen verschiedenster Art, die uns zeigen, dass wir bereits ein klein wenig in Richtung Ziel geschafft haben. Wir wissen auch, dass das Belohnungssystem „richtiges" Verhalten verstärkt und im Gehirn als Teil einer neuen Autobahn einprägt.

Nach all dem, was wir über Entwicklung und das menschliche Rüstzeug erfahren haben, lohnt es sich prinzipiell, an realistischen Zielen zu arbeiten, um sich weiterzuentwickeln! Natürlich bleibt die Entscheidung bei uns selbst, ob wir einen neuen Weg gehen oder nicht.

Hier begegnen wir wiederum bereits altbekannten Aussagen: Entwicklung bedeutet lebenslanges Lösen von Problemen und in der Folge auch, Entscheidungen zu treffen!

24. Sie haben sich dazu entschieden, Bewegung in Ihr Leben zu bringen?

Da Sie das Buch offensichtlich noch nicht weggelegt haben, sind Sie einen Schritt weiter: Ich kann mir vorstellen, dass Sie noch einiges darüber erfahren wollen, wie Sie an Ihre Ziele herankommen und wie Sie prinzipiell innere Blockaden erkennen und auflösen können. Wie ist es möglich, flexibler zu werden, wie schaffen Sie es, prinzipiell Bewegung in Ihr Leben zu bekommen? Um Ihnen das Nachdenken darüber zu erleichtern, wollen wir uns in der Folge mit Möglichkeiten auseinandersetzen, die bei der Wiedererlangung Ihrer Stärke hilfreich sein können.

„Wer über Nacht plötzlich reich geworden ist, hat tagsüber meist hart gearbeitet."
(Quelle unbekannt)

„Ich hatte meinen Weg und mich selbst verloren, doch plötzlich wusste ich wieder weiter!"

Dieses Zitat verwende ich gerne in Therapien, wenn der Betroffene die Auswirkungen seiner Anstrengungen „plötzlich" zu spüren bekommt. An dieser Stelle kommt von mir postwendend die Frage an den Betroffenen, warum er denn meine, dass plötzlich alles besser sei. Nur allzu oft wird schließlich das Wetter als alleiniger Verursacher höherer Lebensqualität angeführt. Das große Aha-Erlebnis folgt auf dem Fuße, wenn wir Bilanz ziehen, was der Betroffene in den vergangenen Wochen und Monaten an Veränderungen geschafft hat und ob er seine Ziele erreicht hat bzw. ihnen um vieles näher gekommen ist.

Nur, wer sich seiner eigenen Wirksamkeit bewusst ist, kann Fortschritte auch wirklich wahrnehmen und stolz darauf sein. Dies bringt mit sich, dass das neue Verhalten durch das „Belohnungszentrum" im Gehirn verstärkt und neu eingebaut wird. Veränderungen im psychischen Bereich verlaufen tatsächlich oft schleichend, sodass wir

Gefahr laufen, die Ziele aus den Augen zu verlieren, Ziele, die wir vielleicht sogar schon erreicht haben!

Deshalb möchte ich Sie darauf hinweisen, dass alles, was Sie tun, seine Auswirkungen hat, und dass Sie der Mensch sind, der die Zügel mehr in der Hand hat, als viele vielleicht denken. Lassen Sie sich von den neuen Erfahrungen berühren!

Um wieder weiterzuwissen, sollten wir die nachfolgend beschriebenen Bereiche unter die Lupe nehmen und bei Bedarf Hand anlegen.

Wo sind meine Stärken?

Nur allzu sehr rücken wir in den Vordergrund, was wir alles nicht können, dabei vergessen wir aber darauf oder suchen erst gar nicht danach, über welche Stärken (Ressourcen) wir verfügen, die so manche Schwierigkeiten oder Mängel ausgleichen, also kompensieren könnten. Testen Sie selbst: Nennen Sie ganz spontan und konkret möglichst viele Ihrer Stärken und schreiben Sie diese auf ein Blatt Papier. Im Anschluss wiederholen Sie das Ganze mit der Nennung Ihrer Schwächen. Überlegen Sie dabei selbst und befragen Sie nicht jemand anders über sich! Dies können Sie unabhängig von dieser Übung und zu einem späteren Zeitpunkt tun!

Stelle ich im Rahmen einer Therapie diese Frage, so fällt das Nennen von Schwächen oder negativen Eigenschaften meist deutlich leichter. Viele Menschen könnten sichtlich Seiten damit füllen, ihre Mängel aufzuzählen. Bei der Nennung von Stärken macht sich oft Ratlosigkeit breit oder diese Liste fällt zumindest viel magerer aus und wird auch mit weniger Überzeugung präsentiert.

Wenn Sie über Ihre Ressourcen Bescheid wissen, werden Sie diese auch einsetzen und Schwächen ausgleichen können. Hier ein Beispiel: Eine Person verfügt über ausgezeichnete soziale Fertigkeiten, da sie viele tragfähige Kontakte aufweist, die ihr dabei helfen, verschiedene Bereiche in ihrem Leben zu bewältigen. Überall kennt sie Leute, die sie unterstützen können: in der Autowerkstatt, auf der Bank, im Sportverein, in der Schule, verschiedene Ärzte, im Reisebüro etc. Mit allen kommt sie gut aus und verfügt auch über einen gut funktionierenden Freundeskreis. Diese Person hat aber Angst davor, Ziele zu verfolgen, für deren Erreichen sie sich allein auf sich selbst und ihr Urteil verlassen sollte – sie fühlt sich in derartigen Situationen unsicher. Möglicherweise steht hinter dieser Schwierigkeit die Lebensfalle der Unzulänglichkeit. Dennoch ist diese Person durch die Stärken im Sozialkontakt in ihrem Leben gut unterwegs. Dort, wo die Ressourcen dieses Problem nicht ausreichend ausgleichen, kann es sein, dass die betroffene Person plötzlich nicht mehr weiter weiß. Dann ist sie gefordert, diese Lücke zu schließen!

Manche Menschen schaffen es, sich beinahe oder sogar das ganze Leben hindurch auf das Kompensieren von Schwächen derart zu verlagern, dass diese mit ein bisschen Glück nie wirklich zum Tragen kommen. Andererseits wissen wir ja, dass jeder Vierte im Laufe seines Lebens zumindest einmal in dem Ausmaß in psychische Schwierigkeiten gerät, dass eine Psychotherapie angebracht wäre.

Die Betroffenheit, die dieses Buch vielleicht in Ihnen ausgelöst hat, soll nicht in Hoffnungslosigkeit münden – im Gegenteil: Die meisten von uns, wenn nicht sogar alle, tragen Keime in sich, die psychische Probleme verursachen könnten: ein unzureichender Werkzeugkoffer in Form von ungünstigen Abwehr- und Coping-Stilen und unzureichenden sozialen Fertigkeiten, einseitiges oder nicht mehr „zeitgemäßes" Bewältigen von Anforderungen, problematische Denkgewohnheiten in Form von einem ungünstigen Bewertungsstil von Erfolg und Misserfolg (Erfolg ist Zufall, Misserfolg entsteht durch eigene Unfähigkeit), Lebensfallen oder auch chronische Belastung durch permanente Krisen (Beziehungen) sowie unterschiedlich ausgeprägte psychische Widerstandskraft (Resilienz). Dennoch verfügen wir über innere Stärken und die menschliche Zähigkeit, die es uns ermöglicht, selber Schwierigkeiten unterschiedlicher Art zu begegnen. Auch in der Psychotherapie bleibt es beim Patienten, mithilfe des Therapeuten seine Stärken zu entdecken, sie entsprechend auszubauen und mittels neuer prägender Erfahrungen selber den Weg aus dem Stillstand zu suchen und zu gehen. Der Therapeut kann und darf das nicht für seinen Patienten tun!

Will es so gar nicht gelingen, eigene Stärken auszumachen, weil Sie alles das, was Sie gut können, als selbstverständlich aburteilen, oder weil Sie durch aktuelle Probleme, Kränkungen oder das Gefühl der Orientierungslosigkeit einfach schwer an Ihre guten, funktionierenden Seiten zu denken vermögen, so können Sie andere Personen, denen Sie vertrauen, für eine Beurteilung heranziehen. Sollten Sie niemanden befragen wollen, so reicht es auch, sich auf sachliche Weise mit Fakten auseinanderzusetzen, also mit Bereichen, die offensichtlich in Ihrem Leben funktionieren.

Beim Aufspüren von Stärken ist es nicht ratsam, nur das gelten zu lassen, was Sie besser können als der Rest der Welt, sondern alles das, was eben in Ihrem Leben an sich gut läuft. Ansprüche, der Beste zu sein, erinnern an die entsprechende Lebensfalle, die ja möglicherweise bekämpft werden soll. Wenn Ihr Alltag beruflich zufriedenstellend läuft, so ist dies keine Selbstverständlichkeit, sondern spricht für Ihre persönlichen und fachlichen Fähigkeiten. Führen Sie eine tragfähige, zufriedenstellende

Partnerschaft, so gilt das ebenso als Stärke. Auf keinen Fall sollten Sie Stärke mit einem „Supertalent" verwechseln. Haben Sie eines vorzuweisen, umso schöner! Aber Sie müssen kein Mathematikgenie oder musikalischer Virtuose sein, um von Stärken sprechen zu können – wer ist schon mit solchen Extras ausgestattet? Und dennoch sind wir in uns stark und ausgerüstet mit dem, was wir für das Leben brauchen. Um auf diese Stärken zu stoßen, brauchen wir vielleicht manchmal etwas Zeit und Muße, um über uns selbst nachzudenken. Diese menschliche Fähigkeit, über sich selbst nachzudenken, stellt bereits eine Stärke dar, über die der eine mehr, der andere weniger verfügt.

Wenn Sie zu den Menschen gehören, die keine Probleme damit haben, ihre eigenen Stärken auszumachen, und sich die Suche nach Schwächen schwierig gestaltet, so gehen Sie dennoch davon aus, sehr wohl über solche zu verfügen. Manchmal kann eine Schwäche sogar darin bestehen, zu glauben, keine zu haben! Viele Menschen schämen sich ihrer Schwächen und versuchen deshalb, sie zu verstecken oder so zu „schminken" und kaschieren, dass sie nicht weiter auffallen. Es ist allerdings unerlässlich, davon auszugehen, Schwächen zu haben und diese auch zu akzeptieren – an anderen wie auch an uns selbst, da wir sonst lediglich mit dem Verstecken der Schwäche beschäftigt sind, anstatt mit ihrer Bewältigung. Auch sind wir dazu aufgerufen, sollte es sich um Schwächen handeln, die uns selbst oder andere schädigen, an einer persönlichen Weiterentwicklung zu arbeiten.

Lebenslanges Lernen: Starten Sie den inneren Motor!

Wir begegnen im Leben Phasen, die mit Stromschnellen zu vergleichen sind: unruhig, fordernd und manchmal ungewiss. In solchen Zeiten wird höchste Anpassungsleistung verlangt. Andererseits gibt es auch Phasen, in denen wir ruhig und etabliert in unserer Routine „dahingleiten". In beiden Extremvarianten können wir profitieren, indem wir uns neue Strategien aneignen und uns in der Folge weiterentwickeln.

Der Mensch braucht immer Zielsetzungen, um sich lebendig zu fühlen. Das kann auch so weit gehen, dass sich der Mensch Aufgaben, also Probleme von sich aus stellt, um in Bewegung zu bleiben. Dies entspricht seiner Natur. Damit ist nicht gesagt, dass es sich nur um große Ziele handeln muss, im Gegenteil. Jemand, der zum Beispiel in Familie und Alltagsroutine gut eingebettet ist, muss nicht plötzlich sein Haus abreißen und neu bauen, um in Bewegung zu bleiben. Vielleicht reicht es, mal ein neues Gericht kochen zu lernen oder sich Informationen über Dinge, die immer schon von Interesse waren, zu holen. Jeder Mensch hat von Grund auf gewisse Neigungen und Geschmäcker angelegt. Sich mit dem auseinanderzusetzen, was man mag, und Kenntnisse darüber zu erwerben, bringt den inneren Motor bereits in Gang. Voraussetzung dafür ist lediglich, dass wir prinzipiell in unserem Dasein Sinn finden – zumindest in manchen Bereichen. Dann wird es uns nicht schwer fallen, unsere geistige Kraft durch neue Kenntnisse und Erfahrungen zu stärken. Wesentlich dabei ist auch, dass Sie die Ansprüche nicht zu hoch ansetzen. Wenn Sie immer schon Italienisch lernen wollten, Sie es aber deshalb nicht tun, weil Sie es nie perfekt können oder zu wenig anwenden werden, dann blockieren Sie sich selbst.

Aber Sie sind frei, auch anderes zu versuchen: Menschen setzen viel um, wenn sie das Rüstzeug des lebenslangen Lernens zu nützen wissen. Menschen, auch vorgerückten Alters, die zu klöppeln beginnen, Töpfern, Malen, Vergolden lernen, ein Studium absolvieren, einen Tanzkurs besuchen, reisen, backen lernen, Gesundheitstees sammeln und zusammenstellen, neue Kontakte knüpfen, im Internet surfen, einen Computerkurs besuchen, eine neue Sportart beginnen oder eine alte aufbessern, ... Sie sehen, nicht alles ist mit großem finanziellen Aufwand verbunden. Lernen kann uns tagtäglich umgeben.

Wenn es nun um mehr geht, als frischen Wind in einen eingerosteten Alltag zu bringen, wenn es sich dabei um die Befreiung aus Lebensfallen handelt, so sind wir erst recht gefordert, durch bewusste neue und gezielte Erfahrungen blockierende Zäune zu durchbrechen, um freier leben zu können. Lernen im Sinne von positiver Entwicklung heißt auch, sich zu konfrontieren. Nur wer der Angst ins Auge sieht, kann sie auch besiegen und seine Ziele erreichen. Wie wir bereits wissen, steht Angst am Anfang jeder Veränderung.

Fordern Sie sich, bleiben Sie neugierig wie ein Kind! Es gibt so vieles zu entdecken, das uns in den Bann ziehen oder zumindest kurzfristig als lustvoll erlebt werden kann. Gerade auch im fortgeschrittenen Alter besteht eine wesentliche „Anti-Aging-Strategie" darin, mit der Zeit zu gehen und sich weiterzuentwickeln. Warum sollte sich ein älterer Mensch Neuerungen wie dem Zugang zum Internet oder auch vielen Neigungen, für die ohnehin während jüngerer Jahre kaum Zeit geblieben ist, verbauen? Warum keine Kurse besuchen? Das Gehirn will mit Begeisterung trainiert werden! Solange im Alter Gesundheit in Form von Selbstständigkeit gegeben ist, sollte es zu keinem generellen „Ruhestand" kommen, es sollten viel eher entsprechende Aktivitäten den Alltag bestimmen. Der Mensch braucht Aufgaben und somit Ziele, sonst verkümmert er. Aufgaben gibt es genug! Solange wir körperlich und geistig dazu in der Lage sind, tragen wir alle Verantwortung für unsere Umwelt, in der wir schließlich leben!

Wenn Sie also in Bewegung und somit lernbereit bleiben, so haben Sie bereits eine Basis für den Kampf gegen innere Blockaden eingerichtet. Denn lebenslanges Lernen bedeutet auch, Verletzungen so zu entschärfen, dass Sie mit Ihnen leben können. Erinnern Sie sich? Menschen schaffen es, umzudenken und umzuwerten. Kränkungen können also gegebenenfalls ihren Stachel durch andere Interpretation und Distanzierung verlieren oder zumindest ihre Bedrohlichkeit vermindern.

Gymnastik für die Seele: Flexibilität und Kreativität

Die beiden Basiskräfte der Flexibilität und Kreativität hängen stark mit der lebenslangen Lernfähigkeit zusammen. Um die Fähigkeit des Umwertens zu üben, können Sie bei „ungefährlicheren" Bereichen beginnen. Sie haben weiter vorne zum Thema Flexibilität optische Täuschungen betrachtet. Diese dienen als Beispiel für die Möglichkeit unterschiedlicher Sichtweisen. Wie können Sie nun diese Basiskräfte, dieses Rüstzeug für sich spürbarer machen? Wie können Sie es erfahren und üben?

Fürs Erste ist es notwendig, sich in einer förderlichen Grundeinstellung zu üben und einen persönlichen Satz, quasi ein Motto, festzulegen. Dieser Satz kann Ihnen in blockierten Situationen wieder auf die Sprünge helfen oder zumindest dazu beitragen, die Ruhe zu bewahren und nicht sofort die Flinte ins Korn zu werfen. Solche inneren Sätze könnten in etwa lauten: „Es gibt immer einen Weg." oder „Wenn eine Sache auf diese Art und Weise nicht gelöst werden kann, dann werde ich es eben anders versuchen oder auch neue Ziele festlegen!"

Diesen hilfreichen inneren Satz sollten Sie tatsächlich selber formulieren, sodass er von Ihnen kommt und Sie auch daran glauben können. Das Ziel eines solchen Satzes besteht auf keinen Fall darin, sich etwas leer vorzusagen, hinter dem Sie nicht stehen können. Es bringt nichts, sich etwas einzureden! Sie kennen möglicherweise das Konzept des positiven Denkens, das gerne in solche Schienen gleitet, auf denen Menschen versuchen, sich vorgegebene Sätze einzutrichtern und mit Gewalt alles positiv zu sehen, obwohl eine Situation gerade kaum etwas Positives an sich hat. Es geht hier viel mehr darum, sich eine Sichtweise anzueignen, die mehr auf die Realität bezogen ist und beide Seiten, die positiven wie auch die negativen, berücksichtigt. Menschen, die zu einer negativ verzerrten Sichtweise neigen, wie es zum Beispiel bei Depressiven der Fall ist, beurteilen jedoch realitätsbezogenes Denken oft schon sehr positiv.

Dazu ein Beispiel: Wenn ein Partner den anderen schlägt, so ist das für den Betroffenen sicher nicht positiv. Natürlich, man könnte positive Sichtweisen aus der Situation „herausquälen", wie etwa: „Jetzt, wo mich mein Partner wiederholt im Rausch geschlagen hat, weiß ich, dass es um unsere Beziehung schlecht steht. Denken wir positiv: Vielleicht wird es wieder besser. Manchmal ist er ja ganz nett und sieht alles ein!"

Möglicherweise stellt es Ihnen bei dieser zugegebenermaßen flexiblen Interpretation erfahrener Gewalt die Nackenhaare auf. Verständlich! Wie könnte also ein realitätsbezogener hilfreicher Gedanke nun lauten? Vielleicht in etwa so: „Ich bin entsetzt darüber, dass mich mein Partner im Rausch schlägt. Ich fühle mich in einer Sackgasse, da er es nicht zum ersten Mal getan hat. Nun muss ich mir etwas einfallen lassen, wie ich aus dieser Situation rauskomme. Es gibt immer einen Weg! Ich werde mir Hilfe suchen: Frauenberatungsstellen, die auf den Umgang mit Gewalt spezialisiert sind, denn immerhin ist er im nüchternen Zustand einsichtig und verspricht mir, es nie wieder zu tun. So darf es jedenfalls nicht weitergehen! Ich werde es nicht zulassen!“

Um einen neuen Weg zu beschreiten, ist es günstig, sich die nötige Zeit dafür zu gewähren. Unüberlegte Schnellschussaktionen führen häufig nicht zum gewünschten Erfolg, da die Verletzung zu sehr im Vordergrund steht und nicht die herausführende sinnvolle Zielsetzung.

Neben der richtigen Einstellung, die Sie sich erarbeiten, können Sie sich auch auf der Verhaltensebene Appetit auf Flexibilität und Veränderung erzeugen, und zwar auf spielerische Art und Weise: Wenn Sie im Leben Größeres verändern wollen, so beginnen Sie mit kleinen Dingen, die vorerst nicht so starke Konsequenzen nach sich ziehen. Keine Sorge, solche Versuche und Übungen können durchaus Spaß machen und Ihnen somit den Reiz vermitteln, verschiedenes einmal anders anzugehen. Für die meisten Menschen wird es zum Akt innerer Befreiung, kleine Routinearbeiten geringfügig zu verändern, und sie tanken auf diese Weise Kraft und Mut. Die Gelegenheit für solche „Aufwärmübungen“ finden sich in jedem Alltag in Hülle und Fülle. Diverse Tätigkeiten, die Sie häufig oder sogar täglich durchführen, haben Sie vermutlich routinemäßig im Tagesablauf etabliert: Versuchen Sie doch einfach einmal eine Reihenfolge zu verändern!

Wenn Sie es gewohnt sind, den Geschirrspüler so auszuräumen, dass zuerst das Besteck in die Laden kommt und dann die Teller in den Kasten, so können Sie diese Abfolge auch mal tauschen. Oder: Sie wechseln am Esstisch einmal auf einen anderen Platz oder Sie stellen eine andere Vase auf den Tisch, kaufen ein anderes Gebäck zum Frühstück, garnieren das Brötchen anders und so weiter und so fort. Ihrem Einfallsreichtum sind dabei keine Grenzen gesetzt (solange Sie nicht sich selbst oder andere damit schädigen!).

Mit diesen Aufwärmübungen beabsichtige ich nicht, Sie dazu zu bringen, nun für immer Routinearbeiten umständlicher durchzuführen. Es geht viel mehr um das Gefühl, das in Ihnen wachgerufen wird, wenn Sie aus dem Gewohnten aussteigen. Wie gesagt: Erfahrungsgemäß werden solche Übungen prinzipiell als lustvoll erlebt. Ich wünsche Ihnen, dass Sie in diesem Fall auch Ihren Spaß dabei haben!

Übrigens kann es durchaus sein, dass Sie aufgrund dieser psychischen „Gymnastikübungen" sogar auf Vorteile stoßen, die so manche Routinearbeit erleichtern! Dann haben Sie überhaupt zwei Fliegen mit einer Klappe geschlagen: Sie hatten Spaß daran, etwas anders durchzuführen, und profitieren sogar noch davon, weil eine Sache jetzt praktischer ist. Gratuliere! Sie haben etwas gegen Betriebsblindheit getan! Ein kleines Beispiel dazu: Meine Küche ist zum größten Teil mein Reich. Ich muss zugeben, dass ich damals, als wir frisch ausgemalt hatten, mit gerunzelter Stirn festgestellt habe, dass mein Mann die Kaffeemaschine nun auf einen völlig anderen Platz der Küche gestellt hat. Nach ein paar skeptischen Blicken meinerseits ließ ich mich auf einen Test ein, da ich an sich für Neuerungen offen bin, sofern sie sich bewären. Bei genauerer Betrachtung und nach einigen „Probekaffeekochtagen" musste ich zugeben, dass dieser Platz aus mehreren Gründen günstiger ist als jener, den ich vor den Arbeiten gewählt hatte.

Gerade dann, wenn ein Mensch lange Zeit ohne Veränderung in einer Situation verbleibt, läuft er Gefahr, einer Betriebsblindheit zu unterliegen – und dies gilt für uns alle, nicht nur für „die anderen"!

Hier noch ein paar Tipps für psychische „Gymnastikübungen": Zeichnen Sie zehn oder auch mehr gleich große Kreise nebeneinander und lassen Sie dazwischen ein wenig Platz. Die Anweisung lautet nun, möglichst rasch jedem einzelnen Kreis durch einfache, zeichnerische Ergänzungen eine andere Bedeutung zu verleihen. Beispielsweise können Sie einen Kreis durch ein paar Striche zu einer Sonne, einen anderen zu einem Fisch, ... ergänzen. Versuchen Sie dies rasch durchzuführen und dabei möglichst unterschiedliche Bildchen zu erstellen.

Geeignet sind auch diverse Spiele, die flexible Denkweisen erfordern, zum Beispiel Muster oder Formen, die unter bestimmten Bedingungen zusammengesetzt werden sollen. Diese Aufgaben haben eines gemeinsam: Die Lösung ist sehr einfach, der Weg dorthin aber schwierig, weil wir uns erst von einem bestimmten Lösungsweg distanzieren müssen.

Ein Beispiel:

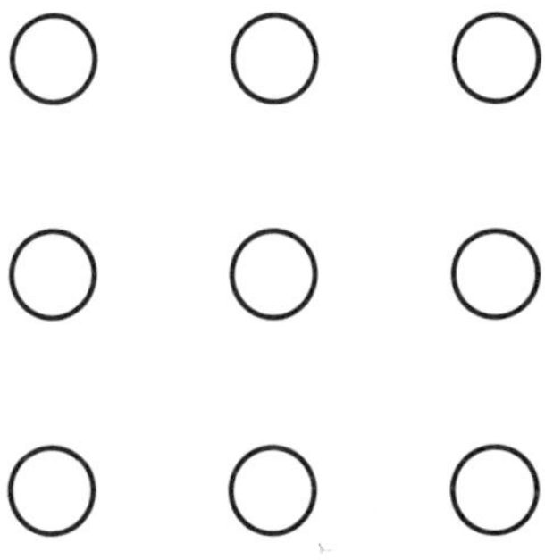

Die Aufgabe besteht nun darin, diese neun Punkte mit vier Linien zu verbinden, ohne den Stift abzusetzen. Viel Spaß! Die Lösung finden Sie im Anhang!

Was macht die Lösung „schwierig“? Die meisten Menschen gehen davon aus, dass die Linien nicht über das Quadrat hinaus gezeichnet werden dürfen. Aber: Finden Sie diese Bedingung tatsächlich in der Fragestellung?

Die Brücke am Fluss

Sollten Sie bei einem Spaziergang oder einer Wanderung zu einem Bach oder Fluss gelangen, so nehmen Sie sich bei Gelegenheit ein paar Minuten Zeit, um sich in die Mitte der Brücke zu stellen und den Flusslauf zu verfolgen. Beobachten Sie schließlich, welche Seite Sie eher anzieht: Blicken Sie eher auf den Fluss abwärts und schauen dem dahinblubbernden Wasser nach oder eben aufwärts, dem Fluss bzw. der Zukunft entgegen? Sehr oft wird das Leben mit einem Flusslauf verglichen. In Religionen, wie dem Buddhismus, oder auch in der Musik, wie zum Beispiel in Smetanas „Moldau". Der Strom fließt an verschiedensten Kapiteln des Lebens vorüber. Ohne dieses kleine Experiment überzuinterpretieren, kann es für Sie sichtbar machen, ob Sie eher dazu neigen, verstärkt in der Vergangenheit zu leben oder den Blick nach vorne, in die Zukunft zu lenken. Vielleicht aber wollen Sie weder in die eine noch in die andere Richtung blicken?

Alles hat seinen Platz, die Vergangenheit, die wir zu bewältigen haben, aus der wir lernen wollen oder gelernt haben, und die Zukunft, die wir möglichst unbelastet planen wollen und auch sollen. Aber meist können wir uns dabei ertappen, dass eine der Sichtweisen stärker oder auch sogar zu sehr ausgeprägt ist. Gehören Sie zu den Menschen, die in der Vergangenheit leben? Dabei besteht die Gefahr, die Gegenwart zu übersehen und auch die Zukunft nicht selbst in die Hand zu nehmen. Wechseln Sie bewusst die Seite der Brücke und blicken gegen die Flussrichtung, sozusagen in die „Zukunft". Horchen Sie dabei in sich hinein, wie sich dieser ungewohnte Blickwinkel anfühlt. Es kann gut tun, Verletzungen oder andere unveränderbare Schwierigkeiten im wahrsten Sinne des Wortes „hinter sich" zu lassen!

Als ich neulich mit jemandem einen Termin vereinbarte, meinte derjenige erschrocken: „Eigentlich arg, da ist schon September und zwei Wochen drauf bereits Oktober! Das Jahr ist gleich um!“ Tatsächlich hatten wir gerade Mitte Juli, aber die Empfindung des Betroffenen war schon fast beim Jahreswechsel!

Gehören Sie eher zu den Menschen, die lediglich die Zukunft vor Augen haben? In diesem Fall laufen Menschen ebenfalls Gefahr, die Gegenwart nicht ausreichend zu erleben, aber auch die Dinge hinter sich zu lassen, aus denen sie noch für spätere, ähnliche Situationen dazulernen oder sich vor Komplikationen schützen könnten. Extreme Sichtweisen bewirken nur allzu oft, dass unser Ich droht, verloren zu gehen. Wie immer gilt auch hier der ausgewogene, goldene Mittelweg, der uns dabei hilft, unsere Stärke wiederzuerlangen.

Im Jetzt spüren, dass ich lebe!

Ist Ihnen das auch schon passiert? Sie sind gerade bei der Vorspeise, die Sie gerne mögen, denken aber schon währenddessen ständig an die Nachspeise oder an etwas völlig anderes?

Heute hören wir in diesem Zusammenhang häufig den Begriff Achtsamkeit. Darunter verstehen wir die Fähigkeit, unsere Umwelt bewusster, im Hier und Jetzt und auch wertfreier wahrzunehmen. In unserem Zeitalter, in dem wir Gefahr laufen, durch das Getriebensein aufgrund von Termin- und Leistungsdruck das Leben im Jetzt nicht mehr wahrzunehmen, ist es förderlich, achtsamer zu werden. Vielen ist die Fähigkeit verloren gegangen, die Gegenwart aufzunehmen und bewusst zu spüren, da wir einerseits vermehrt Erinnerungen nachhängen oder ansonsten bereits die Zukunft planen und gefühlsmäßig über Gebühr vorwegnehmen. Erinnerung und Planung haben, wie schon vorhin erwähnt, ihren sicheren Platz und ihre Richtigkeit, solange die Gegenwart nicht völlig davon übertönt wird. Ziele zu haben ist unumgänglich, doch wer hat etwas von erreichten Zielen, wenn er sich ohne Pause ein neues setzt, ohne sich über das Geschaffte im Moment zu freuen oder es zumindest zu realisieren? In Meditationen besteht das innere Glück in der Bedürfnislosigkeit, die lediglich im Hier und Jetzt erreicht werden kann: nichts zu wollen, zu hoffen, zu fürchten …

Achtsamkeit beginnt im Alltag damit, einmal nur genau die Geräusche um uns herum aufzuspüren, einen Gegenstand genau zu betrachten und zu befühlen. Das, was Sie im Moment hören, fühlen oder sehen, was Sie also jetzt in diesem Moment wahrnehmen, ist die Gegenwart, die Zeit, in der Sie jetzt gerade leben, die momentane Realität, wo das Sätzchen „Was wäre, wenn …“ nicht existiert. Versuchen Sie, sich bewusst eine Minute lang zu entspannen, um Kraft zu tanken. Viele überrascht es, wie lange und erholsam diese Minute sein kann! Nicht immer vergeht die Zeit so schnell – es kommt darauf an, wie wir sie erleben und was uns in seinen Bann zieht!

Ich lade Sie herzlich dazu ein, verschiedene Alltagstätigkeiten bewusster durchzuführen, indem Sie alle Sinne beteiligen: Wenn Sie duschen, so fühlen Sie bewusst den Duschstrahl, wie das Wasser abläuft, riechen Sie das Duschgel bewusst und intensiv, fühlen Sie, wie es Ihren Körper einschäumt. Machen Sie morgens das Fenster auf und empfangen Sie den Tag mit einem frischen Luftzug, entdecken Sie die ersten Schwalben, Insekten, die Wolken und wie sie ihre Form verändern, die ersten gelben Blätter und so weiter. Alles das braucht wenig Zeit, kann aber viel Kraft geben, indem Sie ein wenig innehalten. Ich selber hatte diesbezüglich ein prägendes Erlebnis: Vor vielen Jahren betrat ich nach der Arbeit den Garten, um zu sehen, ob sich bereits die ersten Frühlingsblumen hervorgewagt haben. Was ich da sah, berührte mich sehr: Ich erblickte verblühte Schneeglöckchen mit großen Fruchtknoten, verblühte Narzissen und Tulpen, die zumindest vereinzelt bereits Blätter fallen gelassen hatten. Betrübt stellte ich fest, etwas versäumt zu haben, und nahm mir vor, dass ich von nun an darauf achten würde, dass mir so etwas nicht mehr passiert! Denn es wäre schade, sich selbst im Fluss der Zeit zu verlieren.

Wir sollten mit unserer Zeit sorgsamer umgehen und die Geschenke, die uns überreicht werden, nicht einfach übersehen oder liegen lassen. Es kommt der Tag am Ende unseres Lebens, an dem wir eine Menge dafür geben würden, doch noch einmal Schneeglöckchen blühen zu sehen!

„Humor ist der Knopf, der verhindert,
dass einem der Kragen platzt."
(Ringelnatz)

Humor

Beim Humor handelt es sich um eines der hochwertigsten Werkzeuge im Umgang mit dem Leben und seinen Anforderungen. Wir sind ihm bereits im Kapitel über Abwehr- und Coping-Strategien begegnet, wo er in der „Siegermannschaft" Platz Eins eingenommen hat. Wer über sich selbst und über Fehlschläge zumindest ein wenig lachen kann, lebt ohne Zweifel leichter. Mit Humor schaffen wir es eher, zu einer Situation und zu unserem Denken und Verhalten erleichternden Abstand herzustellen. Aus Studien wissen wir heute auch, dass Lachen prinzipiell gesund ist und das Immunsystem stärkt, vorausgesetzt, es handelt sich um ein echtes Lachen oder Lächeln. Kinder lachen pro Tag übrigens wesentlich häufiger als Erwachsene, woraus geschlossen werden kann, dass wir es im Lauf der Zeit anscheinend beinahe verlernen.

Schon als Kinder werden wir dazu angehalten, in manchen Situationen bloß nicht zu lachen! Weder in der Kirche noch während des Unterrichts darf – nötige Grenzen in Ehren – ein spontanes Lachen oder auch nur Lächeln „herausplatzen". Ich selber erlebte einmal im Zug folgende Situation: Eine Dame hantelte sich im Waggon von Sitzreihe zu Sitzreihe, um zum Ausstieg zu gelangen. Gemeinerweise fuhr der Zug ruckartig eine relativ scharfe Kurve, weshalb die Dame den Boden unter den Füßen verlor und mit Schwung am Schoß eines völlig verdatterten jungen Mannes landete. Solche Situationen reizen naturgemäß zum Schmunzeln, zumal sich niemand weh getan hatte und sich auch die „Peinlichkeit" in Grenzen hielt. Es schmunzelte jedoch niemand, alle schwiegen verbissen, bis auf eine Frau, die starr aus dem Fenster lugte und sich beschämt vor sich hin lächelnd auf die Lippen biss. Es kam auch keine humorvolle Äußerung zustande, die eine Auflösung dieser angespannten Situation bewirken hätte können. Die Dame erhob sich, streifte ihren Rock glatt, hantelte sich weiter und verzog keine Miene, als ob nichts geschehen sei. Der junge Mann las weiter in seinem Buch.

So gesehen kann es eigentlich nicht verwundern, dass es für Erwachsene sogenannte „Lachseminare" geben muss, um diesen Balsam der Seele wieder neu zu entdecken. So sinnvoll, originell und lustvoll diese Seminare sicher sein mögen, so stellt sich doch die Frage, ob es nicht grotesk ist, dass wir als Erwachsene Fundamentales in Seminaren wieder lernen müssen?

Also: Wenn Sie da und dort etwas zu lachen oder auch

nur zum Schmunzeln haben, so tun Sie es – sofern Sie niemanden damit verletzen!

Flexibilität und „Wegwerfen"

Flexibilität und Kreativität sind in beinahe jedem Lebensbereich notwendige Basisfertigkeiten. Gerade im beruflichen Bereich werden wir mit dieser Notwendigkeit immer öfter konfrontiert. In früheren Jahrzehnten galt es als Zeichen von Beständigkeit und Tüchtigkeit, von Jugend an bis zur Pension bei ein und derselben Firma zu bleiben. Heute hingegen ist es unumgänglich, Vielseitigkeit und Flexibilität an den Tag zu legen, indem auch unterschiedliche Aus- und Fortbildungen sowie in gewissem Maße verschiedene Dienstgeber von Vorteil sind. Einerseits ist dies oft fixer Bestandteil von Anforderungsprofilen, andererseits ist Flexibilität das Kraut, das gegen wirtschaftliche Unsicherheiten gewachsen ist, da heute eher die Aussage „nix ist fix" Gültigkeit hat. Die Tatsache, länger im Arbeitsprozess zu stehen, sowie dass gleichzeitig aber Stellen eingespart werden und dass man mit Vierzig bereits zum alten Eisen gehört, schreit nach Lösungen, die in vielen Fällen jeder Einzelne für sich herbeiführen muss. Flexibilität, mit den Karten, die man hat, möglichst gut zu spielen, ist deshalb mehr gefragt denn je. Gerade hier treffen wir auf ein Beispiel, wo das Übersehen des sich ankündigenden Problems zu wahren Krisen führen kann und die Konfrontation sowie klare Auseinandersetzung mit der Problemstellung das Gebot der Stunde sein kann.

Ein Beispiel: Ein Betroffener, Mitte vierzig, der immer, wenn auch nicht wirklich gerne, im IT-Bereich tätig war, läuft Gefahr, in den nächsten beiden Jahren seine Stelle in einem großen Unternehmen zu verlieren. Das Personal ist bereits stark reduziert worden und die Zukunft ungewiss. Der Betroffene entschließt sich nach einigen Monaten dazu, aus der Firma bei „gutem Wind“ auszusteigen und eine Coaching-Ausbildung zu absolvieren, da er in diesem Bereich wiederholt seine Stärken erlebt und auch rückgemeldet bekommen hat.

Dies ist nur ein Beispiel von vielen. Es braucht eine gehörige Portion Mut und einen guten Werkzeugkoffer, vor allem aber den Willen, sich durch eine klar durchdachte Veränderung an neue Gegebenheiten anzupassen. Als Erwachsene tragen wir die Verantwortung dafür, der Jugend, die unter diesen erschwerten Bedingungen ins wirtschaftliche Leben tritt, diese Wendigkeit und Hartnäckigkeit zu vermitteln und vorzuleben.

Wir werden dadurch stärker, indem wir mit offenen Augen und Ohren durch unser Leben schreiten und immer wieder prüfen, ob wir auf dem richtigen Weg sind. Dies bedeutet auch, zu überprüfen, ob bestimmtes Denken und Verhalten noch zu unserer gegenwärtige Lebenssituation passt oder auch mit der aktuellen Entwicklungsaufgabe in Einklang steht. Menschen versuchen oft hartnäckig, den Weg, den Sie einmal gewählt haben und mit dem sie erfolgreich waren, fortzusetzen, obwohl ihnen der Körper und die Psyche zeigen, dass nun genug damit sein sollte. Dazu ein Beispiel, das sich einer großen Verbreitung erfreut: Ausbildung und Berufseintritt gelingen, der Betroffene schafft es, sich insofern zu etablieren, als dass er verschiedene Zusatzaufgaben und vielleicht auch externe Aufträge annimmt. Ablehnen möchte er vorerst nicht, da die Konkurrenz ja auch nicht schläft oder er einfach denkt, dass man es von ihm als Kollegen erwartet, dass er dieses und jenes zusätzlich übernimmt. Auf diese Weise erlebt er seine Kompetenz und genießt sein Ansehen sowie das Gefühl, unabkömmlich zu sein. Die Arbeit macht Spaß, geht aber aufgrund seiner Überfülle nach unbestimmter

Zeit an die Substanz. Da Betroffene sich aber häufig über die Leistung definieren und sich ohne ständigen „Grenzgang" leer fühlen, bleiben sie bei diesem Verhalten. Sie wissen nicht mehr, wer sie ohne Arbeit eigentlich sonst noch sind oder was sie außerdem noch wertvoll macht. Nur allzu gerne werden Selbstmedikationen in Form von „nervenstärkenden" Tropfen, Alkohol oder Sonstigem angewendet, um ein Ziel zu verfolgen: Das Verhalten aufrechtzuerhalten und vielleicht noch einen Zahn zuzulegen, und zwar immer „mehr desselben". Häufig landen solche Menschen schließlich im Burnout. In diesem Fall hat der Betroffene nicht bedacht, dass er nach dem nötigen „Durchstarten" bei Berufseintritt, indem er Zusatzaufgaben zwecks Etablierung und dem Sammeln von Erfahrung annimmt, dieses Verhaltensmuster nicht eine ganze Lebensspanne durchzuhalten können wird. Im Laufe der Zeit wird es nötig, auszusortieren, was mehr Belastung als „Gewinn" bringt. Es kann hilfreich sein, sich die Frage zu stellen, wie lange man persönlich auf diese Art und Weise leben möchte und leben kann. Viele der Betroffenen haben Angst davor, krank zu werden, wenn sie ihr Leben so fortsetzen. Es ist ein Zeichen von Stärke, diese Gefahr ernst zu nehmen und dementsprechende Veränderungen einzuleiten.

Die Sparschwein-Methode

Wir kommen, gerade was die Burnout-Gefahr anbelangt, nicht umhin, in uns hineinzuhorchen, wie es um unsere Energiebilanz steht. Können wir von unserem Bankkonto nicht grenzenlos abheben, so gilt das ebenso für uns. Einnahmen und Ausgaben sollten zumindest längerfristig ausgeglichen sein und Kraftreserven angelegt werden. Ich lege Ihnen nahe, auch die eigene Energiebilanz immer wieder unter die Lupe zu nehmen: Listen Sie für sich auf, worin Ihre „Kraftfresser“ und ihre Kraftquellen bestehen, und wie viel die einzelnen Faktoren jeweils wiegen. Stellen Sie dabei ein Missverhältnis zugunsten der Kraftfresser fest, so sollten Sie umgehend aktiv werden, da auf kurze oder lange Sicht sonst psychische wie physische „Schulden“ abbezahlt werden müssen. Niemand kann etwas gegen dieses Naturgesetz tun: So banal es klingt, aber wenn wir immer nur etwas herausnehmen, dann wird irgendwann nichts mehr drin sein.

Kraftfresser können von außen auf Sie einwirken und schlechter oder besser beeinflussbar sein: Mühsame Kollegen, unberechenbare Chefs, kontrollierende, dominante Familienmitglieder (um nicht immer die Schwiegermütter zu stigmatisieren) sind kaum veränderbar, wohl aber das eigene Denken und der Umgang mit solchen Menschen. Andererseits können Kraftfresser relativ unauffällig in unserem Umfeld vorhanden, aber lästig wie ein Stein im Schuh sein. Vieles kann oft sogar sehr einfach verbessert oder sogar entfernt werden. Ein laut tickender Wecker, die Möglichkeit, ein wenig früher aufstehen, um irgendetwas, das sich Frühstück nennen soll, rasch hinunterzuwürgen, zeitig genug wegkommen, um nicht genau diesen Bus, diese U-Bahn erreichen zu müssen, um doch noch keuchend in der Arbeit zu landen. Das Auto am Vortag volltanken, statt am nächsten Tag auf Reserve zu fahren oder noch hektisch zu tanken und zu hoffen, dass Sie pünktlich zu einem wichtigen Termin erscheinen, und vieles mehr. Seien Sie aufmerksam und einfallsreich sich selbst gegenüber.

Kraftquellen müssen weder teuer noch großartig, sondern für Sie einfach angenehm, lustvoll oder wie „Balsam“ sein. Das kann eine angenehme abendliche Dusche sein, bei der Sie den „Dreck“ des Tages genussvoll abfließen lassen, ein bevorzugtes Musikstück, kulinarische Genüsse, ein Spaziergang, Kuscheln mit dem Partner und/oder mit den Kindern, Katze streicheln, Vögel beobachten, Duftkerzen anzünden usw. Ihrem Einfallsreichtum sind dabei keine Grenzen gesetzt.

Vielleicht gehören Sie auch zu den Menschen, die ihr alltägliches Wechselgeld in ein Sparschwein werfen. Die Erfahrung zeigt, dass auf diese Weise beträchtliche Summen zustande kommen, ohne dass das Gefühl von extremem Verzicht entsteht. Ähnlich können Sie es auch im körperlichen und psychischen Bereich handhaben. Zügig, aber ohne Hetzerei den Tag zu beginnen, macht sicher schon einige Cent pro Morgen aus, die Sie auf Ihrem ganz persönlichen Kraft-Konto nicht abbuchen!

Studien haben gezeigt, dass das Halten eines Haustiers die seelische Robustheit stärkt und dass Krisen leichter überwunden werden. Dies ist wohl nachvollziehbar, sofern der Besitzer tatsächlich tierlieb ist, über entsprechendes Wissen und Bereitschaft verfügt und so manche Komplikationen, wie wiederholt von Mardern exekutierte Kaninchen, entlaufene, überfahrene Katzen oder schlecht erzogene Hunde nicht zu oft als Erschwernis dazu kommen.

Auch haben Untersuchungen untermauert, dass Menschen, die kulturell aktiv sind, ebenfalls stressresistenter sind: Besuch von Kulturveranstaltungen, ein Instrument spielen, im Chor mitsingen und vieles mehr.

Oft besteht das Problem mangelnder Kraftquellen aber nicht darin, dass Menschen auf sich sozusagen „vergessen“ haben, sondern auch darin, dass bestehende, mögliche Kraftquellen nicht als solche erkannt und genossen werden. Gerade in der Hektik und Alltagsroutine passiert es immer wieder, dass die Genussfähigkeit lahmgelegt wird. Jeder Mensch kann jedoch diesen wesentlichen

Kraftspender in sich wecken und wieder lernen, mit allen Sinnen zu genießen.

Sie sehen, auch in diesem Bereich ist es nötig, sich eine entsprechende hilfreiche Einstellung anzueignen und bisherige Ansichten und Verhaltensmuster zu hinterfragen. Wir neigen in unseren Breitengraden dazu, es als Stärke zu beurteilen, wenn wir ohne mit der Wimper zu zucken und Gefühle wahrzunehmen uns selbst schädigen, indem wir einseitig und starr auf denselben Weg beharren. Es ist schick, im Stress zu sein und manchmal sogar an seinen Folgen zu leiden. Damit meine ich keineswegs, dass Leistung unwesentlich ist, im Gegenteil: Wir sind dazu aufgerufen, vielfältige Wege zu finden, optimale Leistung in verschiedensten Lebensbereichen überhaupt bringen zu können! Wir können dies nur durch Stärke erlangen, aber sicher nicht, indem wir uns selbst und gegenseitig schwächen!

Um sich in diesem Bereich der Flexibilität warmzulaufen, können Sie auch hier neben der entsprechenden Einstellung auf der Verhaltensebene üben: Erinnern Sie sich an das Kapitel „Die Kunst des Wegwerfens“? Nehmen Sie für sich in Ihren vier Wänden einmal etwas ins Visier: sei es der Kleiderkasten, der Schreibtisch oder was auch immer sich anbietet. Prüfen Sie, was Sie tatsächlich noch brauchen, was Ihre Schätze sind, die sie unbedingt behalten wollen, und was Sie nicht brauchen, weil es überflüssig geworden ist, nicht mehr passt, veraltet oder nicht mehr intakt ist. Ihre „Schätze“ aber holen Sie hervor und pflegen sie, damit sie nicht wieder in Vergessenheit geraten.

Der pessimistisch-realistische Zeitplan

Um mit dem Faktor Zeit besser zu Rande zu kommen, ist es ebenso hilfreich wie notwendig, diese optimaler zu nutzen und zu managen. Wenn wir ehrlich sind, gibt es immer zu viel in zu wenig Zeit zu erledigen, genauso, wie eine Wohnung immer zu klein sein wird, wenn wir uns nicht entscheiden, was wir brauchen und was nicht. Gerade im Umgang mit Zeit leiden Menschen nur allzu oft unter einer Art „Trichtereffekt". Sie versuchen, alles das, was zu erledigen ist, gleichzeitig durchzuführen. Das muss zwangsläufig zu einer „Verstopfung" führen.

Hier ein Beispiel, wie Sie mehr Überblick über die Dringlichkeit Ihrer Verpflichtungen bekommen können: Erstellen Sie vorerst eine Liste mit Dingen, die zu erledigen sind. Zeichnen Sie sich im Anschluss ein Quadrat mit vier Feldern, die Sie wie folgt mit der jeweiligen Dringlichkeit und Wichtigkeit von Erledigungen „befüllen":

wichtig, dringend:	wichtig, weniger dringend:
weniger wichtig, dringend:	eher unwichtig, nicht dringend:

Auf diese Art und Weise schaffen Sie sich eine Prioritätenliste, die Sie in entsprechender Abfolge in Ihrem Kalender vermerken. Übrigens: Die meisten Menschen überschätzen die eigenen Möglichkeiten, in welcher Zeit sie wie viel tatsächlich unterbringen können. Auch ich musste zugeben, dass mein Zeitplan oft mehr ein Wunsch-Zeitplan war. So kreierte ich für mich in Anlehnung an die Erfahrungen, die ich mit der tatsächlichen Umsetzbarkeit von Erledigungen in einem bestimmten Zeitrahmen gemacht hatte, den pessimistisch-realistischen Zeitplan. Dafür beobachten Sie sich, wie viel Sie persönlich tatsächlich in einer bestimmten Zeit wovon erledigen können. Wenn Sie also von zehn Punkten lediglich fünf mit Müh und Not schaffen, so rechnen Sie in Zukunft damit, drei oder vier zu schaffen. Sie orientieren sich am persönlichen Mindestmaß, das Sie auch schaffen, wenn Sie unausgeschlafen oder verschnupft sind oder Unvorhergesehenes dazwischenkommt. Dadurch erhalten Sie einen Zeitpuffer, da Sie wissen, dass Sie Dringendes in der Regel im vorgesehenen Zeitrahmen schaffen werden. Dies wiederum reduziert Stress, da Sie einen Weg gefunden haben, die eigene Leistungsfähigkeit realistischer einzuschätzen. So ersparen Sie sich auch eine Menge Kränkungen durch sich selbst!

Was Freizeit oder einfache Kraftquellen anbelangt, so denken Sie bei Ihrer Zeitplanung daran, sie zu berücksichtigen. Warten Sie nicht darauf, dass Freizeit übrig bleibt. Sie muss ebenso eingeplant werden wie die Verpflichtungen, denen Sie nachzugehen haben!

Steine im Schuh: behindernde subjektive Weisheiten

Wir haben in den letzten Kapiteln gesehen, wie umfassend das Rüstzeug der Flexibilität und des lebenslangen Lernens zum Tragen kommt, wollen wir unsere Stärke aufrecht erhalten oder wiedererlangen. Auch im Folgenden werden wir ohne diese Basisfertigkeiten nicht auskommen.

Von Beginn an stehen wir Menschen in Wechselwirkung mit unserer Umwelt. Wir nehmen sie wahr und reagieren auf sie, wir machen unsere Erfahrungen und bilden Schemata, also neuronale Netzwerke dahingehend aus, wie wir die Welt mit ihren Menschen verstehen. Eine innere Richtlinie hinsichtlich dessen, was wir für gut, schlecht, richtig oder falsch beurteilen und unser persönliches Wertsystem, bestimmt in der Folge unser Denken und Handeln mit. Es bestimmt, wie wir eine Sache, andere Menschen oder auch uns selbst beurteilen. Dabei handelt es sich häufig um persönliche Weisheiten, die auf den subjektiven Erfahrungen und somit auch auf der selektiven Wahrnehmung beruhen. Derartige Richtlinien sind unumgänglich und helfen uns dabei, uns in der Umwelt zu orientieren und Entscheidungen zu treffen. Jedoch passiert es nicht selten, dass solche persönlichen Weisheiten, die als innere Sätze repräsentiert sind, wahre Krafträuber sein können. Dies kann soweit gehen, dass der Betroffene sich selbst zum schlimmsten Feind wird. Manchmal finden sich im Hintergrund die weiter vorne beschriebenen Lebensfallen, die den Menschen so denken und vor allem auch so fühlen lassen.

Wie können Sie solche schädigenden inneren Sätze finden und wie können Sie diese verändern? Nun, jeder Mensch trägt bestimmte Aussagen in sich, die in der Regel mit „Man soll (nicht) …“ beginnen. Gehen Sie in sich und nennen ganz spontan typische Sätze, die Sie von Ihren Eltern her kennen. Dazu ein paar Beispiele:

„Man muss immer in allem perfekt sein, sonst geht man unter.“, “Man muss mehr leisten als alle anderen.“, „Man muss sich selbst immer zurückstellen.“, „Man muss immer zuvorkommend und freundlich sein.", „Man muss immer für den anderen da sein.", „Man darf niemals auf den eigenen Vorteil schauen.", „Man muss sich immer bei allem durchsetzen.", „Man ist nur stark, wenn man seine Gefühle unterdrückt.", „Man hat erst Probleme, wenn man darüber spricht.", „Man kann im Leben nichts planen, da ohnehin das Schicksal alles bestimmt.", ...

Können Sie sich vorstellen, wie sehr innere Sätze unseren Alltag prägen? Wir alle tragen solche „Philosophien" in uns, sind uns dessen aber oft wenig bewusst. All diese Sätze weisen zwei Gemeinsamkeiten auf: Sie beruhen auf subjektiven Beurteilungen und sind pauschal, also sehr allgemein gehalten und alleine aus diesen Gründen untauglich, da sie an der Realität vorbeigehen und somit als „irrational" zu bezeichnen sind. Sie erkennen dies auch an Wörtern wie „man", „immer", „alles", „nie", die schließlich unzutreffend sein müssen. Wer ist „man" und was gilt schon „immer", was bedeutet „perfekt" sein und „untergehen? Die Existenz von irrationalen inneren Sätzen können Sie auch hautnah bei vielen fruchtlosen Diskussionen erleben, in denen derartige Pauschalaussagen aufeinanderprallen. Ohne dass dabei klar wird, was die Betroffenen tatsächlich darunter verstehen (und sich an ihre subjektiven Sichtweisen klammern), reden sie schließlich aneinander vorbei.

Wenn Sie nun auf solche Sätze bei sich gestoßen sind, nehmen Sie sich einen her und überprüfen ihn auf seinen Realitätsgehalt. Wenn Sie ehrlich sind, so werden Sie merken, dass Sie an diesem Satz herumfeilen müssen, damit er realistischer und klarer wird. Sie können in der Folge diesen Satz umbauen, weshalb er Ihnen im Leben schließlich hilfreicher sein kann, da Sie Nutzloses weggeworfen und das Hilfreiche daran aufpoliert haben. Sollte es Ihnen vorerst zu schwer fallen, sich von diesem Satz zu verabschieden, so gehen Sie mit offenen Augen und Ohren durch Ihren Alltag und überprüfen Ihren alten Satz auf seine Richtigkeit. Wenn wir uns also nun dem beliebigen Beispiel „Man muss immer in allem perfekt sein, sonst geht man unter“ zuwenden, so fragen Sie sich einmal ganz klar, was Sie persönlich unter „perfekt“ verstehen. Wenn immer alles perfekt sein muss, so würde dies jeden Lebensbereich betreffen: perfekte Körper und Kleidung (wie auch immer beides zu sein hat), fehlerlos im Beruf, täglich in allem glücklich und zufrieden, ein immer sauberes, aufgeräumtes, niemals renovierungsbedürftiges Haus mit perfekten Möbeln mit immer braven Kindern, die immer folgen und immer nur ausgezeichnete Noten bekommen, … Fragen Sie sich ruhig detektivartig Löcher in den Bauch und fordern Sie von sich konkrete Aussagen! Sie werden möglicherweise darüber erstaunt sein, was in Ihrem Satz so alles verborgen ist.

Beobachten Sie nun andere und prüfen Sie, ob all die Menschen um Sie herum „perfekt“ sind und ob sie untergehen, bloß weil sie es nicht sind. Außerdem, was bedeutet für Sie „untergehen“ ganz konkret?

Auf diese Art und Weise lassen sich innere Sätze bewusst machen und umbauen. Am Ende einer solchen Umstrukturierung steht der neue Satz, der nun dazu beitragen kann, Ihnen im Leben Beistand zu leisten. Sie haben dadurch ein Stück Stärke zurückgewonnen und Kränkungen besiegt, Ihr Ich wiedergefunden und damit auch gestärkt. In unserem Fall könnte der Satz zum Beispiel folgendermaßen lauten: „Ich weiß, dass niemand fehlerlos ist und ich es auch nicht sein kann und auch nicht sein muss. Aber ich bemühe mich, gute Leistungen zu bringen. Passiert ein Fehler, so werde ich deshalb nicht untergehen.“ Oder verkürzt: „Ich bemühe mich, so gut ich kann, Fehler werden und dürfen sein.“

Vielleicht sind Sie erleichtert, vielleicht wissen Sie auch nur um die neue Bedeutung Ihres Satzes, es fühlt sich allerdings noch nicht so an. Gefühle hinken in der Entwicklung fast immer hinten nach, Gefühle brauchen häufige Bestätigungen. Bleiben Sie also hartnäckig und zuversichtlich, dass diese neue Sichtweise früher oder später auch ein Teil von Ihnen sein kann. Es ist allerdings nötig, auf dem neuen Weg zu bleiben und sich die Chance zu geben, durch Erfahrungen, die den neuen Satz bestätigen, auch gefühlsmäßig hinter dieser neuen Sichtweise zu stehen.

Natürlich funktioniert dieses Umbauen nicht immer so einfach und so rasch, vor allem dann nicht, wenn massive Lebensfallen dahinterstecken. Sollten innere Sätze zu zäh und unabänderlich sein, ist es ratsam, sich um professionelle Hilfe zu bemühen.

Die Stärke, die aus der Gemeinschaft kommt

Dieses Konglomerat an unterschiedlichen Bestandteilen des Überbegriffs haben wir in früheren Kapiteln bereits unter die Lupe genommen. Die Fähigkeit zum produktiven Umgang mit anderen Menschen und auch mit uns selbst, bestimmt in großem Ausmaß mit, wie eingebettet und somit stark und glücklich wir uns in unserem Umfeld und mit uns selbst fühlen. Soziale Fertigkeiten helfen uns dabei, eigene Wünsche und Bedürfnisse zu erlangen sowie auch das Grundbedürfnis nach zwischenmenschlicher Nähe und Beziehung herzustellen.

Ich möchte nun nicht auf Übungen zum Bereich Selbstbehauptung und Selbstwertgefühl eingehen, da dies den Rahmen sprengen würde. Viel mehr sehe ich Sinn darin, relativ einfach durchführbare Mechanismen schmackhaft zu machen, die uns als Person, aber auch unsere Gemeinschaft mit anderen stärken und erleichtern können. Denn eines ist gewiss: Wenn wir Stärke wiedererlangen und beibehalten wollen, so brauchen wir auch die Gemeinschaft mit anderen Menschen. Ein wesentlicher Bestandteil der menschlichen Stärke besteht immerhin darin, füreinander da zu sein und den anderen aufzufangen, wenn er Hilfe braucht. Die Hirnforschung spricht sogar gewissermaßen von einer „Anti-Aging-Wirkung" aktiver zwischenmenschlicher Kontakte im Alter. Auch gibt es auf der Welt Landstriche, wo Menschen verbreitet hohes Alter erreichen und Hundertjährige keine Seltenheit sind. Die Gründe dafür sind sicherlich vielfältig, aber neben gesunder Ernährung und einem Leben ohne schädigendem Stress („Disstress") finden wir in den harmonischen, tragfähigen Gemeinschaften dieser Menschen einen gemeinsamen Nenner.

Die zwischenmenschliche Kommunikation könnte wesentlich runder und sinnvoller ablaufen, wenn wir nur ein paar wenige Richtlinien berücksichtigen! Zum besseren Gelingen ist es unumgänglich, sich dessen bewusst zu werden, was wir in den Kapiteln über Wahrnehmung erfahren haben. Hier nochmals eine kurze Zusammenfassung: Um der unendlichen Fülle an Umwelteindrücken Herr zu werden, verfügt die menschliche Wahrnehmung über ein Auswahlverfahren, das ihr dabei helfen soll, nur wesentliche Informationen rasch aufzunehmen, sie einzuordnen und darauf reagieren zu können. Wir ziehen sozusagen mit einem Sieb vor Augen durch die Welt, das aufgrund subjektiver Erfahrungen auch unterschiedlich aufgebaut ist (Erfahrungsnetzwerke, Schemata). Der Sinn dieser Auswahl besteht in der Möglichkeit, sich rasch zu orientieren und Merkmale der Umgebung als günstig oder weniger günstig, als gefährlich oder ungefährlich einzustufen. Dieser Mechanismus dient demzufolge im weiteren Sinne der Lebenserhaltung.

Die Kehrseite der Medaille besteht beim Menschen allerdings in der Ausbildung von Vorurteilen, denen wir im ersten Impuls ausgeliefert sind. Das Beispiel optischer Täuschungen bringt uns nahe, dass wir uns gegen gewisse Eindrücke nur schwer wehren können, denn wir sehen, was wir erwarten. Dennoch sind wir aufgrund unserer Möglichkeit flexibel, müssen also nicht nach einem starren inneren Programm reagieren. Wie sind keine Sklaven unserer Wahrnehmung, sondern können uns mit Intelligenz und kritischem Hinterfragen im Falle des Falles von automatischen Reaktionen distanzieren. Treffen wir zum Beispiel auf einen Menschen mit sichtbarer körperlicher Behinderung, so wird der allererste Impuls in uns wahrscheinlich Verunsicherung sein. Aber wir Menschen sind frei, uns diesem ersten Impuls zu widersetzen und positiv auf andere zuzugehen.

Was bedeutet dies nun allgemein für die zwischenmenschliche Kommunikation? Wir haben bei den Ebenen der Kommunikation an Beispielen deutlich gesehen, wie leicht es ist, aneinander vorbeizureden, wie einfach es aber auch sein kann, derartige Missverständnisse aufzufangen oder zumindest aufzuklären. Genau betrachtet, gehört dazu lediglich ein Stück mehr Menschlichkeit, die uns dabei unterstützen kann, Verletzungen an anderen zu vermeiden und eigene Verletzungen zu verarbeiten. Wie ist das zu verstehen?

Als Grundvoraussetzungen für zufriedenstellende zwischenmenschliche Kommunikation gibt es einige Eckpfeiler: Einer davon besteht darin, Menschen grundsätzlich mit Wertschätzung entgegenzutreten. Dabei sind wir dazu aufgerufen, impulsive innere Abwehr, also negative Vorurteilsbildung aufgrund einer Andersartigkeit des Gegenübers abzustoppen. Geben Sie dem anderen die Chance, Sie positiv zu überraschen. Es ist überlebensnotwendig, in bestimmten Fällen (Gewalt, Katastrophen verschiedener Art, ...) eine Situation oder ein Lebewesen rasch einzustufen. In der alltäglichen zwischenmenschlichen Kommunikation ist es nur allzu oft nicht produktiv, jemanden zu rasch zu beurteilen. Lassen Sie sich Zeit dafür, einen Menschen kennenzulernen. Dies zeichnet auch wirklich gute Menschenkenner aus. Niemand kann behaupten, einen anderen Menschen nach fünf Minuten gänzlich einschätzen zu können, es drängt Sie auch niemand dazu, es sei denn, es handelt sich um eine Notsituation! Bevor Sie jemanden beurteilen, vergewissern Sie sich darüber, dass Sie ihn auch wirklich richtig verstanden haben. Aus den Beispielen über die Ebenen der Kommunikation wissen Sie, dass ein und derselbe Satz völlig unterschiedlich aufgenommen werden kann. Ein Mensch spricht einen Satz aus, dieser wird selektiv von seinem Gegenüber aufgenommen und aufgrund dessen Erfahrungen gedeutet. Der Empfänger gestaltet die Information also nach seinem Maß.

Wie ungenau und selektiv Menschen zuhören, soll das folgende Beispiel zeigen: „Wie viele Eier legt ein Hahn pro Tag?" Was würden Sie meinen? Die befragten Passanten bemühten sich, eine Antwort zu geben, die plausibel ist. Der „Hahn" als Federvieh, das keine Eier legen kann, wurde dabei gar nicht berücksichtigt. Anscheinend erwarten wir, dass wir im Alltag mit schlüssigen Fragen konfrontiert werden.

Sich neben dem genauen Hinhören und mittels Rückfragen zu vergewissern, auch richtig verstanden zu haben, gilt Zuhören prinzipiell als wesentliche Basis der zwischenmenschlichen Kommunikation. Lernen Sie zuzuhören! Gerade dann, wenn ein Gespräch hilfreich sein soll, laufen Menschen häufig Gefahr, den anderen mit eigenen „Weisheiten" zu überschütten, um ihn dazu zu bringen, genauso zu denken und zu fühlen, wie man es selber tut.

Dies kann so weit gehen, dass der Betroffene kaum mehr Raum findet, über seine Belange zu sprechen. Vermeiden Sie es in der Folge, anderen Ihre Erfahrungen „überzustülpen", es sei denn, Ihr Gegenüber wünscht es, Ihre Ansichten zu hören. Bedenken Sie immer wieder, dass Ihre Persönlichkeit, Ihr Denken und Fühlen aufgrund Ihrer eigenen Biographie entstanden sind und nicht für andere gelten müssen! Es erweist sich als wesentlich günstiger, den anderen dort abzuholen, wo er eben steht. Dieser Tatsache gegenüber ist Akzeptanz angebracht. Als wesentlich günstiger erweist es sich, dem anderen aufmerksam zuzuhören und gegebenenfalls das Gesagte mit eigenen Worten zu wiederholen, um sich zu vergewissern, es richtig verstanden zu haben.

Ein Beispiel: „Ich weiß nicht, aber immer dann, wenn ich von der Firma endlich früher heimgehen könnte, kommt mein Chef und legt mir noch Arbeit hin mit der Bitte, es ausnahmsweise noch heute zu erledigen." Bei welcher Reaktion würden Sie sich am ehesten verstanden fühlen und vielleicht auch weitersprechen wollen?: „Er ist der Chef. Er darf das!", „Das ist immer so!", „Mach dir nichts draus!", „Sag ihm die Meinung!", „Das ist eh ganz normal! Bei mir war das viel schlimmer.", „Dann musst du halt kündigen!", „Hm, ich kann mir vorstellen, dass du dich ausgenutzt fühlst, stimmt das?"

Um all das bisher Gesagte umsetzen zu können, bedarf es der Fähigkeit und der aufrichtigen Bereitschaft, sich in den anderen einzufühlen (Empathie). Dies bedeutet, dass wir versuchen, uns in die Lage des anderen mit all seinem Denken und Fühlen zu versetzen und das Problem vom Standpunkt des anderen zu betrachten. Aus diesem Grund würden Sie sich wahrscheinlich auch am ehesten bei einer Reaktion wie der letzten am wohlsten fühlen, da Sie nicht abgestoppt werden. In der Regel fühlen sich Menschen bei dieser Form am besten angenommen und verstanden, da sie nicht in irgendeine Richtung gedrängt werden. Eigene Wertvorstellungen und Sichtweisen sollten dabei in den Hintergrund treten, was zugegebenermaßen nicht immer einfach ist, aber es lohnt sich.

Ein Beispiel: Ein Mensch, der keinen religiösen Zugang hat, beklagt den Verlust eines nahestehenden Menschen. Es wäre nun wahrscheinlich wenig förderlich, diesem die eigene spirituelle Richtung (welche auch immer das sein mag) als Lösung aufdrängen zu wollen. Sie erreichen damit eher, dass sich der andere nicht verstanden fühlt und mit Ihnen nicht mehr darüber spricht.

Selbstverständlich sollen diese Ausführungen nicht zu dem Missverständnis führen, in Gesprächen keine Stellung mehr zu beziehen – im Gegenteil. Es kommt jedoch immer darauf an, inwieweit wir mit Wertschätzung aufeinander zugehen und ob wir es auch ertragen können, unterschiedliche Meinungen nebeneinander stehen zu lassen.

Ein wesentlicher Punkt, der den zwischenmenschlichen Zusammenhalt fördert, besteht in der direkten Konfliktlösung. Wenn Sie es schaffen, mit dem betroffenen Menschen zu sprechen statt über ihn, haben Sie einen Meilenstein im produktiven Miteinander gemeistert! Sie ersparen sich und anderen Verletzungen und somit Vorfälle, die Misstrauen schüren.

Umgekehrt gilt es, sich auch nicht einfach Ansichten und Ratschlägen anderer prinzipiell zu widersetzen oder sie sich überstülpen zu lassen. Extreme erweisen sich selten als günstig. Wenn Sie mit Vorschlägen, Ratschlägen oder Kritik konfrontiert sind, so nehmen Sie sich gegebenenfalls die Zeit, das zu überdenken, indem Sie sich innerlich einen hilfreichen Satz einprägen, der etwa so lauten könnte: „Ich habe dir zugehört, ich habe verstanden, was du meinst, und ich werde darüber nachdenken, ob ich deine Anregungen annehme und mich dahingehend verändern möchte oder nicht!"

An dieser Stelle möchte ich Sie noch gerne dazu ermuntern, auch in produktivem Sinne neugierig auf Menschen zu bleiben oder es gegebenenfalls zu werden. Neugierig in dem Sinne, dass Sie auch mit ihnen unbekannten Menschen sprechen, auch wenn dies nur ein paar Worte sind, sofern der andere gesprächsbereit ist.

Es ist erfreulich, einen Freundes- und Bekanntenkreis zu haben, jedoch sollte dies nicht bedeuten, dass wir aus diesem Grund mit fremden Menschen keinen Kontakt herstellen oder jemanden vielleicht sogar nicht in unseren Kreis oder in das Team hineinlassen. Wenn Sie sich auf den Kontakt mit Menschen einlassen, so erhalten Sie in Überfülle die Chance, Bereicherung zu erfahren. Wir brauchen die anderen, um unsere Erfahrungen auszuweiten, Sichtweisen zu verändern, unser Rüstzeug zu mobilisieren, den eigenen Werkzeugkoffer aufzubessern und auch ganz dringend, um etwaige Lebensfallen zu überwinden. Indem wir auch für andere da sind, können wir lernen, von anderen etwas anzunehmen, Dinge, an denen wir vielleicht schon viele Jahre Mangel leiden.

Ohne Weisheit …

Wenn Sie sich all diese Ausführungen durchdenken, so wird Sie das vermutlich an Merkmale eines von der Allgemeinheit angestrebten Guts erinnern – und zwar an Weisheit. Schon zu Beginn dieses Buchs erwähnte ich, dass ein Stück Weisheit dabei helfen kann, mit Kränkungen und Gefühlen inneren Verlorenseins besser umzugehen und auch hilfreicher füreinander da zu sein. Genau an dieser Stelle möchte ich diese Tatsache nochmals ins Zentrum des Blickfelds rücken.

Bei der „Weisheitspsychologie“ handelt es sich um ein relativ junges Forschungsgebiet, das sich aus der Lebensspannenforschung und der Gerontopsychologie entwickelt hat. Neben der Neigung des Menschen, sich persönliche und somit subjektive Weisheiten anzueignen, gibt es andererseits laut Studien ein recht einheitliches Bild von Weisheit. Menschen sind sich also recht einig darüber, welche Merkmale weise Personen charakterisieren.

Tatsächlich konnten Studien zeigen, dass sich Menschen mit höheren Weisheitskompetenzen besser von belastenden Ereignissen distanzieren, günstigere Bewältigungsmechanismen haben und Erfahrungen auf neue Situationen anwenden können. Außerdem halten sie weniger an belastenden vergangenen Ereignissen fest und kümmern sich mehr um das Wohlergehen anderer.

Vielleicht sind Sie überrascht, dass Weisheit auch, zumindest bis zu einem gewissen Grad, lehr- und lernbar ist? Diese Erkenntnis stellt sich, wie auch all die vorangegangenen Ausführungen gegen eine leider nur allzu häufig geäußerte Killerphrase: „Ich bin eben so, wie ich bin, und daran kann ich nichts ändern.“ Wir alle haben die Freiheit, uns weiterzuentwickeln. Es liegt im Sinn unserer Entwicklung und in der Folge auch in unserer Verantwortung, das zu tun! Erfahrungen zeigen, dass gerade Weisheit einen wesentlichen Weg eröffnet, sich von Gefühlen inneren Verlorenseins und der Verbitterung zu befreien.

Dies bedeutet nun keineswegs, dass wir Kränkungen einfach hinnehmen und schweigend den Schmerz verbeißen sollen, sondern dass wir Wege suchen – allein oder mit Hilfe – um mit diesen Verletzungen möglichst gut leben zu lernen und den „Kopf aus der Schlinge zu ziehen“. Dazu gehört es auch, sich selber in seinen Schwierigkeiten und seelischen Schmerzen zu verstehen. Eine hilfreiche Rolle übernehmen dabei auch andere Menschen, indem Sie für uns da sind und uns gegenüber Verständnis aufbringen. Oft braucht es gar nicht mehr als das Verständnis eines anderen Menschen und wir sind schon eher dazu bereit, Verletzungen zu bearbeiten. Pauschale Ratschläge können hingegen sehr kontraproduktiv sein, wie in einigen Beispielen dargestellt wurde.

Was sind aber nun in der Folge die Merkmale von Weisheit, die wir uns aneignen könnten? Die Fähigkeit, die Perspektive zu wechseln: Dies bedeutet, in der Nachbearbeitung einer belastenden Situation in die Rolle des anderen zu schlüpfen. Oft werden Gefühle und Gesichtspunkte des anderen und somit auch sein Verhalten klarer. Wahrnehmungsverzerrungen wie das „Stille Post-Phänomen" werden verringert. Den Standpunkt des anderen kurzfristig zu übernehmen, hängt auch eng mit der vorhin dargestellten Fähigkeit, sich einzufühlen (Empathie), zusammen. Nur mit Empathie sind wir imstande, fremde Lebenssituationen nachzuvollziehen.

Weisheit besteht auch in der Fähigkeit, Unveränderbares zu ertragen und so auch die damit einhergehenden Gefühle. Denken wir an das Werkzeug im Umgang mit Belastungen: Die beste Bewältigungsstrategie besteht darin, die Situation mit den eigenen Gefühlen bewusst wahrzunehmen und dazu zu stehen, anstatt sie zu verleugnen, herunterzuspielen, Schuld zuzuweisen oder sonst in irgendeiner Form zu verzerren.

Weiters wissen wir bereits aus früheren Ausführungen, dass Humor ein ausgezeichnetes Werkzeug darstellt, Distanz zu Schwierigkeiten herzustellen und auch die Stimmung zumindest kurzfristig zu verbessern.

Was für weises Handeln ebenso unerlässlich ist, besteht prinzipiell in der Fähigkeit, Probleme zu lösen und sich dahingehend auch Wissen anzueignen. Es liegt auf der Hand, dass wir alle durch Übung diese Fähigkeit verbessern können. Wer sich damit konfrontiert, Probleme zu lösen, erhält auch die nötigen Informationen und somit einen reichhaltigen Erfahrungsschatz, auf den er schließlich in anderen Lebenssituationen zurückgreifen kann.

An dieser Stelle sei nochmals dahingehend die Verantwortung von Eltern angesprochen: Bringen Sie Ihren Kindern bei, altersgerechte Probleme zu lösen, wobei Anleitung und Freiraum ausbalanciert sein sollten. Es ist weder günstig, Konflikte ständig nur für das Kind zu lösen und sein Sprachrohr zu sein, noch ist es förderlich, sich überhaupt nicht einzumischen, in der Annahme, Kinder sollen alles selber lösen können. Helfen Sie dem Kind, es selbst zu tun. Gerade bei dem oft nicht zimperlichen Austragen von Konflikten kommt es zu Verletzungen, die ihre Spuren und Auswirkungen noch jahrelang zeigen, vielleicht sogar in Form einer Lebensfalle. Unterstützen Sie also Ihre Kinder im produktiven Umgang mit anderen. Bringen Sie ihnen neben Durchsetzungsvermögen auch Empathie bei!

Wirkliche Weisheit unterscheidet sich von subjektiven Weisheiten darin, dass sie es auch berücksichtigt, dass persönliche Erlebnisse und Erfahrungen relativ zu beurteilen sind. Es ist nicht gleichgültig, in welcher Zeit und in welchem Umfeld jemand lebt. Die Erlebnisse unserer Großeltern und die daraus folgenden Erkenntnisse sind auf uns heute, wenn überhaupt, nur sehr begrenzt übertragbar. Dies hat wieder zur Folge, dass in verschiedenen Zeiten und Kulturen unterschiedliche Werte und Strategien im Vordergrund stehen.

Wenn uns dies bewusst ist, so könnte einiges an Konfliktstoff massiv verringert werden, da wir gegenseitig Toleranz leben können. Die ältere Generation der jüngeren gegenüber und genau so umgekehrt. Kränkungen könnten gerade in diesem Fall leicht vermieden werden, indem junge Menschen ältere nicht herabwürdigen, weil sie ihre „veralteten“ Werte und Leistungen nicht verstehen. Natürlich wollen ältere Menschen auch dafür, was sie in ihrem Leben gemeistert haben, geschätzt werden, auch wenn manches heute nicht mehr relevant erscheint. Jemand, der vor fünfzig Jahren bekannt war für sein gutes Kopfrechnen, wird heute dafür nicht mehr in dem Maße gewürdigt, da ohnehin alles vom PC übernommen wird. Dennoch fällt Jüngeren wohl keine Perle aus der Krone, Leistungen aus alten Zeiten anzuerkennen – und natürlich auch umgekehrt!

Weise Menschen orientieren sich eher an langfristigen Folgen als an kurzfristigen (Nachhaltigkeit) und sind eher imstande, mit Ungewissheit umzugehen, da sie in der Zuversicht leben, etwaige in der Zukunft auftretende Schwierigkeiten lösen zu können. Sie beschönigen nichts, da sie akzeptieren, dass das Auftreten von Krisen real ist. Sie handeln nach bestem Wissen und Gewissen und ertragen gleichzeitig, dass Ergebnisse in Wirklichkeit unvorhersehbar sind und sie sich im Endeffekt auch falsch entschieden haben könnten. Am besten ist dies wohl mit dem Begriff „Lebensmut“ zusammenzufassen.

Ebenso zeichnen sich weise Menschen durch eine besondere Form von Bescheidenheit aus. Ihnen ist klar, dass sie sich neben dem, was sie im Leben verändern können, auch mit so manchem abfinden müssen. Sie schaffen es, Neid zu bewältigen und mit dem zufrieden zu sein, was sie geschafft haben.

Dies ist ein wichtiger Schritt, Verletzungen zu heilen oder sogar zu verhindern und so das eigene Ich zu stärken. Denn es wird immer jemanden geben, der etwas besser kann oder eine bedeutendere Position einnimmt als wir. Wenn wir damit umgehen können, nicht immer Erster sein zu müssen, ersparen wir uns selbst wie auch unseren Kindern eine maßgebliche Verletzung: trotz vieler Bemühungen niemals gut genug zu sein!

Wir haben nun einen weiten Spaziergang durch die Welt der Psyche unternommen. Ich freue mich, dass Sie mich dabei begleitet haben, und hoffe, dass Sie das eine oder andere „Souvenir" dabei erstehen konnten.

Wir haben uns mit Gesetzen der Entwicklung, wie sie in der Natur bestehen, auseinandergesetzt und konnten Gemeinsamkeiten für unser menschliches Dasein entdecken. Das Buch sollte Ihnen nahebringen, dass der Mensch mit seiner genetischen Anlage von Anfang an im Wechselspiel mit seiner Umwelt steht, sich flexibel an neue Situationen anpassen und durch lebenslanges Lernen neue Erfahrungen nutzen kann.

Aus diesem Grund müssen Blockaden, die Ihre Entwicklung hemmen, nicht für immer als unüberwindliches Hindernis vor Ihnen stehen. Verletzungen können, da „Zeit allein keine Wunden heilt", durch Ihr aktives Zutun abheilen, auch wenn unter Umständen Narben bleiben werden. Wir sind nicht dazu verurteilt, starr an unseren Blockaden festzuhalten, sondern dürfen uns weiterentwickeln, um uns selbst zu befreien und uns selbst zu finden.

Alles das sind Gründe, optimistisch in die Zukunft zu blicken. Wenn wir hier von „Selbstbefreiung" und „Selbstfindung" sprechen, so möchte ich dies im Zusammenhang mit der menschlichen Gemeinschaft verstanden wissen. Wenn wir uns im Sinne der Allgemeinheit loslösen von innerer Befangenheit, Überheblichkeit und Blindheit, könnte auch unser Zusammenleben besser funktionieren – im Großen, wie im Kleinen. Um alles das zu erreichen, müssen wir keine Übermenschen werden. Es sollte nur jedem Einzelnen von uns bewusst sein, dass er Verantwortung für sich und für andere trägt, solange er auf dieser Welt Gast ist. Jeder Mensch ist dazu aufgerufen, an sich zu arbeiten und seinen Möglichkeiten und Stärken entsprechend die Welt jeden Tag aufs Neue ein klein wenig zu verbessern. Wir sollten keinen Moment darauf vergessen, füreinander da zu sein, was nicht heißt, auf eigene Bedürfnisse und Freuden verzichten zu müssen. An dieser Stelle möchte ich den damals hochbetagten Psychologen Paul Baltes zitieren, der die Worte von Pablo Casals „Warum ich immer noch so viel übe? Weil ich besser werden will“, mit den Worten: „... und weil ich etwas für das Allgemeinwohl tun will“ ergänzt hat.

Vergessen wir nicht, anderen zu geben, aber auch nicht, Angebotenes anzunehmen. Wer nur nimmt oder nur gibt, steht nicht im Einklang mit dem, was eine funktionierende Gemeinschaft braucht, und auch nicht mit dem, was er selbst für ein zufriedenes Leben in Kraft und Freude benötigt. Wir sollten dagegen ankämpfen, einander und auch uns selbst auszubeuten, denn hier liegt die Wurzel allen Übels: die Kränkung, die uns hemmt und uns Lebenskraft nimmt, unseren Weg zu gehen, da unser Ich verloren geht, oder die Kränkung, die uns verbittert gegen die Gemeinschaft kämpfen lässt, um andere wiederum möglichst tief zu verletzen.

Wenn wir uns all die Probleme der menschlichen Psyche bis hin zu den fundamentalen Lebensfallen ansehen, so können wir unterm Strich zusammenfassen, was dem Menschen am meisten zu schaffen macht, wovor er sich verbissen schützt und was ihn ängstigt: Es ist der Mensch selbst!

All die Entwicklungshürden, die uns von Anfang an begleiten und fordern, stehen in untrennbarem Zusammenhang mit der Beziehung zu anderen Menschen. Lieblosigkeit, Egoismus, Ausbeutung, im Stich lassen, Demütigungen, Gewalt, hungern lassen, die erschreckende Tatsache, dass Grausamkeit leider keine Grenzen gesetzt sind, und vieles mehr erschüttern den Menschen in seinen Grundfesten. Es ist ein Vertrauensbruch!

Sehen wir uns die Welt und unseren Alltag an. Wovor und wie schützen wir uns? Wir bauen Zäune, um uns vor Nachbarn zu schützen, Alarmanlagen, Schutzgitter, einbruchssichere Türen, um nicht von Einbrechern heimgesucht zu werden. Wir schließen Versicherungen ab, da wir nicht damit rechnen können, dass wir im Falle des Falles Hilfe bekommen, die wir uns leisten können, oder dass wir in der Pension nicht in Armut leben müssen. Wir verdienen Geld, um nicht hungern oder frieren zu müssen, da wir einander ohne Leistung oder sonstigen Profit nicht zu essen geben. Wir lernen Selbstverteidigung und nehmen an Selbstsicherheitstrainings teil, damit wir uns nicht unterlegen fühlen, lesen Lebensbewältigungsbücher und vieles mehr. In der Therapie berührt es mich immer wieder, wenn ich mit Menschen, die liebenswürdig, einfühlsam, aufmerksam, fleißig sind und sich für alles und jeden einsetzen, streng genommen daran arbeiten muss, sich vor der Ausbeutung anderer zu schützen und ein bisschen weniger „nett" zu werden, da sie sich sonst im Burnout verlieren, ohne von anderen gestützt zu werden.

Sind wir also tatsächlich am Ziel angelangt? So betrachtet, hat der Mensch noch einen weiten Weg vor sich, aus dem Lebensstil, der sich nach dem „Gesetz des Dschungels" richtet, auszubrechen. Die Erkenntnis, dass wir erst auf dem Weg zum tatsächlich „klugen und weisen Menschen", dem „Homo sapiens sapiens" sind, klingt dabei erschreckend wahr. Offensichtlich ist der Mensch für seine Intelligenz manchmal noch zu unklug.

Aus diesem Grund sind wir tagtäglich dazu aufgerufen, tatsächlich „menschlicher" im Sinne unserer einzigartigen Fähigkeiten zu werden, indem wir uns selbst und andere mit mehr Sorgfalt behandeln und dadurch Verletzungen vermeiden: Ich, Sie – wir alle! Nur auf diese Weise können wir ein starkes Ich entwickeln und weitergeben, denn wir brauchen einander, um nicht verloren zu gehen – wir haben nur einander!

Vielen Dank!

Am Ende möchte ich noch all jenen danken, die am Zustandekommen dieses Buchs maßgelblich beteiligt waren.

Meinem Mann, der frei aus dem Bauch heraus die Grundthematik dieses Buchs ausgesprochen und mich auf die Idee gebracht hat, genau dieses Buch zu schreiben. Weiters danke ich ihm dafür, dass er mir den Raum zum Schreiben schenkte, indem er öfters den Kochlöffel schwang und die Kinder versorgte. Mein innigster Dank gilt auch unseren Kindern, die mir ebenfalls Zeit ließen, mich meinem Buch zu widmen und in ihren jungen Jahren Verständnis dafür aufbrachten, dass ich ein bisschen weniger zur Verfügung stand als sonst!

Sehr herzlich möchte ich mich auch bei Frau Verena Minoggio und meiner Lektorin Valentina Bruns bedanken, die mich mit Herzlichkeit, Humor, Engagement und Kreativität begleitet und unterstützt haben, um dem Buch auch den optimalen Schliff zu geben.

Mein Dank gilt auch Elmar Weixlbaumer sowie dem gesamten Team des Goldegg Verlags.

Last but not least möchte ich mich bei all meinen PatientInnen bedanken, ohne die das Buch nicht zustande gekommen wäre. Die jahrelange Arbeit mit ihnen hat mir vor Augen geführt, welche Potenziale in jedem Menschen stecken. Bei vielen konnte ich miterleben, wie sie innere Schätze wiederbeleben und erweitern konnten. Sobald wir Menschen es wagen, neue Erfahrungen zu riskieren, nützen wir unsere Fähigkeit, ein Leben lang neu dazuzulernen, um so Blockaden zu durchbrechen, um auf diese Weise glücklicher zu werden!

Anhang

Die Autorin

© Foto Tschank

Mag. Charlotte Maria Mitsch ist Klinische Psychologin, Gesundheitspsychologin und Psychotherapeutin (Verhaltenstherapie). Sie arbeitete an verschiedenen psychiatrischen Abteilungen der Stadt Wien wie auch in der Einrichtung für Alkoholkranke des Otto-Wagner-Spitals und an der HIV-Ambulanz und AIDS-Station des Pulmologischen Zentrums in Wien. Über einige Jahre hinweg war sie zusätzlich in Form eines Konsiliardiensts im Behindertenbereich (Waldschule Wiener Neustadt) tätig. Weiters arbeitete sie jahrelang im Schulpsychologischen Dienst für Gesundheits- und Krankenpflegeschulen und medizinisch-technische Akademien des Wiener KAV, der heutigen Psychologischen Servicestelle für das Personal des Wiener KAV. Dadurch erhielt sie Einblick in die weiten Problemfelder, die Krankenbehandlung mit sich bringt.

Sie hat langjährige Erfahrung in den Bereichen Angststörungen, Zwangsstörungen, Psychosomatische Erkrankungen, Depressionen, akuten Krisen und Burnout. Zu den Themen „Sucht am Arbeitsplatz“ und „Burnout – Sucht – Prävention“ organisierte sie 1995/96 Symposien im Otto-Wagner-Spital im Rahmen ihrer Tätigkeit im Wiener KAV. Seit 2002 ist sie ausschließlich in ihrer psychotherapeutischen Praxis in Wiener Neustadt, die seit 1992 besteht, tätig.

Weiters engagiert sie sich im Bereich der psychologischen Betreuung Angehöriger von plötzlich und/oder schwer erkrankten Menschen und leistet damit auch einen Beitrag zu einem Brückenschlag zwischen intra- und extramuralem Bereich. Zudem hält sie Vorträge und bietet Seminare zu ihren Schwerpunktthemen an.

Lösung zum Quiz auf Seite 301

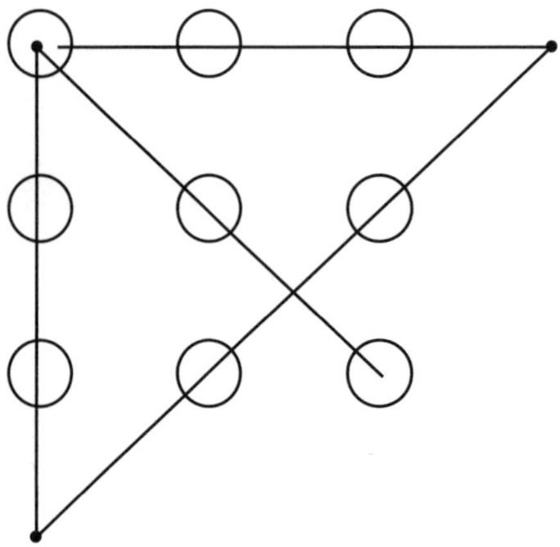

Verwendete und weiterführende Literatur

Ayan, S. (2004): Spieglein, Spieglein macht Verstand. In: Gehirn & Geist 2. Spektrum der Wissenschaft.

Ayan, S. (2008): Bitte recht fröhlich. In: Geist & Psyche 11 (16–23). Spektrum der Wissenschaft.

Ayan, S. (2008): Den eigenen Witz neu entdecken. In: Gehirn & Geist 11 (24–25). Spektrum der Wissenschaft.

Baltes, P.B. (2000): Der unfertige Mensch. In: Der Spiegel 46 (176–179).

Bandura, A. (1976): Lernen am Modell. Stuttgart: Klett-Cotta.

Barlett, F.C. (1932): Remembering. Cambridge: Cambridge University Press.

Baumann, K. & Linden, M. (2008): Weisheitskompetenzen und Weisheitstherapie. Die Bewältigung von Lebensbelastungen und Anpassungsstörungen. Lengerich: Pabst.

Berking, M. (2008): Training emotionaler Kompetenzen. Heidelberg: Springer Medizin Verlag.

Bodenmann, G. (2005): Beziehungskrisen. Erkennen, verstehen, bewältigen. Bern: Hans Huber.

Bowlby, J. (1975): Bindung. Frankfurt: Fischer.

Bucay, J. (2010): Komm, ich erzähl dir eine Geschichte. 4. Auflage, Frankfurt/Main: Fischer.

Burkhard, A. (2008): Achtsamkeit II – bewusst leben. München: CIP-Medien.

Darwin, C. (1856): Origin of Species. London: John Murray.

Epstein, R. (2008): Der Mythos vom Teenager-Gehirn. In: Gehirn & Psyche 1–2 (24–29). Spektrum der Wissenschaft.

Feldhege, F. & Krauthan, G. (1979): Verhaltenstrainingsprogramm zum Aufbau sozialer Kompetenz. Berlin: Springer.

Folkes, E. & Gatterer, G. (2006): Generation 50 plus. Ratgeber für Menschen in den besten Jahren. Wien, New York: Springer.

Forsyth. J.P. & Eifert, G.H. (2010): Mit Ängsten und Sorgen erfolgreich umgehen. Göttingen: Hogrefe.

Gambrill, E. (1995a): Assertion skills training. In W. O'Donohue & L. Krasner (Eds.), Handbook of social skills training (81–118). Boston: Allyn and Bacon.

Gambrill, E. (1995b): Helping shy, social anxious, and lonely adults: A skill-based contextual approach. In W. O'Donohue & L. Krasner (Eds.), Handbook of social skills training (247–286). Boston: Allyn and Bacon.

Gaschler, K. (2006): Die Entdeckung des Anderen. In: Gehirn und Geist 10 (26–33). Spektrum der Wissenschaft.

Goleman, D. (2008): Dialog mit dem Dalai Lama. Wie wir destruktive Emotionen überwinden können. München: Deutscher Taschenbuch Verlag.

Goetze, H. (2009): Die Seele entlasten – mit Spieltherapie. In Gehirn & Geist 2009/7–8 (44). Spektrum der Wissenschaft.

Grawe, K. (2004): Neuropsychotherapie. Göttingen: Hogrefe.

Handler, B. (2009): Mit allen Sinnen leben. Wien: Goldegg.

Hautzinger, M. (Hrsg.) (1998): Kognitive Verhaltenstherapie bei psychischen Störungen. Weinheim: Beltz Psychologische Verlagsunion.

Havighurst, R.J. (1982): Development tasks and education. New York: Longman.

Hengstschläger, M. (2008). Endlich unendlich. Salzburg Ecowin.

Hinsch, R. & Pfingsten, U. (2007): Gruppentraining sozialer Kompetenzen (GSK). Weinheim: Beltz, PVU.

Hüther, G., (1998): Biologie der Angst. Wie aus Stress Gefühle werden. Göttingen: Vandenhoeck & Ruprecht.

Hüther, G. (2010): Bedienungsanleitung für ein menschliches Gehirn. Göttingen: Vandenhoeck & Ruprecht.

Hüther, G. & Nitsch, C. (2009): Wie aus Kindern glückliche Erwachsene werden. 2. Aufl., München: Gräfe und Unzer.

Kanfer, F.H., Reinecker, H. & Schmelzer, D. (1990): Selbstmanagement-Therapie als Veränderungsprozess. Berlin: Springer.

Keller, M. & Rentschler, R. (2008): Vom Engel zum Bengel. In: Gehirn & Geist 1–2 (52–58) Spektrum der Wissenschaft.

Köchy, K. (2008): Biologie allein ist eine moralische Einbahnstraße. In Gehirn & Geist 1–2 (50). Spektrum der Wissenschaft.

Kramer, R. (1997): Maria Montessori. Frankfurt/Main: Fischer.

Masslach, C. & Leiter, M.P. (2001): Die Wahrheit über Burnout. Stress am Arbeitsplatz und was Sie dagegen tun können. Wien, New York: Springer.

McKay, M., Davis, M. & Fanning, P. (2007): Gedanken und Gefühle – ein Arbeitsbuch. Originaltitel: „Thoughts and Feelings". Paderborn: Junfermann.

McKay, M., Wood, J.C. & Brantley, J. (2008): Starke Emotionen meistern. Dialektische Verhaltenstherapie in der Praxis. Paderborn: Junfermann.

Mitsch, C. (1989): Soziale Kompetenz und Körperbehinderung. Coping-Strategien körperbehinderter im Vergleich zu nichtbehinderten Jugendlichen. Unveröff. Diplomarbeit, Universität Wien.

Montessori, M. (1994): Kinder sind anders. München: Deutscher Taschenbuch Verlag/Klett-Cotta.

Nelson, C.A., Furtado, E.A., Fox, N.A., Zeanah, C.H. (2010): Die sensiblen Jahre. In: Gehirn & Geist 1–2 (38–42). Spektrum der Wissenschaft.

Newen, A. & Zinck A. (2008): Wir sind was wir fühlen. In: Gehirn & Geist 6 (40–45). Spektrum der Wissenschaft.

Oerter, R. & Montada, L. (Hrsg.) (2002): Entwicklungspsychologie. Weinheim, Basel, Berlin: Beltz PVU.

Parfy, E., Redthenbacher, H., Sigmund, R., Schoberberger, R., Butschek, Ch., (Hrsg.) (2000): Bindung und Interaktion. Dimensionen der professionellen Beziehungsgestaltung. Wien: Facultas.

Parfy, E., Schuch, B., Lenz, G. (2003): Verhaltenstherapie. Moderne Ansätze für Theorie und Praxis. Verlag: Wien UTB Facultas.

Perry, J. (1994): Klinische Ratingskalen für Abwehrmechanismen. Klinikum der Universität Ulm, Abteilung Psychotherapie.

Petermann, F. (Hrsg.) (2002): Lehrbuch der Klinischen Kinderpsychologie und -psychotherapie. Göttingen, Bern, Toronto, Seattle: Hogrefe.

Piaget, J. (1975, orig. 1936). Das Erwachen der Intelligenz beim Kinde. Stuttgart: Klett. Orig. (1936) Le Naissance de l'intelligence chez l'enfant.

Rentschler, R. (2010): Am Leben wachsen. In: Gehirn & Psyche 3 (46–50). Spektrum der Wissenschaft.

Roediger, E. (2009 a): Praxis der Schematherapie – Grundlagen, Anwendung, Perspektiven. Stuttgart: Schattauer.

Roediger, E. (2009 b): Was ist Schematherapie? Eine Einführung in Grundlagen, Modell und Anwendung. Reihe Fachbuch kompakt. Paderborn: Junfermann.

Rogge, J.U. & Bartram A. (2004). Spiele gegen Ängste. Aus d. Reihe: Mit Kindern leben. Reinbek bei Hamburg: Rowohlt.

Rosenzweig, R. (2010): Aufs Ganze gesehen. In: Geist & Psyche 1–2 (32–36). Spektrum der Wissenschaft.

Rossnagel, S. (2008): Mythos „alter" Mitarbeiter. Lernkompetenz jenseits der 40? Weinheim, Basel: Beltz.

Rytina, S. & Marschall, J. (2010): Gegen Stress geimpft. In: Geist & Psyche 3 (51–55). Spektrum der Wissenschaft.

Saß, H., Wittchen, H.-U. & Zaudig, M. (1998): DSM-IV, Diagnostisches u. Statistisches Manual Psychischer Störungen, Deutsche Bearbeitung.

Schiffer, E. (1996): Warum Huckleberry Finn nicht süchtig wurde. Anstiftung gegen Sucht und Selbstzerstörung bei Kindern und Jugendlichen. Weinheim: Beltz.

Schuch, B. (2008): Den Schlüssel zum Schloss finden. In: Med-Standard-Serie über die Wege der Psychotherapie – Teil 3: Verhaltenstherapie. Interview am 10. 8. 2008.

Schulz von Thun, F. (1991): Miteinander reden. Teil 1. Reinbek bei Hamburg: Rowohlt.

Singer, T., Kraft, U. (2004): Zum Mitfühlen geboren. In: Gehirn & Geist 4 (32–37).

Skinner, B.F. (1973): Wissenschaft und menschliches Verhalten. München: Kindler.

Staudinger, U.M. (2007): Lebensspannen-Psychologie. In: W. Schneider & M. Hasselhorn (Hrsg.). Handbuch Entwicklungspsychologie/Pädagogischen Psychologie (71–82). Göttingen: Hogrefe.

Staudinger, U.M. (2008): Produktives Leben im Alter. In.: F. Petermann & W. Schneider (Hrsg.). Enzyklopädie der Psychologie 7 (885–915). Göttingen: Hogrefe.

Staudinger, U.M. (2009): Etwas mehr Weisheit würde uns gut tun. In: „Gehirn & Geist" 12, (37–40), Spektrum der Wissenschaft.

Stavemann, H.H. (1999): Emotionale Turbulenzen. Kognitive Verhaltenstherapie von Angst, Aggression, Depression und Verzweiflung. Weinheim: Beltz.

Sulz, S.K.D. & Lenz, G. (Hrsg.) (2000): Von der Kognition zur Emotion. München: CIP-Medien.

Traue, H.C. (1998): Emotion und Gesundheit. Heidelberg: Spektrum, akademischer Verlag.

Tschuschke, V., Denzinger, R., Gaissmeier, R. & Körner, M. (1994): Ulmer Coping Manual (UCM). Inhaltsanalytische Erfassung von Bewältigungsreaktionen. Klinikum der Universität Ulm, Abteilung Psychotherapie.

Ullrich R., Ullrich. R. (1987): Das Assertiveness-Trainings-Programm ATP: Einübung von Selbstvertrauen und sozialer Kompetenz Teil 2. Aus der Reihe: Leben lernen 22. München: Pfeiffer.

Watzlawick, P. (1988): Anleitung zum Unglücklichsein. München: Piper

Wenner, M. (2009): Der Unernst des Lebens. In Gehirn & Geist 7–8 (40–47). Spektrum der Wissenschaft.

Wiener Krankenanstaltenverbund (Hrsg.) (1995/96): Burnout-Sucht-Prävention. Symposiumsberichte. Wien: Herold.

Wolpe, J. (1973): Praxis der Verhaltenstherapie. Bern: Huber.

Young, J.E., Klosko, J.S. & Weishaar, M.E. (2008): Schematherapie. Ein praxisorientiertes Handbuch. Paderborn: Junfermann.

Young, J.E. & Klosko, J.S. (2008): Sein Leben neu erfinden. Wie Sie Lebensfallen meistern. Originaltitel: „Reinventing Your Life". Paderborn: Junfermann.

Nicole Aigner

Die Cinderella Strategie

Die 7 Schlüssel zum Liebesglück

Von klein auf wünschen sich Mädchen Prinzessinnen zu sein und wie Cinderella mit dem Traumprinzen glücklich zu werden. Wenn wir erwachsen werden, weichen diese Träume der Realität – doch die Sehnsucht bleibt.

Doch es ist nie zu spät für eine neue Liebe! Entdecken Sie die 7 Schlüssel zum Liebesglück und lassen Sie Ihr persönliches Märchen Realität werden Die Cinderella Strategie verknüpft Figuren aus Märchen mit Lebens-, Liebes- und Flirtstrategien.

Die Autorin Nicole Aigner ist Journalistin und bringt mit diesem Buch ihr 3. erfolgreiches Buch im Goldegg Verlag auf dem Markt. Lesen Sie auch „Das Dolce Vita- Prinzip" sowie „Honigmilch für Mama".

GOLDEGG VERLAG

Hardcover 224 Seiten
Format 16,5x21,5 cm
ISBN: 978-3-901880-99-5

Preis: 19,^{80} €

Bestellen Sie unter +43 (0) 1 505 43 76-30 oder per Fax: +43 (0) 1 505 43 76-20 oder unter verlag@goldegg-verlag.com